U0741858

短线炒股宝典

稳定盈利的 108个技巧

庞　堃◎编著

中国铁道出版社有限公司

CHINA RAILWAY PUBLISHING HOUSE CO., LTD.

内 容 简 介

本书以案例分析的方式，从选股知识、时机知识、传统买卖技巧、追涨买卖综合技巧和斗庄5个方面讲解了炒股赚钱的108个绝招，直观形象、通俗易懂。共分8章，内容包括选质技巧、选时技巧、排行技巧、成交量买卖技巧、蜡烛线买卖技巧、技术线买卖技巧、短线涨停买卖技巧和跟庄买卖技巧。

通过对本书的学习，可以让股民在短时间内系统、全面地掌握各种炒股技巧，从而将股民带至一个初级技术人员的水平。

适合准备入市或刚刚入市的新股民、股票投资爱好者，也可作为大、中专院校或者企业的股票入门培训教材。同时，对有经验的股民也有较高的参考价值。

图书在版编目（CIP）数据

短线炒股宝典:稳定盈利的108个技巧/庞堃编著.—北京：中国铁道出版社有限公司，2021.4
ISBN 978-7-113-27325-5

Ⅰ.①短… Ⅱ.①庞… Ⅲ.①股票投资-基本知识
Ⅳ.①F830.91

中国版本图书馆CIP数据核字（2020）第195188号

书　　名：**短线炒股宝典：稳定盈利的108个技巧**
　　　　　DUANXIAN CHAOGU BAODIAN : WENDING YINGLI DE 108 GE JIQIAO
作　　者：庞　堃

责任编辑：张亚慧　　　编辑部电话：（010）51873035　　　邮箱：lampard@vip.163.com
编辑助理：张秀文
封面设计：宿　萌
责任校对：孙　玫
责任印制：赵星辰

出版发行：中国铁道出版社有限公司（100054，北京市西城区右安门西街8号）
印　　刷：三河市航远印刷有限公司
版　　次：2021年4月第1版　2021年4月第1次印刷
开　　本：700 mm×1 000 mm　1/16　印张：20.25　字数：270千
书　　号：ISBN 978-7-113-27325-5
定　　价：59.00元

版权所有　侵权必究

凡购买铁道版图书，如有印制质量问题，请与本社读者服务部联系调换。电话：（010）51873174
打击盗版举报电话：（010）63549461

前言

"股市有风险，入市须谨慎。"这句话是每个股民在股票市场中经常能听到的警示名言。为什么股市是众多投资者铩羽而归的地方？本书作者通过在股市多年的磨炼发现，大部分股民是在几乎无任何投资知识的情况下"临渊捕鱼"，而不愿意"退而结网"。

现在市面上的股票书籍，无论是国外的，还是国内的，算起来不下千种，看到各种各样的股票书籍，大部分股民都不知如何选择。国外的书籍分析的都是国外的投资市场，不一定适合国内行情；国内的书籍能够结合本土实际，但是往往是最近十年出现的，缺乏实践的验证，讲解过于单一，不能全面地从市场、投资者心理和技术等多方面进行系统讲解，所以其作用十分有限。再加上有一部分纸上谈兵的作者，往往会让投资者觉得花冤枉钱，没有什么实际的价值。

那么，有没有一本简单实用的书，既能够包括国外的优秀投资技术和正确的投资方法，同时又能结合国内的实际情况进行分析，从市场、心理、技术多方面讲解那些经过验证的投资技巧与经验呢？这也是编者编写本书的目的。

本书共8章，分别为选质技巧、选时技巧、排行技巧、成交量买卖技巧、蜡烛线买卖技巧、技术线买卖技巧、追涨买卖技巧及跟庄买卖技巧，集众家之长，将选股、买股、卖股的常用技巧通过详细的示例与分析介绍给读者，并配有图示，增强直观性。这8章内容可分为5个部分，具体划分如下。

● 第一部分：选股知识——选质，由第 1 章构成。这部分介绍了常用的选股方法，读者可以根据自己的需要选用合适的选股技巧。

● 第二部分：时机知识——选时，由第 2~ 第 3 章构成。这部分传授股民如何从当日走势和当日媒体排行榜选择后市可能上涨的股票，做时机的捕捉手。

● 第三部分：传统买卖技巧，由第 4~ 第 6 章构成。这部分是从成交量、蜡烛线、技术线 3 个经典技巧讲解股票的买卖方法和买卖时机，是在实际投资中最常用的方法。

● 第四部分：短线操作，这是股民最喜欢的追涨买卖综合技巧，由第 7 章构成。这部分从蜡烛图和分时成交图两个方面，结合技术指标，讲解在短期投资中如何把握股票的脉搏，实现买卖比较合理、收益比较理想的结果。

● 第五部分：和庄家斗智斗勇，由第 8 章构成，这是最实用的内容。因为与庄家斗智斗勇没有任何定式操作可言，所以编者结合自己在股市多年的经验写成，以便给读者提供丰富的操作手法和灵活的思维方式。

由于经验有限，加之时间仓促，书中难免存在疏漏和不足之处，恳请专家和读者不吝赐教。

编 者

2020 年 12 月

目录

第1章　选质技巧

第 2 章　选时技巧

第 3 章　排行技巧

第4章　成交量买卖技巧

第6章 技术线买卖技巧

第7章　短线综合买卖技巧

第8章　跟庄买卖技巧

第 **1** 章

选质技巧

选股决定成败，这是几乎所有投资者都认同的一个准则。大部分股民在股市中不是"被套"就是"割肉"，最主要的原因就是由所购买股票的质地造成的。本章将从股票最主要的因素——股票质地入手，将选质的技巧介绍给股民，帮助股民提高选股水平。

一、风险较小，收益平均：大盘股选股

大盘股，在中国股市主要是指总市值超过 50 亿元的股票。大盘股公司通常为造船、钢铁、石化、银行类公司。因其流通盘时常都在 10 亿元以上，而总股本有些远远大于 10 亿元，这种大盘股被股民视为"巨无霸"。巨大的流通盘让众多投资者无法撼动这些股票，而这种大盘股和国家整体经济形势密切相关，往往关系到国计民生的大部分领域。所以，国家宏观经济走势决定着大盘股的整体走势。

这种大盘股除了"巨无霸"的特点外，有些股票还为 H 股（也称国企股，指注册地在内地，上市地在香港的中资企业股票），这些 H 股和 A 股常常能够相互照应，出现股价同步上涨的情况。这类股票由于其特殊的背景，容易被基金、国内大型投资机构和 QFII（合格的境外机构）看中。

为什么如此多的大型机构对这种股票能够长期持有？因为这种大盘股在整体收益上虽然差强人意，无法与其他股票相媲美。但是，大盘股在长期走势上能出现稳定的涨幅，而且收益平均，抗风险能力较强，适于长线投资的股票。

有时投资大盘股的股民并没有像预期那样盈利，相反，大部分股民不是被套，就是割肉。其实，选择大盘股也是有技巧的，并非见着大盘股就买入，然后期待大盘股上涨，这样的好事一般往往不会出现。

实例分析

宝钢股份（600019）

宝钢股份是中国最大、最现代化的钢铁联合企业。宝钢股份以其诚信、人才、创新、管理、技术诸方面综合优势，奠定了在国际钢铁市场上世界级钢铁联合企业的地位。《世界钢铁业指南》评定宝钢股份在世界钢铁行业的综合竞争力为前三名，认为其是未来最具发展潜力的钢铁企业。

那么这只股票是不是值得投资？我们从主要的财务指标上发现，自 2017 年至 2019 年以来，宝钢股份的净利润有逐渐下降的趋势，如图 1-1 所示。

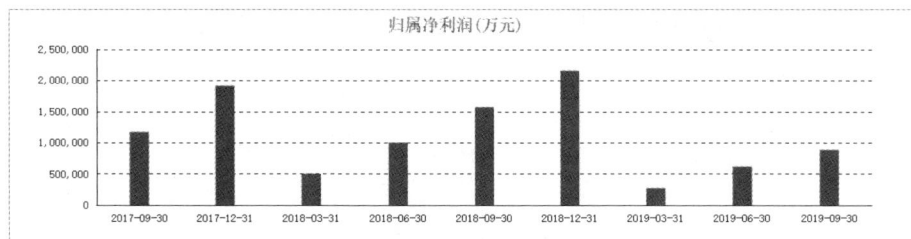

图 1-1　宝钢股份利润变化

但是，利润下降是不是不值得投资？此时，股民不能单凭这种利润的升降来判断一只股票的好坏。笔者此时将第一个技巧教给股民，就是仔细阅读上市公司年报，这是巴菲特和彼得林奇常用的方法，这也是最能发现股票未来增值空间的机会。

根据年报内容，我们查看从 2010 年至 2018 年宝钢股份的业绩表现，如图 1-2 所示。

按报告期　按年度　按单季度

每股指标	18-12-31	17-12-31	16-12-31	15-12-31	14-12-31	13-12-31	12-12-31	11-12-31	10-12-31
基本每股收益(元)	0.9700	0.8600	0.5500	0.0600	0.3500	0.3500	0.6000	0.4200	0.7400
扣非每股收益(元)	0.9300	0.8100	0.5500	0.0700	0.3500	0.3800	0.2700	0.4000	0.7200
稀释每股收益(元)	0.9700	0.8600	0.5500	0.0600	0.3500	0.3500	0.6000	0.4200	0.7400
每股净资产(元)	7.9380	7.3807	7.3716	6.8500	6.9369	6.7092	6.5055	6.0800	5.9800
每股公积金(元)	2.2266	2.1876	2.0528	2.0489	2.0189	2.0014	2.0963	2.1317	2.1451
每股未分配利润(元)	3.2899	2.8996	2.6283	2.2559	2.4143	2.2490	2.0757	1.7562	1.6945
每股经营现金流(元)	[illegible]481	1.4854	0.9953	1.2860	1.7170	0.7340	1.2967	0.6934	1.0767
成长能力指标	[illegible]-31	17-12-31	16-12-31	15-12-31	14-12-31	13-12-31	12-12-31	11-12-31	10-12-31
营业总收入(元)	3052亿	2895亿	2464亿	1641亿	1878亿	1900亿	1915亿	2229亿	2024亿
毛利润(元)	[illegible]441亿	388亿	273亿	141亿	180亿	176亿	139亿	190亿	262亿
归属净利润(元)	216亿	192亿	90.8亿	9.44亿	57.9亿	58.2亿	101亿	73.6亿	129亿
扣非净利润(元)	206亿	180亿	89.9亿	10.9亿	57.9亿	63.2亿	47.2亿	70.1亿	126亿

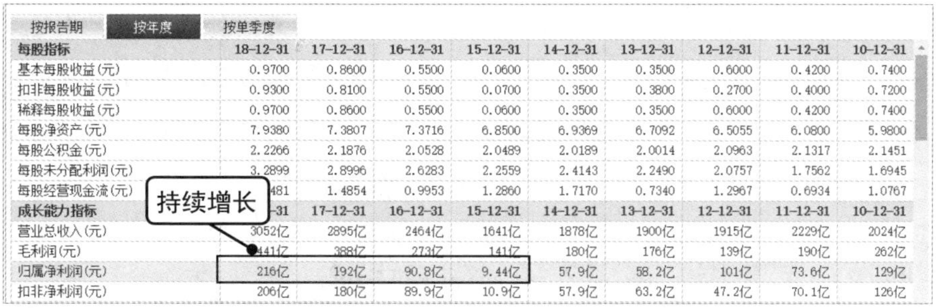

图 1-2　宝钢股份 2010 年至 2018 年的业绩表现

从上图可以看到，宝钢股份经营良好，尤其从 2015 年开始，业绩呈现出稳定上涨的趋势，具有较强的发展潜力。

既然宝钢股份具有投资潜力，那么什么价位是最好的购入时机呢？

如图 1-3 所示，我们发现，该股 2019 年 4 月反弹最高上涨到 7.82 元，随后反弹受阻继续转入下跌行情。在 11 月中旬，股价企稳后放量拉升，又开始表现出抬头趋势，投资者此时可以考虑适当持有。

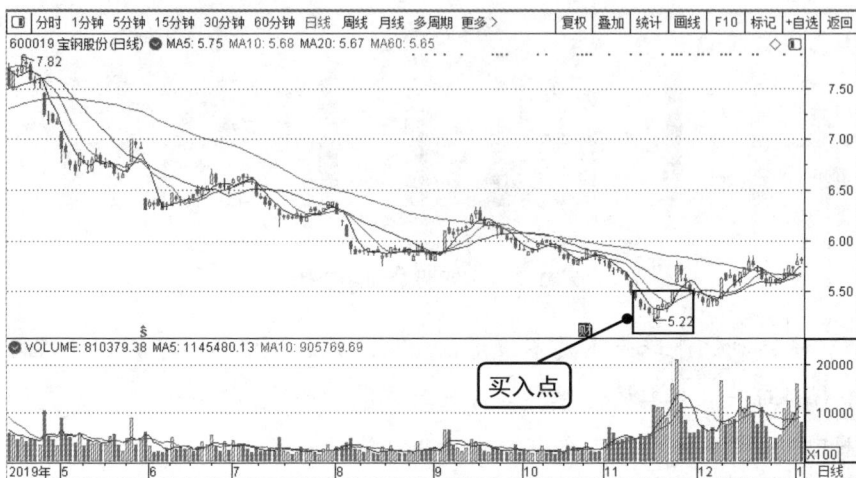

图 1-3　宝钢股份的 K 线图

但是需要注意，宝钢股份作为一只钢铁类大盘股，具有雄厚的经济实力和强大的后盾，然而，股市上任何事情都不是绝对的。宝钢股份也受到很多不利因素的影响，比如国外经济复苏缓慢，甚至国外经济出现倒退现象等，这些都是我们无法估计的。所以，投资这种大盘股，股民必须时刻关注国际经济情况，若出现不明朗或者恶化的迹象，就要趁机逃离，否则后市会被严重深套。而要解套，时间也会比较长。

炒股技巧第 1 招：掌握大体，细读年报

投资大盘股就是选择一种长期投资，寻求一种高于利率的投资方法，但是这种投资必须是选择质地优质的大盘股。

质地优质不是一两个财务数据就可以表现出来的，主要是关注大盘股的行业背景、与经济的联系程度、未来的发展潜力。当然，有时受到大环

境的影响而亏损也是无法避免的。

在把握整个行业和上市公司的大体情况后，股民要仔细研究其年报，从年报中发现投资的机会。这是一个长期而且艰苦的工作。成功的投资者不是幸运的"赌徒"，前者能够成为投资者，是长期钻研的结果，后者只是运气青睐的对象而已。

当然，对待年报，投资者也应该保持一种怀疑态度，因为上市公司为了某种目的对年报作假，也是有过先例的。

拓展知识 *什么是定向增发*

非公开发行，即向特定投资者发行，也叫定向增发，实际上就是海外常见的私募。在 2006 年证监会推出的《再融资管理办法（征求意见稿）》中，关于非公开发行的规定为：发行对象不得超过 10 人，发行价不得低于市价的 90%，发行股份 12个月内（大股东认购的为 36 个月）不得转让，以及募资用途需要符合国家产业政策等，普通股民很少有资格参与。

二、强大后盾，长期获利：蓝筹股选股

蓝筹股又叫绩优股、实力股。蓝筹股大部分拥有良好的经营管理、稳定的创利能力和丰厚连续的分红配股行为。这类公司在股民心目中拥有良好的口碑和评价。

中国股市，出现过多年不分红的股票，如金杯汽车（600609），长达15 年不分红。也有融资额远远大于分红的股票，如万科 A（000002），融资 250 亿元，分红 30 亿元。这些股票对于长期投资者来说很难获利。

那么对于分红配股的股票，又该如何选择呢？

实例分析

贵州茅台（600519）

　　贵州茅台酒独产于中国的贵州省仁怀市茅台镇，是与苏格兰威士忌、法国科涅克白兰地齐名的三大蒸馏酒之一，是大曲酱香型白酒的鼻祖。茅台酒是风格最完美的酱香型大曲酒之典型，故"酱香型"又称"茅香型"。

　　茅台酒液具有纯净透明、醇馥幽郁的特点，是由酱香、窖底香、醇甜三大特殊风味融合而成，现已知香气组成成分多达300余种。贵州茅台酒多次获得国际金奖和中国国家名酒称号。

　　贵州茅台集团几乎是家喻户晓的白酒生产大厂，该公司在赚取利润的同时，还积极回馈股东。如图1-4所示，贵州茅台从2002年起，就对股东进行分红。

公告日	分红（每股）	送股（每股）	转股（每股）	登记日	派现额度(万元)	除权日	备注
2019-03-29	14.5390	0.0000	0.0000	2019-06-27	1,826,385.98	2019-06-28	[详情]
2018-03-28	10.9990	0.0000	0.0000	2018-06-14	1,381,691.96	2018-06-15	[详情]
2017-04-15	6.7870	0.0000	0.0000	2017-07-06	852,581.45	2017-07-07	[详情]
2016-03-24	6.1710	0.0000	0.0000	2016-06-30	775,199.66	2016-07-01	[详情]
2015-04-21	4.3740	0.1000	0.0000	2015-07-16	499,509.93	2015-07-17	[详情]
2014-03-25	4.3740	0.1000	0.0000	2014-06-24	454,099.93	2014-06-25	[详情]
2013-03-29	6.4190	0.0000	0.0000	2013-06-06	666,407.74	2013-06-07	[详情]
2012-04-11	3.9970	0.0000	0.0000	2012-07-04	414,960.55	2012-07-05	[详情]
2011-03-21	2.3000	0.1000	0.0000	2011-06-30	217,074.00	2011-07-01	[详情]
2010-04-02	1.1850	0.0000	0.0000	2010-07-02	111,840.30	2010-07-05	[详情]
2009-03-25	1.1560	0.0000	0.0000	2009-06-30	109,103.28	2009-07-01	[详情]
2008-03-13	0.8360	0.0000	0.0000	2008-06-13	78,901.68	2008-06-16	[详情]
2007-04-03	0.7000	0.0000	0.0000	2007-07-12	66,066.00	2007-07-13	[详情]
2006-04-14	2.0660	0.1200	0.0000	2006-05-23	97,494.54	2006-05-24	[详情]
2006-04-05	0.3000	0.0000	1.0000	2006-05-18	14,157.00	2006-05-19	[详情]
2005-04-23	0.5000	0.0000	0.2000	2005-08-04	19,662.50	2005-08-05	[详情]
2004-03-26	0.3000	0.0000	0.3000	2004-06-30	9,075.00	2004-07-01	[详情]
2003-07-08	0.2000	0.1000	0.0000	2003-07-11	5,500.00	2003-07-14	[详情]
2002-07-18	0.6000	0.0000	0.1000	2002-07-24	15,000.00	2002-07-25	[详情]

图1-4　贵州茅台分红情况

贵州茅台上市后，并没有像部分上市公司一样，在完成上市后，就像完成了"圈钱"的准备工作，剩下的就是不断从股市圈钱、融资，想尽办法从股市捞钱，而每年给股民的就是三个字"不分配"。笔者对这些公司嗤之以鼻。

贵州茅台上市以来，已经连续十余年回报股民，虽然贵州茅台上市时股价为 20 元上下，但是经过多年的分红配股，不仅股价已经从当初的 20 元左右上涨到 2019 年 12 月的 1240 元附近（根据复权后计算），而且给股民的分红也是非常丰厚的。近 20 年的时间，股民的整体收益已经超过 61 倍。我们从图 1-5 可以清晰地发现这种分红积极的股票走势已经远远超过绝大部分所谓的业绩优良的"铁公鸡"。

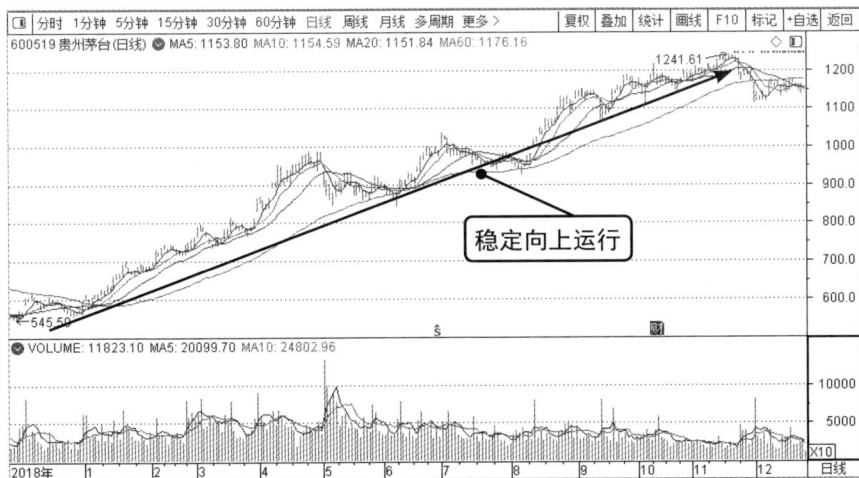

图 1-5　2018 年 12 月至 2019 年 12 月的 K 线走势

贵州茅台的走势是如此让股民欣慰，因为这类股票就是"知恩图报"的股票，广泛受到股民的好评。这种好评不是什么评论家或者股评期刊能够替代的。正是这种好评，股民对贵州茅台的潜力继续看好，在 2019 年下半年至 2020 年上半年的震荡期背景下，贵州茅台竟然能够逆势上涨。这是股民支持这只股票最好的诠释。

当然，我们也要明白，贵州茅台能够坚持多年的高分红，不仅仅是由于其管理层对股民负责，同时我们更应该发现，这种高分红是在业绩保持增长的情况下产生的。所以分红配股从根本上说还是上市公司自身业绩增长带来的。股民不能只看见分红配股，更应该了解这种高分红配股后面的本质。

在股市中，有些公司为了吸引投资者注意，将公积金或者借款进行分红配股。其实，这是以损害投资者的利益来满足一部分股东的利益。这一点需要投资者仔细分辨。

炒股技巧第 2 招：思虑长远，长线获利

"水能载舟，亦能覆舟"，这句话用于形容那些不分红，或者融资远远大于分红的上市公司再恰当不过。当然，投资者远离，投机者不一定远离。所以，这种蓝筹股会在一定程度上出现股价反复涨跌的现象。但是，作为长线投资者，这种反复涨跌给股民带来的风险远远大于利润，如果读者是这种投资者，你会选择哪种类型的股票呢？

如果股民是一个缺乏经验的新手，或者是一个精力有限的投资者，那么选择蓝筹股，务必要考虑长远的利益，不要被短线的利益蒙蔽。这才是一个成功投资者的心态和做法。

拓展知识 *配股和送股的区别*

配股是上市公司向原股东发行新股、筹集资金的行为，股民需要向上市公司上缴配股资金，也就是股民必须再掏钱购买配送的股票。而送股是上市公司无偿按照比例给股民送股票，不收取任何费用。

三、风险适中，收益较大：中小盘股选股

中小盘股就是总股本在 10 亿元以下的股票。中盘股和小盘股除了股本大小有一定差异外，其他并没有什么实质的差别。笔者把这两种股票放在一起，主要是它们在选股技巧上基本一致，而且由于股本扩容常常混淆在一起，也无法仔细分辨，索性放在一起进行讨论。

那么，中小盘股具备什么特点呢？中小盘股其实是股市中收益和风险搭配最适中的股票。风险适中，收益较大，适合中长线股民选择。

中小盘股大部分都是民营企业或者地方政府企业上市，这种特性让中小盘上市公司能够享受很多地方优惠措施或者政策支持。这就是"船小好掉头"的道理。而且，在金融危机中，这种中小盘股虽然受到打击较大，但是由于整体较小，可以发展其他的产业作为辅助，能更加灵活地应对危机，所以常常成为出其不意，让股民大吃一惊的黑马股。但是，如果股民选择的中小盘股质地不好，或者受到经济形势不佳的影响，股民的投资也会很快缩水。

那么，这种中小盘股应该如何选择呢？

实例分析

联化科技（002250）

2019 年下半年，大盘走势明显波动，缺乏明显的方向性，交易难以平稳，图 1-6 所示为大盘走势。

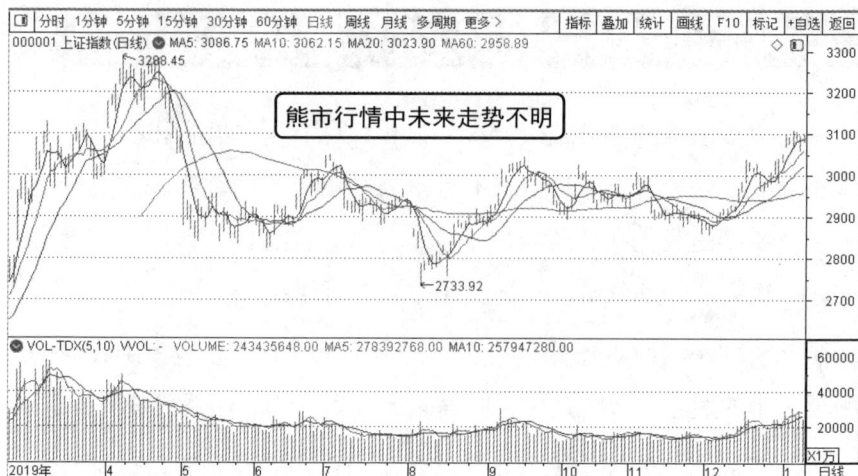

图 1-6　上证指数 2019 年 3 月至 2020 年 1 月的走势

从图中可以看到，大盘指数前期表现稳定的上涨行情，进入 4 月下旬后开始止涨转入下跌行情中，在随后的行情中难以准确判断出大盘的运行方向，整体表现出震荡走势。

在这样的走势中，许多的个股纷纷表现萎靡，难以保持良好的运行轨迹。而联化科技则不同，它在这段前途不明的阶段中依然调整自己使自己保持稳定上涨的走势，如图 1-7 所示。

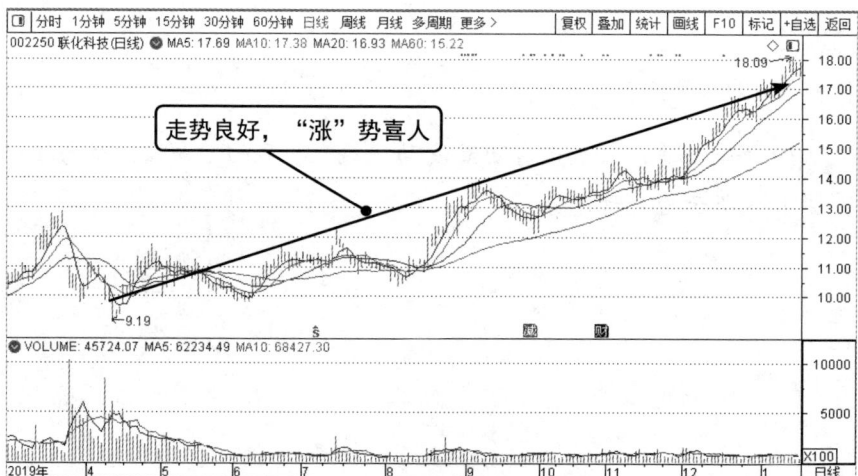

图 1-7　联化科技 2019 年 3 月至 2020 年 1 月的走势

当然，联化科技的上升行情离不开行业关系的影响，另一方面也与自身的经营管理有着重要的关系。图 1-8 所示为联化科技的财务报告。

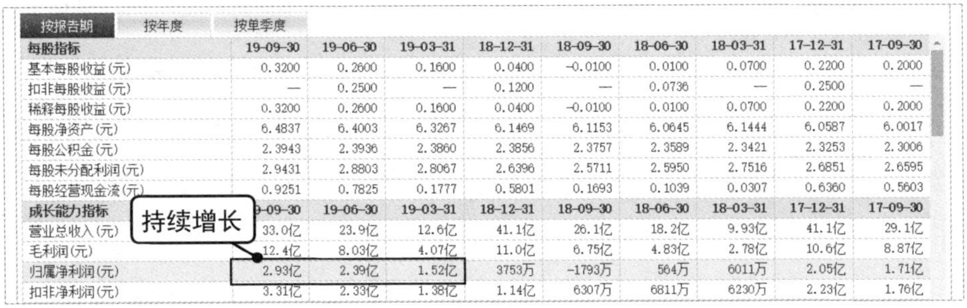

按报告期	按年度	按单季度							
每股指标	19-09-30	19-06-30	19-03-31	18-12-31	18-09-30	18-06-30	18-03-31	17-12-31	17-09-30
基本每股收益(元)	0.3200	0.2600	0.1600	0.0400	-0.0100	0.0100	0.0700	0.2200	0.2000
扣非每股收益(元)	—	0.2500		0.1200		0.0736		0.2500	
稀释每股收益(元)	0.3200	0.2600	0.1600	0.0400	-0.0100	0.0100	0.0700	0.2200	0.2000
每股净资产(元)	6.4837	6.4003	6.3267	6.1469	6.1153	6.0645	6.1444	6.0587	6.0017
每股公积金(元)	2.3943	2.3960	2.3860	2.3856	2.3757	2.3589	2.3421	2.3253	2.3006
每股未分配利润(元)	2.9431	2.8803	2.8067	2.6396	2.5711	2.5950	2.7516	2.6851	2.6595
每股经营现金流(元)	0.9251	0.7825	0.1777	0.5801	0.1693	0.1039	0.0307	0.6360	0.5603
成长能力指标	19-09-30	19-06-30	19-03-31	18-12-31	18-09-30	18-06-30	18-03-31	17-12-31	17-09-30
营业总收入(元)	33.0亿	23.9亿	12.6亿	41.1亿	26.1亿	18.2亿	9.93亿	41.1亿	29.1亿
毛利润(元)	12.4亿	8.03亿	4.07亿	11.0亿	6.75亿	4.83亿	2.78亿	10.6亿	8.87亿
归属净利润(元)	2.93亿	2.39亿	1.52亿	3753万	-1793万	564万	6011万	2.05亿	1.71亿
扣非净利润(元)	3.31亿	2.33亿	1.38亿	1.14亿	6307万	6811万	6230万	2.23亿	1.76亿

持续增长

图 1-8 联化科技财务信息

从以上数据可以看到，联化科技效益稳定，2019 年的盈利保持持续性的增长。

这种优良的业绩，在主要财务指标公布后已经被大量投资者发现，所以在净利润出现大幅增长的情况下，股价上涨是非常合理的。

炒股技巧第 3 招：保持盈利，熊市不熊

中小盘股的抗击能力不如大盘股或蓝筹股，但是，"八仙过海，各显神通"，由于不同的经营方式，中小盘股面临金融危机仍可化险为夷。

在金融危机中，中小盘股的上市公司由于长期处于市场前沿，对于市场的走向更为敏感，所以，上市公司能够及时调整运营方式，也能够做到逢凶化吉，平稳度过。如果投资者能够选择这种股票，当然回报也是丰厚的。

同时，投资者也要注意上市公司年报和财务报表的真实性，随时提高警惕，也可以保持获利。

四、新兴企业，投资未来：概念股选股

概念股是指具有某种特别含义或者未来发展具有巨大潜力的股票。例如，金融股、地产股、资产重组股、券商股、奥运题材股、保险股、期货概念等。大部分概念股都是从整体行业方向来看个别股的增长潜力，如果把握正确，股价会快速上涨；反之，如果股民不能正确把握概念股的时机和真实性，就很容易落入陷阱。

在股市中，概念股是所有投资者和股评家时常关注的股票和题材。概念，可以是最缥缈的东西，但是又能给投资者带来丰厚的利润。如果股民能够在恰当的时机进入，并且在适当的时机卖出，获利是非常丰厚的。

实例分析

紫光国微（002049）

紫光国芯微电子股份有限公司专注于集成电路芯片设计开发业务，是领先的集成电路芯片产品和解决方案提供商，产品及应用遍及国内外，在智能安全芯片、高稳定存储器芯片、安全自主 FPGA、功率半导体器件、超稳晶体频率器件等核心业务领域已形成领先的竞争态势和市场地位。当然，股民第一步要审视的资料就是这种概念股的利润情况。

图 1-9 所示为紫光国微利润变化。

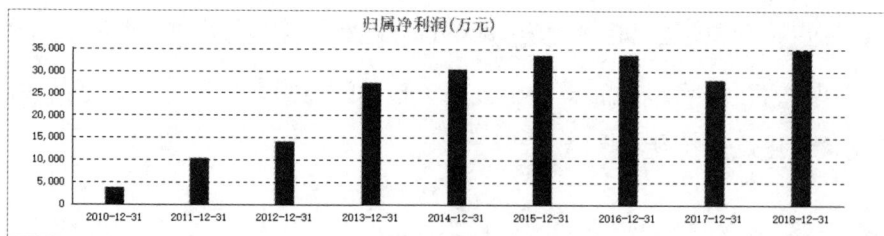

图 1-9　紫光国微利润变化

根据数据我们可以看到，企业经营稳定，整体上利润呈现稳定增长。

这是因为紫光国微是一个高科技企业，在自己主营业务上出现大幅增长，同时致力高新技术产品的研发。这种企业正是投资者所期盼的。

炒股技巧第4招：概念炒作，先看质地

"概念"对于概念股其实就是一个"药引子"，正是"概念"的作用，让概念股能够受到关注。当然，概念股能够涨多高、涨多久，完全是由市场来决定的，市场中投资者重视的是概念股能够带来的收益。如果一个概念股不能带来稳定持续的收益，投资者也会丧失耐心，抛出股票，这种现象在股市中时常发生。所以，概念股不是永远上涨的股票，投资者要利用概念买卖股票，同时关注这类股票的实质才是取胜的关键。

其实，从世界股市的历史中，我们会发现很多这种类似的概念股，像20纪60年代到70年代的日本股市，也出现过追捧新科技股票的潮流，21世纪初网络概念股也风靡美国股市，而这两个潮流的结局都是大部分投资者被套牢，甚至血本无归。笔者也不希望错过任何新兴行业，但是这种新兴行业风险较大，不是普通投资者所能承受的。所以，投资者在选择概念股时，一定要再三考虑。

五、风险较大，收益无穷：创业板股选股

创业板是2009年推出的一个板块，集中了大部分股本非常小的企业，就像美国的纳斯达克一样，是小企业进行融资的一种渠道，但是也暗藏着巨大的潜力。

创业板为中小企业提供了扩充资本的能力和机会，如果这些企业能够合理利用这些资本，那么将前途无量。正是因为这种优势，投资者都希望

能够在创业板中发现类似微软和惠普那样的潜力股。

当然,创业板也具有非常明显的特点,创业板退市的要求相比其他股票要严格得多,而且退市的处理方式同其他股票也不一样。所以,创业板是高风险和高收益并存的一类股票。

从 2009 年创业板上市以来,不断出现创业板股票从高价跌破发行价的情况,让众多投资者对创业板的风险深有体会。如何在风险如此高的创业板中选择合适的股票是每个投资者都在考虑的问题。

实例分析

新宙邦(300037)

深圳新宙邦科技股份有限公司是一家专业从事新型电子化学品的研发、生产、销售和服务的高新技术企业,公司的生产规模、产品质量和技术开发能力居国内同行领先水平。

新宙邦产品主要有锂电池化学品、电容器化学品、有机氟化学品、半导体化学品等系列。凭借领先的技术优势、卓越的产品品质以及良好的售后服务,新宙邦在国内外客户中赢得了良好的口碑。

图 1-10 所示为新宙邦利润变化。

图 1-10　新宙邦利润变化

当然,我们对待创业板的公司,应该更加严格地进行审查。我们不仅要看该公司的利润增长情况,也要考察其营业总收入、股东权益、净资产、净利润等。图 1-11 所示为 2014 年至 2018 年新宙邦的利润表。

利润表					
按报告期	按年度	按单季度	报告期同比	年度同比	单季度环比
利润表	2018-12-31	2017-12-31	2016-12-31	2015-12-31	2014-12-31
营业总收入	21.65亿	18.16亿	15.89亿	9.343亿	7.568亿
营业收入	21.65亿	18.16亿	15.89亿	9.343亿	7.568亿
营业总成本	18.73亿	15.18亿	12.99亿	7.879亿	6.059亿
营业成本	14.25亿	11.71亿	9.747亿	6.031亿	4.841亿
研发费用	1.455亿	1.059亿	—	—	—
营业税金及附加	1665万	1611万	1356万	714.5万	554.9万
销售费用	9995万	7580万	5472万	4035万	3063万
管理费用	1.536亿	1.165亿	2.457亿	1.464亿	9763万
财务费用	1698万	1782万	-1443万	-1321万	-1269万
资产减值损失	1569万	1507万	2511万	411.2万	67.01万
其他经营收益					
加:公允价值变动收益	—	—	—	-103.1万	-90.97万
投资收益	1976万	1723万	80.89万	437.9万	707.3万
其中:对联营企业和合营企业的投资收益	1804万	1274万			
营业利润	3.396亿	3.263亿	2.890亿	1.497亿	1.570亿
加:营业外收入	156.9万	127.0万	1566万	728.9万	364.1万
其中:非流动资产处置利得	—	—	13.50万	21.61万	1.190万
减:营业外支出	305.5万	27.01万	77.67万	242.5万	132.0万
其中:非流动资产处置净损失	—	—	181.2万	80.40万	85.47万
利润总额	3.381亿	3.273亿	3.038亿	1.546亿	1.593亿
减:所得税费用	874.6万	4080万	4089万	2147万	2407万
净利润	3.294亿	2.865亿	2.630亿	1.331亿	1.353亿
其中:归属于母公司股东的净利润	3.201亿	2.801亿	2.559亿	1.277亿	1.328亿
少数股东损益	932.4万	647.9万	704.2万	542.4万	251.8万
扣除非经常性损益后的净利润	2.963亿	2.658亿	2.429亿	1.196亿	1.246亿
每股收益					
基本每股收益	0.86	0.75	0.70	0.72	0.78
稀释每股收益	0.86	0.75	0.70	0.72	0.78
其他综合收益	60.90万	-138.2万	128.2万	103.1万	6.615万
归属于母公司股东的其他综合收益	60.90万	-138.2万	128.2万	103.1万	6.615万
综合收益总额	3.300亿	2.852亿	2.642亿	1.341亿	1.353亿
归属于母公司所有者的综合收益总额	3.207亿	2.787亿	2.572亿	1.287亿	1.328亿
归属于少数股东的综合收益总额	932.4万	647.9万	704.2万	542.4万	251.8万

图 1-11 2014 年至 2018 年新宙邦的利润表

通过近几年的利润表我们可以看出，新宙邦表现出稳定增长的良好发展态势，公司财务健康。

通过以上分析，可以看出新宙邦已经具备潜力股的实力，可以长期被看好，即股民可中长线投资。

图 1-12 所示为新宙邦 2018 年 12 月至 2020 年 1 月的 K 线走势。

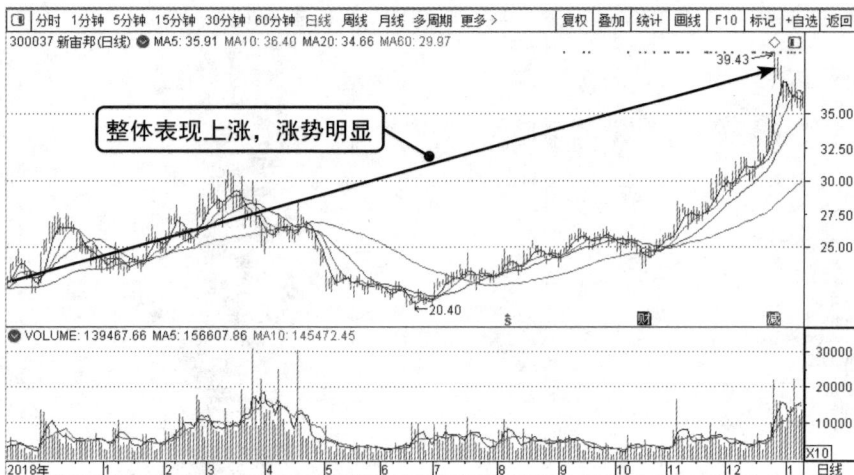

图 1-12　新宙邦 2018 年 12 月至 2020 年 1 月的 K 线走势

从图中可以看到，从中长线的角度来看，新宙邦整体表现为上涨行情，且涨势明显，如果股民做中长线投资可能会取得不错的投资收益。

炒股技巧第 5 招：市场技术，缺一不可

创业板块中大部分上市公司都出现过上市价虚高、跌破发行价的情况。股民在选择这类股票时，一定要有耐心。选择那种既有市场又有核心技术的公司，这样才能给股民带来安全感。

由于创业板是一个新板块，仍然存在许多不规范和不完善的地方，如招股说明书弄虚作假、谎报业绩、谎报净资产等，需要股民擦亮眼睛，仔细辨别。

六、资产重组，涅槃重生：ST 股选股

股市中，一些 ST 股票也能够给股民带来丰厚的利润回报，因为 ST 股

票长期受到市场的漠视，股价一直处于较低的水平。

但是，ST 股票如果被资金实力雄厚的公司发现，并且进行资产重组，也就是常说的"借壳上市"。这样 ST 股票将迎来涅槃重生，股价也会出现明显增长。

由于 ST 股之前的股价一直偏低，而资产重组后，无论是净资产还是净利润都会出现明显涨幅，在这种利好的刺激下，股价将会大幅上涨。所以，选择 ST 股票时，必须考虑有资产重组前景的股票。

实例分析

攀钢钒钛（000629）

攀钢钒钛前身是 ★ST 钒钛，2014 年至 2016 年一直在连续亏损，股价跌至 2.5 元左右。

随着钢铁行业基本面回暖、打击地条钢，带来了钒合金需求回升。同时，环保督查、停产检修、限制钒渣进口等多方面因素导致供给明显收缩，在供需结构的影响下，预计未来钒价将会继续走高。攀钢钒钛作为钒钛产业龙头，随着公司丰富资源优势的逐步体现，产业化进程的不断推进，在恢复上市后或将会迎来更为广阔的发展空间。

炒股技巧第 6 招：关注消息，重组盈利

ST 股其实在整个大盘中是一类特殊的股票。表面上看是垃圾股，但是往往能够在瞬间变"凤凰"，疯狂地涨停或者停盘许久，上市时股价已经上涨几倍。有些喜欢追求高利润的股民，不在乎这类股票蕴含的退市风险或者长时间低位整理的高风险，有一种赌徒心态。

如果有股民朋友喜欢投资这类 ST 股，那么一定要关注消息面，特别是重组的利好消息。当然这种消息面是要官方正式发布的，不是小道消息。同时，也要积极关注上市公司的整体业绩，这样，投资 ST 股获利的机会才能够增加。

七、热门行业，大众情人：政策股选股

如果你留意证券新闻或者证券推荐之类的文章，"热门行业""热点事件"这类词语出现的频率可以说是非常高的。

热点事件吸引所有人的目光，此外，无论是大企业还是小企业，也都在从热点事件中寻找机会。股市中，热门行业自然几乎是所有人关注的对象，无论是庄家还是股民，都想从热门行业的股票中发现金股。

同时，我们发现，热门行业大部分都和政策支持有关。如 2010 年开始兴起的新能源行业、节能环保行业等，都受到了政府的大力支持。而这些行业在政府的支持下，很成为热门行业。

股民在选择这类热门行业时，如果能够抓住风向的变化，获利的机会就会多于冷门行业。而且在股市走弱时，由于热门行业受政策扶持，股价会出现明显的抗跌态势。

实例分析

中信特钢（000708）

中信特钢的主要业务范围是钢铁冶炼、钢材轧制、金属改制、压延加工、钢铁材料检测等，公司主要生产有齿轮钢、轴承钢、弹簧钢、工模具钢、高温合金钢、高速工具钢等特殊钢材，拥有 1 800 多个品种、规格。

这类企业由于其行业特殊性，必然长期受到政府的扶持和关注。近些年来，国家推出了多项政策来推进钢铁行业兼并重组。

2016 年 9 月，国务院发布《关于推进钢铁产业兼并重组处置僵尸企业的指导意见》指出，到 2025 年，中国钢铁产业前十大企业产能集中度将达 60% ~ 70%，特钢行业进入兼并整合加速的关键时期。

2016 年 12 月，工信部等部委联合发布《新材料产业发展指南》，提出推进原材料工业供给侧结构性改革，紧紧围绕高端装备制造等重点领域需求，加快调整先进基础材料产品结构的重点任务。

从行业角度来看，国内钢铁行业的集中度依然比较低。2018 年，中国前十家钢铁企业累计产量占全国总产量的比例为 35.26%，环比 2017 年下降 1.64 个百分点，且距 60% 的钢铁产业集中度目标，以及与日本、韩国、俄罗斯、美国等国家的水平还有很大的差距。

正是在上述背景下，中信特钢得到了快速发展，从公司的财务数据中可以看到公司的业绩惊人，如图 1-13 所示。

财务指标	2019-12-31	2019-09-30	2019-06-30	2019-03-31
审计意见	无保留意见	未经审计	未经审计	未经审计
归属母公司净利润(万)	538647.18	366622.65	29401.93	8600.32
净利润增长率(%)	50.45	37.33	15.02	-5.03
扣非净利润(万)	521151.11	356421.23	29130.51	8520.79
营业总收入(万元)	7261986.93	5702274.87	638636.86	302967.50
总营收同比增长率(%)	0.60	4.65	3.78	0.71
加权净资产收益率(%)	24.18	16.02	6.64	1.93
资产负债率(%)	65.18	59.35	44.09	38.82
净利润现金含量(%)	147.15	170.69	40.84	-80.40
基本每股收益(元)	1.8100	1.2300	0.6540	0.1910
每股收益-扣除(元)	1.7600	1.2005	0.6480	0.1896
每股收益-摊薄(元)	1.8143	1.2349	0.6542	0.1914
每股资本公积金(元)	3.8009	3.8368	1.0807	1.0807
每股未分配利润(元)	3.4775	3.3673	7.0821	7.4064
每股净资产(元)	8.5032	8.2818	9.6658	9.9902
每股经营现金流量(元)	2.6698	2.1078	0.2672	-0.1539

图 1-13 财务数据

在这样的经营背景下，公司的股价也一路飘红，股价接连攀升。

图 1-14 所示为中信特钢 2018 年 12 月至 2020 年 3 月的 K 线走势。

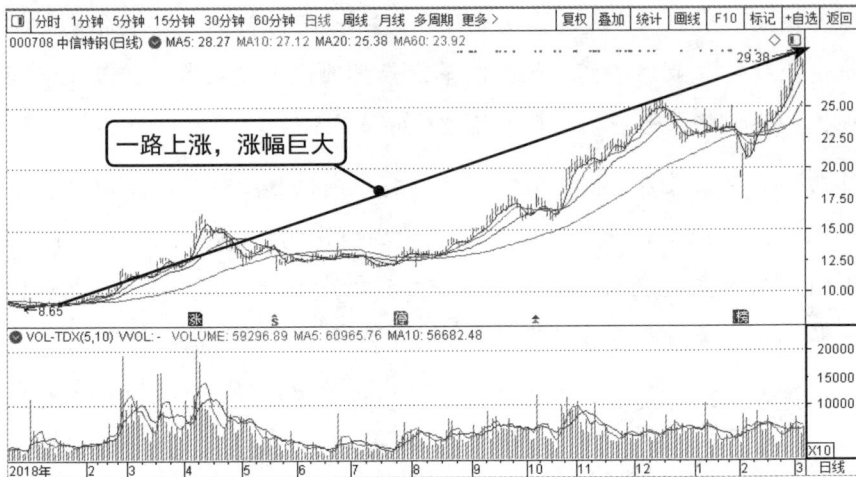

一路上涨，涨幅巨大

图 1-14　中信特钢 2018 年 12 月至 2020 年 3 月的 K 线走势

从图中可以看到，该股长期处于牛市行情中，股价从最低的 8.65 元上涨至最高的 29.38 元，涨幅超 200%。

炒股技巧第 7 招：关注热门，长期盈利

进入 21 世纪以来，我国经济持续快速发展，各种能源资源都出现了供不应求的状态，而能源是国民经济发展必不可少的支柱。而这些能源行业在各个地方又发挥着不可替代的作用。随着基础能源价格上涨，二级能源企业也逐渐成为被关注的焦点，包括水利资源、电力资源和石油煤矿资源，这些必将成为将来的热门行业。

在股市中，这种能源行业也逐渐受到股民的追捧，原因就是国家将会逐步优化这些大型资源企业，淘汰落后的资源型企业，盈利也将逐步提升。而且这种能源企业即使出现短暂的亏损，由于关系到国计民生，也会受到一定的照顾，很快能够扭亏为盈。

如果股民选择这类股票，除了挑选质地优良的股票，买卖时机也是非常重要的，如果不把握好买卖时机，也可能会出现亏损。

八、热点地区，盈利均增：地区股选股

股市中除了热点行业之外，热点地区也是投资者可以关注的一个方向。为什么热点地区也是关注方向呢？因为热点地区包括各种经济特区，这种经济特区无论在国内的什么位置，都享受相对优惠的国家政策，受到国家各种鼓励措施的优惠。正如改革开放初期公布的深圳特区、珠海特区等，这些特区高速发展，带来的增长让国人为之振奋。

实例分析

金科股份（000656）

在市场经济不断发展的背景下，我国在众多省份建立了经济特区，其中最引人注目的是西部重镇重庆经济特区。为什么重庆经济特区特别让人关注呢？因为重庆在西部的发展同成都、西安等城市相比，处于一定的劣势。因此，关系重庆将来发展的经济，也成为人们普遍关注的重点。重庆特区中的上市公司在政府的大力支持和扶持下，如果业绩出现大幅增长，那么股价上涨也是合情合理的。

重庆地区中有一只股票引起笔者关注——金科股份。公司以国家城市群发展战略为导向，以二线热点城市为主，一线和中心三线城市为辅，紧密围绕"三圈一带"。公司全力推进产业综合运营、社区综合服务等多元化产业结构和业务格局，建立了良好的产业基础和市场优势，具备强大的综合竞争力。

图 1-15 所示为金科股份公司近年来的利润变化趋势。

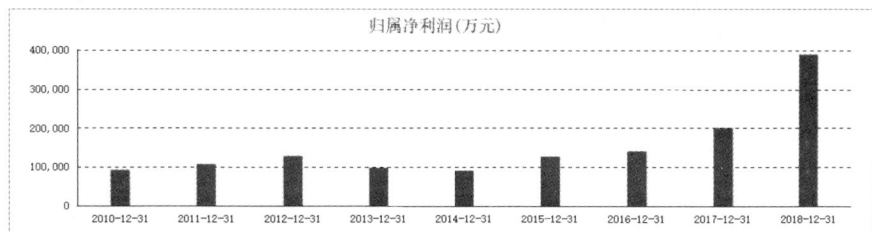

图 1-15　金科股份公司利润变化趋势

从图中可以看到，公司净利润的涨势明显，说明企业经营状况良好，收入稳步增长。在营业收入增长的情况下，公司的各方面情况也是逐步向好的方向发展。所以，笔者觉得该股的财务数据能够说明该股后市的走势会依然向好，如图 1-16 所示。

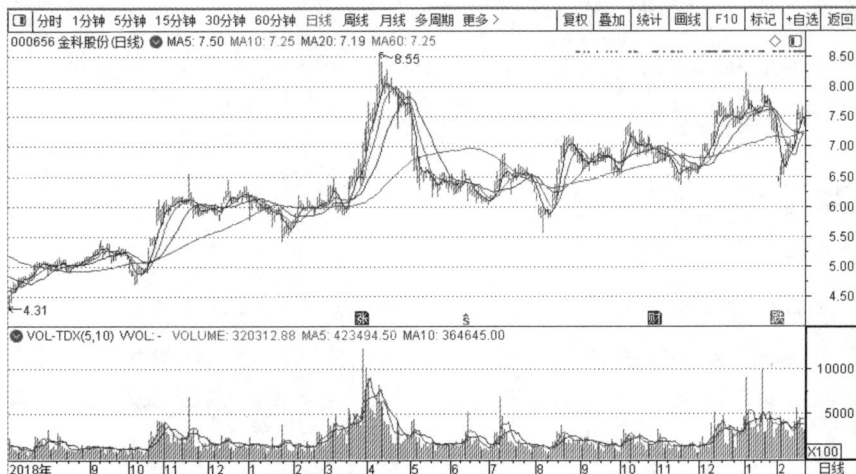

图 1-16　金科股份 2018 年 8 月至 2020 年 2 月的 K 线走势

炒股技巧第 8 招：热点地区，关注流量

热点地区，很多上市公司由于受到优惠政策的扶持，如果在主营业务上出现增长，那么受到股民的追捧是非常容易的。当然，股民也不能完全相信热点地区企业的股票，还要侧重从资金流量表考察。如果一个企业的主营业务资金净流量为正值，与之前同期相比，出现明显增加，那么说明该企业经营活动好转，加上热点地区的优惠措施，将来利润出现明显增长，股价顺势上涨是非常有可能的。

第 **2** 章

选时技巧

部分短线操作者喜欢利用股票即时走势来判断买卖机会，即通过股票瞬间买卖变化来判断。这种技巧对股民要求很高，必须具备敏捷的思维和快速的行动，稍加迟疑，就会错失良机。

一、临场感觉，反应迅速：开盘一刻钟选股

在股市中，有许多追求短线利益的股民，这类股民被称为超短线，他们以快进快出的方式，赚取一定的利润。短线投资者选择波动性较大的股票，如题材股、热门股、小盘股或者创业股。这些股票，由于流通盘较小，容易成为庄家或者机构操作的目标。

当然，即使将目标锁定在题材股、热门股等，也会发现这种股票也有几百只的数量，市场机会转瞬即逝，那么如何在众多的股票中选择热门股呢？

最常见的方法就是利用开盘一刻钟的时间，通过涨幅和大单进入的情况来判断庄家的动向，这是比较冒险的做法，但是这种提前进入的方式，能够让投机者赚取更多的利润，即使 1% 的利润，对于投机者来说也是有利可图的。

实例分析

宝德股份（300023）

宝德股份在 2020 年 3 月 13 日的开盘情况如图 2-1 所示，开盘 5 分钟左右，宝德股份很快攀升到 5 分钟涨速排名第 3 名，说明该股股价波动猛烈。

综合排名 - 深证A股							
今日涨幅排名			5分钟涨速排名			今日委比前排名	
N贝仕	31.11	31.99%	一汽夏利 R	4.85	13.05%	东岳硅材 N	10.93	100.00
赛摩电气	7.66	10.06%	精功科技	5.50	10.44%	聚杰微纤	23.87	100.00
汇金股份	8.43	10.05%	宝德股份	7.49	10.15%	赛摩电气	7.66	100.00
通光线缆	12.62	10.03%	N贝仕	31.11	10.61%	汇金股份	8.43	100.00
瑞玛工业 N	44.08	10.01%	海得控制	14.25	7.14%	通光线缆	12.62	100.00
聚杰微纤	23.87	10.00%	永安林业	4.76	8.18%	瑞玛工业	44.08	100.00
今日跌幅排名			5分钟跌速排名			今日委比后排名	
吉林化纤	2.86	-10.06%	英搏尔	31.13	-5.47%	吉林化纤	2.86	-100.00
蓝黛传动	4.58	-10.02%	联诚精密	17.75	-4.98%	云内动力	3.81	-100.00
蓝海华腾	8.63	-10.01%	京粮控股 R	5.28	-3.83%	纳思达 R	33.84	-100.00
越博动力	23.30	-9.97%	乐通股份	7.30	-3.82%	*ST毅昌	3.65	-100.00
雪莱特	3.15	-10.00%	中坚科技	13.63	-4.01%	浙江永强 R	4.91	-100.00

振幅居前

图 2-1　5 分钟涨幅榜单

查看当时的分时走势，如图 2-2 所示。发现该股开盘出现大量的成交量大幅拉升股价，股价一路上扬，说明场内有主力介入。

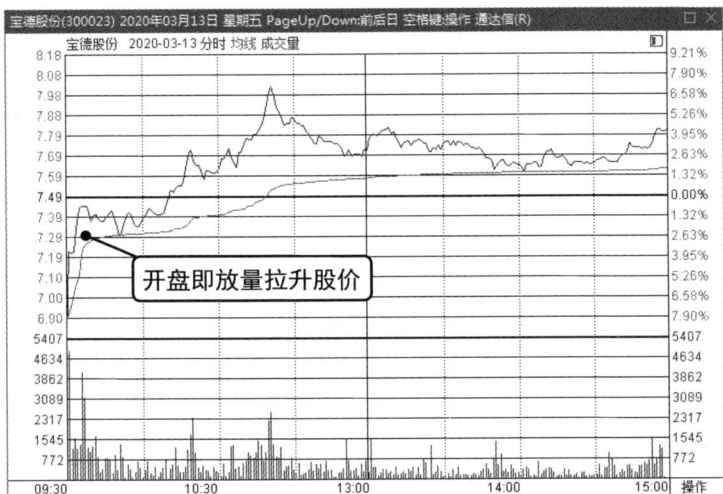

图 2-2　宝德股份 2020 年 3 月 13 日的分时图

股民还需要从多个方面进行查看，图 2-3 所示为该股 2020 年 1 月至6 月的 K 线走势。

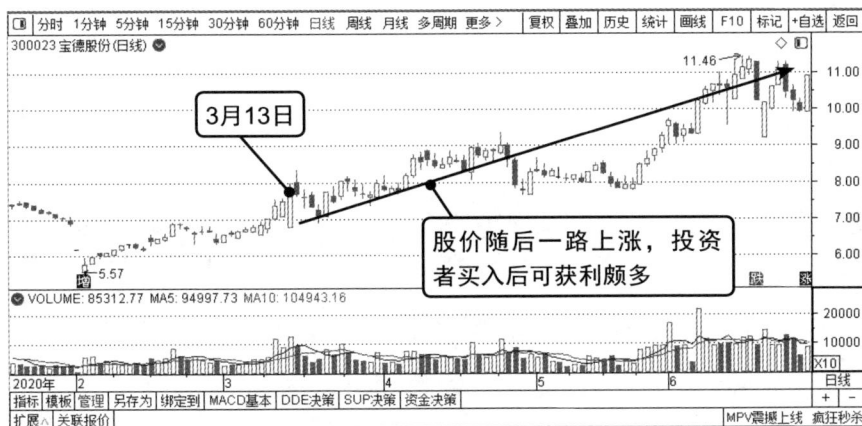

图 2-3　宝德股份 2020 年 1 月至 6 月的 K 线走势

从图中可以看到，如果投资者根据排行榜在 3 月 13 日之后的回调阶段逢低买入该股，在随后的上涨过程中任意时间段卖出，都会获得不错的收益。

炒股技巧第 9 招：临场感觉，反应迅速

这种利用开盘前 15 分钟，增幅排行榜、涨幅排行榜和涨速排行榜选择股票，需要投资者在开盘时，密切关注这三个榜单，因为这三个榜单能够将提前进场的庄家踪迹暴露给投资者。

同时，这种选择还要考虑股价所处的位置，从 K 线图上确定选择股票是否安全，当然这种安全是指股价和平均移动线的位置差距，股价低于移动平均线越远越安全。

最后，投资者还要关注近期成交量形成大量当日的分钟走势图，因为大量出现，可以发现机构参与其中。再仔细观察分钟走势图，判断机构是进入还是逃离。

这种利用开盘 15 分钟选择股票的方法，具有一种运气成分，非常冒险，股民如果能够将考察时间延长到 30 分钟，选择股票的成功率和利润率也会明显增加。

二、走势平稳，反应快速：开盘半小时选股

正如前面笔者指出 15 分钟选股的缺陷，如果股民能够将股票走势考察时间增加到半小时附近，这样可能股民会错失最佳入市的机会，能够降低风险。当然，这个时间不一定是半小时，可以根据需要增加。

庄家和机构会按照自己的计划去投资，对于不同风格的庄家，股民也

要采用不同的对策。大部分经验丰富的机构投资者会采用更加谨慎的态度对待每一笔交易。所以不会急于在开盘时猛烈买入。

有些股票在开盘半小时后才会出现异常波动，而有些股票在开盘15分钟内急速上涨，可能受到大盘下跌的影响和买盘不足的影响，股价会迅速跌回到开盘价附近，这样，多一些考察时间，其实就是多一些选择余地和降低购买成本。

实例分析

富春股份（300299）

富春股份在2020年3月13日，开盘半小时后，已经多次出现在5分钟振幅榜中，但是，股价并没有明显上涨，反而在底部进行盘整，如图2-4所示。

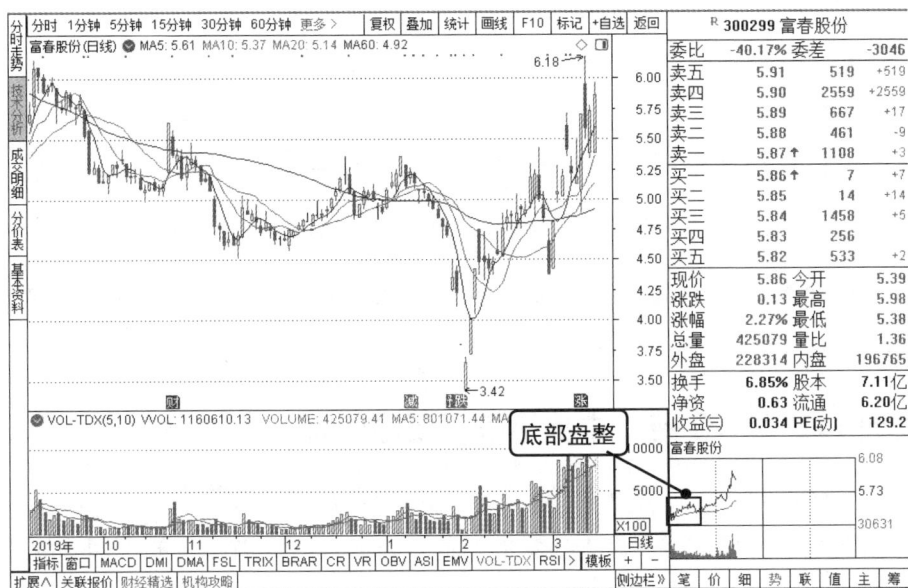

图2-4　股价底部盘整

此时，股民可以暂时关注，不急于买入。当股价上涨后，买单跟着增加，说明此时庄家正在积极主动吸盘，如果没有增加，说明庄家仍在观望，不会抬升股价。

如图 2-5 所示，在后面的几分钟，买盘数量随着股价上涨，跟着不断变化，在接近昨日成交价的位置，成交量不断增加。

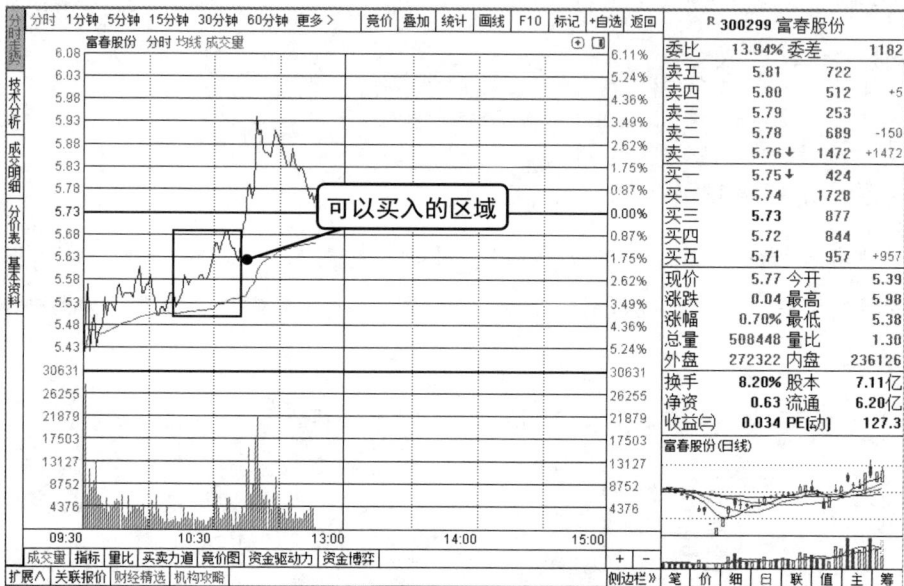

图 2-5　富春股份 2020 年 3 月 13 日的分时图

这种情况就说明，买家开始跟进买入，股民此时可以买入一部分。当然，其余部分可以等待收市前再伺机进入。

炒股技巧第 10 招：走势平稳，反应快速

在股市中，看盘时间越长，风险就越小，看似平常的走势，如果投资者留意观察买盘，就会发现庄家的目的，若发现庄家有吸货的可能，就要迅速买入，成为坐轿者。

股民如果将买股的时间推迟到开盘后 1 小时左右，等到整个市场反应处于正常时，再分批次买入股价拉升急速，大单在底部等待的股票，不失

为一种明智的选股和买股方法。当然，这种选股方法需要股民仔细辨认是否是庄家故意托盘的行为，时刻关注买单的变化，如果大量买单突然撤离，那么股民就要警惕这种行为。

三、终场结束，明日收获：收盘半小时选股

当每日临近收盘时，由于时间所剩无几，庄家在市场最后时刻，才露出王牌，因为按照惯例，上午股市和下午股市可能走势完全不一样，上午不断上涨，下午就可能直线下跌，主要是源于投资者有些时候中午才能关注大盘，下午决定买卖时机。而下午的买卖时机又以最后收盘 30 分钟为最佳时候。

当然，庄家在这种时候，也对一天走势有一个大致了解，选择最后收盘 30 分钟开始进场，将风险降到最低。由于一天都没有进行买入，庄家此时将会显露出其目的，露出"大尾巴"，而经验老到的股民也会在最后时刻出手，两者力量相加，将会非常明显。如果股民仔细观察每日走势就会发现该现象。既然庄家已经出手，股民也可以顺势而为。

实例分析

掌趣科技（300315）

2019 年 9 月 23 日下午 14:30 之前，掌趣科技除了早盘时出现大幅震荡之外，全天走势比较平稳，成交量也没有明显增加，感觉似乎失去市场的关注，整体会在平稳中走过一天。

但是，到 14:30 附近，风云突变，掌趣科技振幅变大，股价上涨，成交量也明显放大。当然，这一定是庄家和机构投资者所为，预测庄家可能

开始进场吸盘了，如图 2-6 所示。

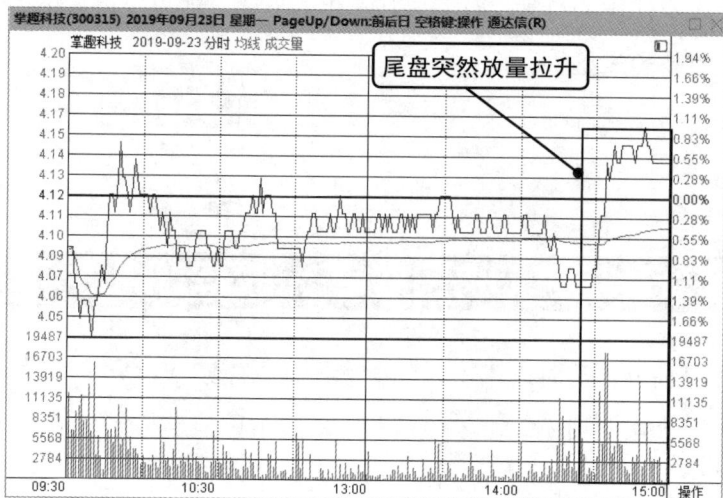

图 2-6　掌趣科技 2019 年 9 月 23 日的分时图

当然，股民不仅仅要从分时走势上考察一只股票，还要从 K 线图上观察当日股价所处的位置，图 2-7 所示为掌趣科技 2019 年 3 月至 9 月的 K 线走势。

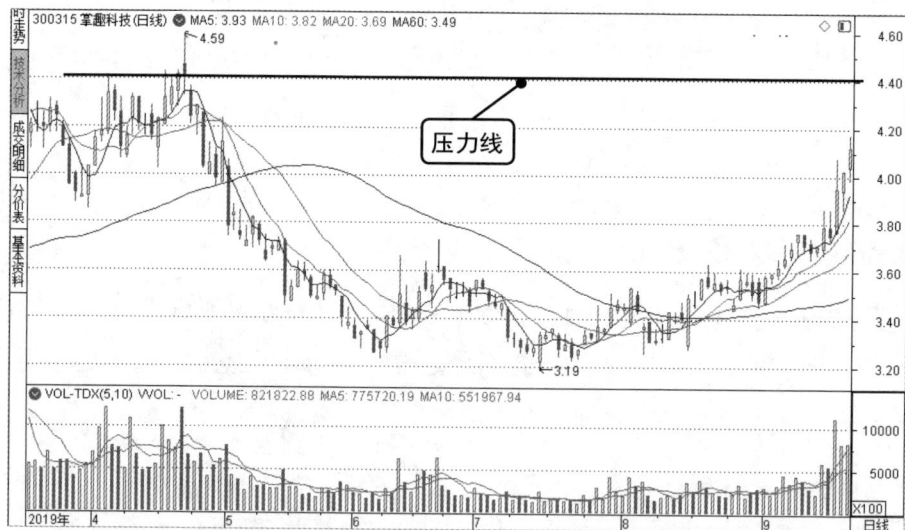

图 2-7　掌趣科技 2019 年 3 月至 9 月的 K 线走势

从图中可以看到，此时股价处于上涨途中，根据上一轮涨幅情况来看，距离4.4元的压力位还有一定的涨幅空间，且多根均线呈现多头排列，说明后市看涨，投资者可以适当买入。

图2-8所示为掌趣科技后市走势。

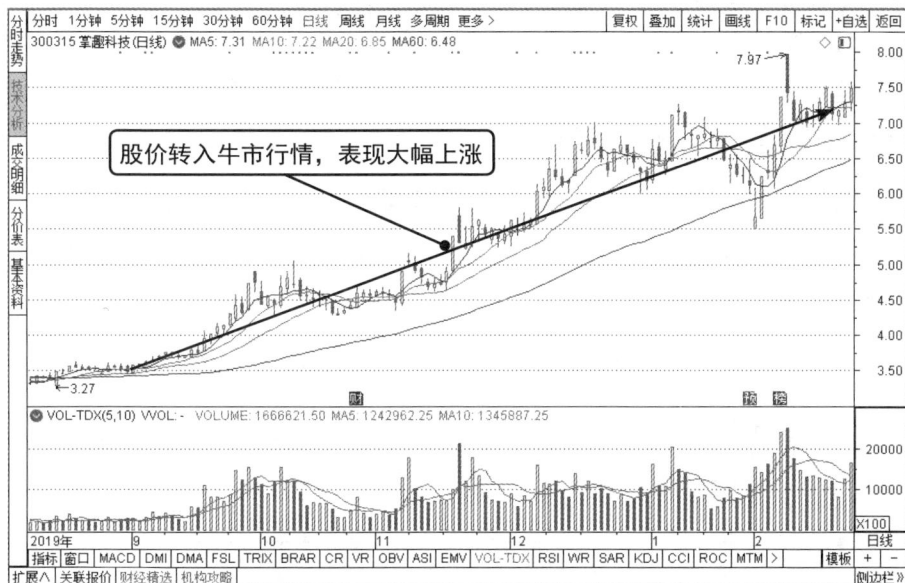

图2-8　掌趣科技2019年8月至2020年2月的K线走势

从图中可以看到，股价转入牛市行情，股价一路上扬，若股民在4元位置附近买入，可以获得超过80%的收益。

炒股技巧第11招：终场结束，明日收获

压轴戏往往是在演出的最后时刻才播出。庄家也是这样导演股票价格的。作为精明和经验老到的股民不会贸然行动，因为股市就是人与人的博弈，既然庄家要最后出场，股民何尝不是在最后出场呢？选股在最后一刻都不算迟。所以，收盘前选择并伺机买入股票，是一种选择明日收获的方法。

四、突然飙升，蕴藏机会：5 分钟涨速选股

5 分钟涨速榜其实是一个非常有利的短线选股工具，因为这种涨速的突变大部分一定是大单的进入才能造成，无论这种大单进入是何种原因，能够在几分钟迅速买入大量该股票，说明对其后市看好。

实例分析

天银机电（300342）

天银机电在 2020 年 1 月 23 日早盘结束后突然出现在 5 分钟涨速榜上，股价从平稳走势转为强势上涨，封至涨停。如图 2-9 所示，股价出现一个明显的强势拉升姿态。

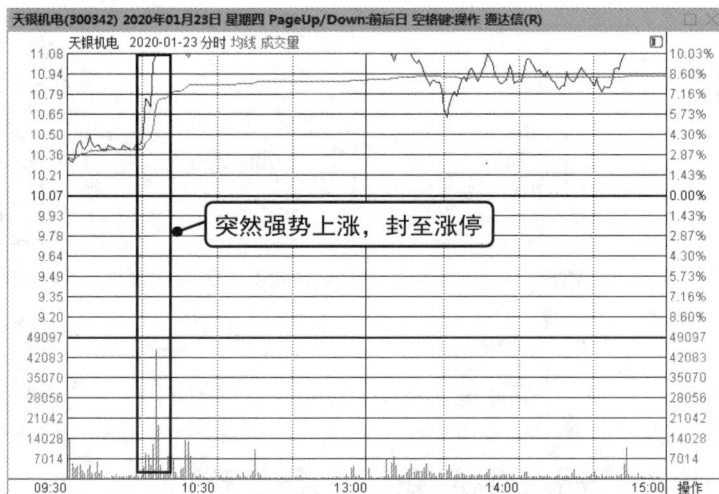

图 2-9　天银机电 2020 年 1 月 23 日的分时图

涨势非常明显，从 2% 到涨停，10 分钟内完成，成交量也密集放大，买方力量急剧扩大，这种姿态说明庄家拉升和吸盘非常迅速，急于在短期内获得大量股票。

股民此时完全可以大胆买入，因为从 K 线图上发现该股前几日一直在低位盘整，1 月 23 日当天分时走势出现强势上涨趋势，预示庄家对后市明显看好。果然，随后该股上涨到 28 元附近，股民盈利已经接近 180%，如图 2-10 所示。

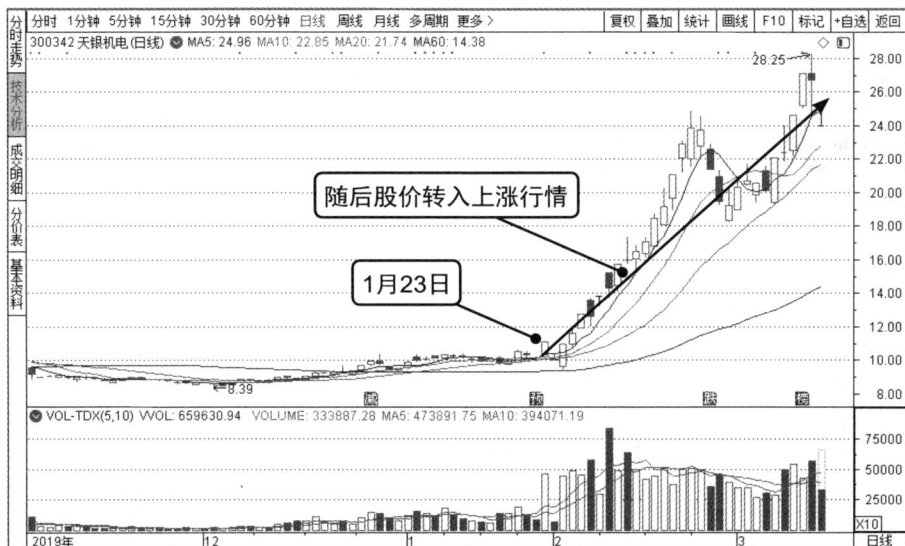

图 2-10　天银机电 2019 年 11 月至 2020 年 3 月的 K 线走势

炒股技巧第 12 招：突然飙升，蕴藏机会

突然飙升的股票，如果这种涨幅能够维持到盘终，说明庄家进场的决心明显。这种情况一般发生在股价下跌一段时间，创出新低后，随着成交量和市场信心的恢复，庄家也会慢慢进场。当然，这种飙升经常发生在收盘前夕，也再一次证明收盘前是一个选股和买股的好时机。

五、大单突现，庄家计谋：突现天量单选股

除了以上几点我们能够发现短期涨幅较大的股票，还可以通过每分钟成交量的突变发现黑马。

因为股价的上涨必然会通过大幅度提高成交量来体现，一般情况下不会出现无量的上涨，而这种成交量的增长最直接的反映就是分钟成交明细。

通过这些分钟成交明细，我们能够清楚地看到大单进场的时机和规模，这样有助于我们在最后时刻做出买入还是卖出的判断。

实例分析

恒顺醋业（600305）

图 2-11 所示为恒顺醋业在 2019 年 7 月 3 日当天的成交量中出现多次大单卖出的现象，且大单卖出的现象主要集中在下午盘中。

14:27	18.26	271	S
14:27	18.26	33	S
14:27	18.27	16	B
14:27	18.25	111	S
14:27	18.26	239	B
14:27	18.25	190	S
14:27	18.25	23	B
14:27	18.24	93	S
14:27	18.24	38	
14:27	18.22	28	S
14:27	18.23	17	B
14:27	18.23	15	B
14:27	18.20	1315	S
14:27	18.20	118	B
14:27	18.20	47	B
14:27	18.20	82	B
14:27	18.19	120	S
14:27	18.18	188	S
14:28	18.16	437	S
14:28	18.16	5	B
14:28	18.18	221	B
14:28	18.18	6	B
14:28	18.15	63	S

14:46	18.25	466	S
14:46	18.28	87	B
14:46	18.26	159	B
14:46	18.26	144	B
14:47	18.26	18	B
14:47	18.26	318	B
14:47	18.26	74	B
14:47	18.26	375	B
14:47	18.25	625	S
14:47	18.25	109	B
14:47	18.25	169	B
14:47	18.25	32	B
14:47	18.25	588	B
14:47	18.25	102	B
14:47	18.25	40	B
14:47	18.25	59	B
14:47	18.24	196	S
14:47	18.25	22	B
14:47	18.25	67	S
14:47	18.26	61	B
14:47	18.25	65	S
14:47	18.26	132	S
14:47	18.26	48	B

图 2-11 大单卖出

此时我们查看分时图，发现当天股价前期表现平稳，午后开始出现单边下跌走势，成交量随着股价的下跌而放大，跌幅达到 5% 左右。

图 2-12 所示为恒顺醋业 2019 年 7 月 3 日的分时图。

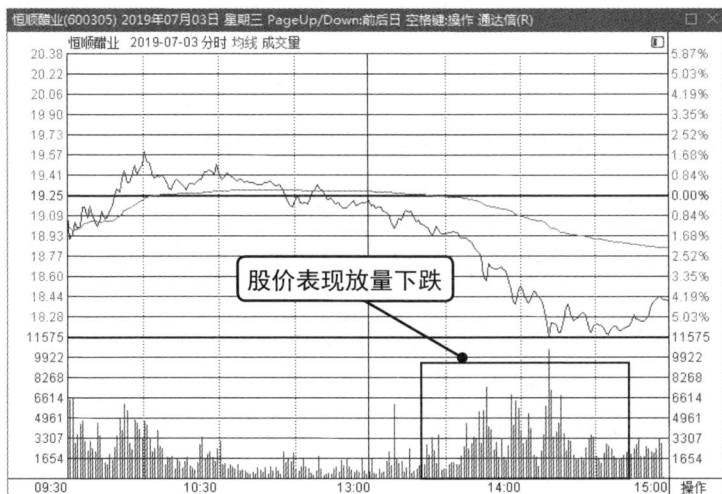

图 2-12　恒顺醋业 2019 年 7 月 3 日的分时图

我们再来看该股当天的 K 线走势，图 2-13 所示为恒顺醋业 2018 年 12 月至 2019 年 7 月的 K 线走势。

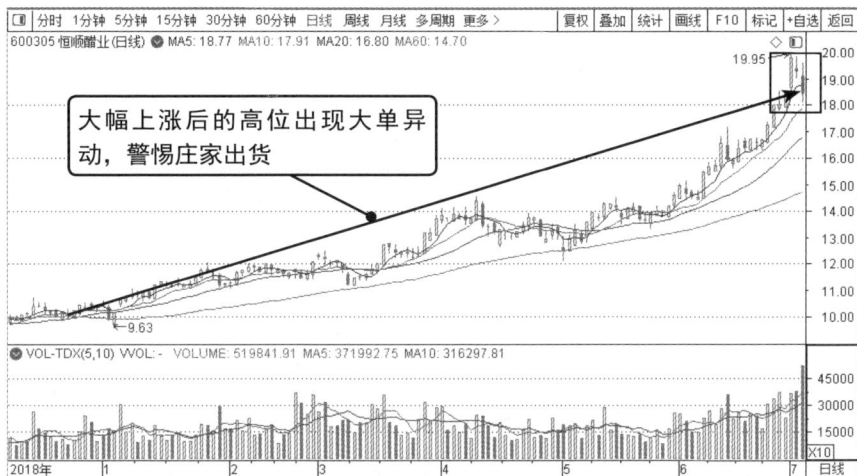

图 2-13　恒顺醋业 2018 年 12 月至 2019 年 7 月的 K 线走势

从图中可以看到，该股此时处于大幅上涨后的相对高位区域，此时分时出现大单异动现象说明股价可能会出现大幅变动，后市股价可能会反转下跌。股民要警惕庄家出货离场。

炒股技巧第 13 招：大单突现，庄家计谋

大单的出现就是庄家异动的前兆，而且大单越多，庄家异动越明显。庄家异动，就意味着股价会出现大幅变动，股民既然发现这些异动的迹象，结合 K 线图，就可以比较安全地买入或卖出股票。

毕竟，庄家的诡计再多，也有露出狐狸尾巴的时候。股民就是要从这些细小的线索中发现致富的秘诀。

第 **3** 章

排行技巧

排行榜是股民的金矿。在各种排行榜上，股民能够发现不错的股票。无论是主力追捧的热门股，还是被大众忽略的冷门股，只要善于捕捉，胆大心细，股民也能收获丰厚。

一、跟着大众，随机应变：主流焦点区选股

在第 2 章中我们介绍了如何在盘面变换的情况下选择合适的股票，但这种方法过于技术化，而且股民也会觉得难以琢磨股市的变化。对于大部分上班族股民来说，这种操作并不太适合。

那么有没有适合上班族选股的方法呢？当然有。这种方法就是事前研究每日的证券报纸，对第二日所选的股票做好准备，选择合适的股票，采用委托限价交易的方式，也是完全可以的。

当然，这种选股的工作量就要大于前面看盘选股的工作量。股民必须在买股的前几日开始关注证券日报上的各种股票排行榜，关注市场的热门行业。从中选择合适的潜力股。这种选股方法不要求股民反应灵敏，只要求股民能够在排行榜上花时间即可。

本章第一个技巧就是，关注热门排行榜资金流入，关注每日的资金流量表就是一个非常简单的方法。

实例分析

天海防务（300008）

每日股市结束的时候，股民都可以通过互联网和媒体查询到大量的信息，包括当日股市的走势回顾、第二日走势的预测等。此外，股民还可以通过正规的渠道查询到行业资金流向表，如图 3-1 所示。

该图是 2020 年 7 月从东方财富网的行业资金动态中查询的结果，从图表中的内容我们能够清晰地发现船舶制造行业的资金流量增加非常明显。

资金流向增加明显，就是说明庄家侧重于这种行业的股票投资，股民当然也可以顺势而为，选择该行业的优质股进行投资。虽然此时进场已经不算早，但是，只要庄家没有大规模撤离，这类行业的股票应该还有一定上涨空间。

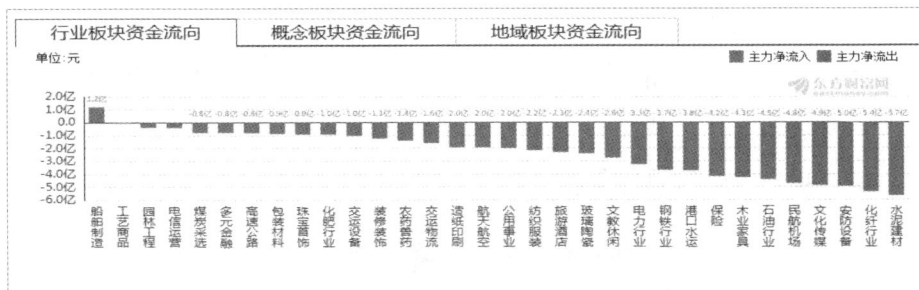

图 3-1　行业资金流向

　　股民此时通过炒股软件选择船舶制造行业的股票，当然，选择涨幅较小的股票也是一种方法，有些股民喜欢涨幅较大的股票，因为他们相信股价上冲的态势不会立刻结束。当然这种方法因人而异，笔者建议新股民最好还是选择涨幅较小的股票进行投资，这样相对比较保守，安全性高一些。

　　通过筛选，选择一只股价较低的股票——天海防务，从公司简介上发现，该公司是一家从事防务装备、船舶产品、新能源科技领域内的技术开发等业务的企业。图 3-2 所示为天海防务 2019 年 9 月至 2020 年 7 月的 K 线走势。

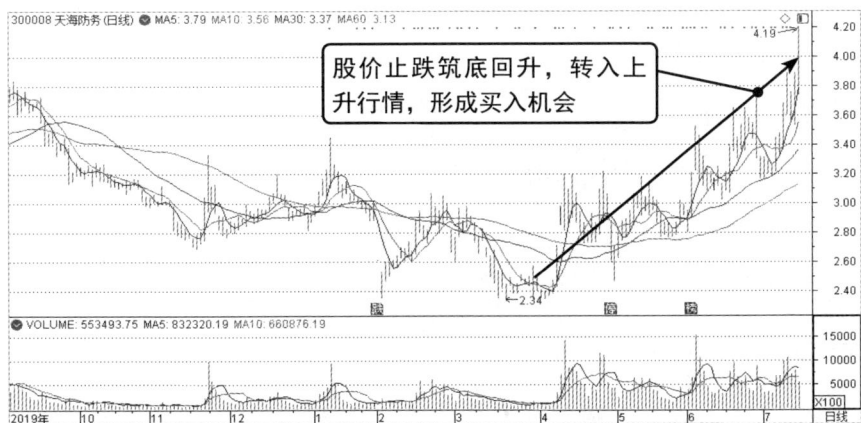

图 3-2　天海防务 2019 年 9 月至 2020 年 7 月的 K 线走势

　　从图中可以发现，该股经历了一段下跌行情，股价跌至 2.34 元，随后筑底止跌，转入上涨行情。在 7 月初，股价虽然有所回落，但是受均线的有力支撑止跌回升重新进入上涨行情中。而且随着越来越多的资金涌入该行业，该股表现出了稳定上涨的牛市行情，未来也非常值得关注。因此，投资者可以逢低吸纳顺势买进该股。

炒股技巧第 14 招：跟着大众，随机应变

大众的心态是无法捕捉的，只能通过资金流向来判断，这是最直接也是最简便的办法。选择好进入的行业，再选择合适的优质股票买入，短期内一定能够获得比较丰厚的利润。

这种跟着大众和资金流向买股的股民，必须随时关注市场的风向，不要资金开始撤离时，还固执己见，继续持有，一定要见好就收，不可恋战。

二、涨幅前列，后市机会：涨幅排行榜选股

大众心态中有一种最典型的心态，就是追涨。因为股民相信股价上冲有一定的连续性，在股价大涨后，能够吸引更多的股民追入，这种情况下，股价受到新进势力的追捧，还会惯性地出现一定的涨幅，在短期内能够带来不错的利润。

实例分析

山东药玻（600529）

查看股市 2020 年 1 月 7 日当日沪深 A 股涨幅榜单时，我们可以发现，多只股票上涨接近涨停板，但是通常这种涨停板的股票继续上涨的动力已经消耗殆尽，继续上涨的可能性不大，可以不用理睬这些涨停的股票。

图 3-3 所示为从 2020 年 1 月 7 日沪深 A 股涨幅排行榜中节选的部分个股信息。

代码	名称	涨跌幅度↓	前收盘	最高	最低	收盘	振荡幅度	成交量	总金额
600093	易见股份	1.07 7.24%	14.78	15.93	14.61	15.85	1.32 9.03%	6650万	10.1亿
002127	南极电商	0.84 7.20%	11.66	12.78	11.70	12.50	1.08 9.23%	5238万	6.46亿
300079	数码科技	0.46 7.19%	6.40	7.00	6.33	6.86	0.67 10.58%	1.32亿	8.88亿
600695	绿庭投资	0.63 7.18%	8.77	9.65	8.64	9.40	1.01 11.69%	9252万	8.48亿
600536	中国软件	5.24 7.18%	72.97	79.50	73.13	78.21	6.37 8.71%	3199万	24.4亿
300545	联得装备	1.95 7.14%	27.33	30.06	27.47	29.28	2.59 9.43%	840.0万	2.48亿
002292	奥飞娱乐	0.70 7.10%	9.86	10.85	9.88	10.56	0.97 9.82%	5742万	6.08亿
000014	沙河股份	0.65 6.96%	9.34	10.09	9.33	9.99	0.76 8.15%	949.9万	9317万
688116	天奈科技	2.35 6.95%	33.80	37.00	33.84	36.15	3.16 9.34%	699.5万	2.46亿
000708	中信特钢	6%	22.55	24.76	22.40	24.11	2.36 10.54%	1053万	2.53亿
600088	中视传媒	6.91%	14.76	16.09	14.65	15.78	1.44 9.83%	1698万	2.60亿
300380	安硕信息	1.40 6.83%	20.50	21.92	20.52	21.90	1.40 6.82%	636.8万	1.35亿
600529	山东药玻	1.85 6.78%	27.30	29.52	27.15	29.15	2.37 8.73%	861.7万	2.47亿

（选择）

图 3-3　2020 年 1 月 7 日的涨幅榜

避免选择封死涨停的股票，股民可以退而求其次选择接近涨停价位的股票。因为这些股票不仅能够在排行榜上被股民关注，而且没有封死涨停，说明买方并没有消耗殆尽，后市上冲机会很大。在此我们选择价位较低，涨幅靠前的山东药玻。

图 3-4 所示为山东药玻 2019 年 7 月至 2020 年 1 月的 K 线走势。

图 3-4　山东药玻 2019 年 7 月至 2020 年 1 月的 K 线走势

从图中可以看到，在 2019 年 9 月该股止跌企稳转入上涨行情。但该轮上涨持续 1 个多月后便止涨横盘，随后在 11 月中旬转入下跌行情中。12 月股价再次止跌上扬，股价涨至 28 元附近时受阻，横盘调整。1 月 7 日，K 线收出一根大阳线突破压力位拉升股价，说明主力做多意图强烈，后市看涨。

由此，股民可以判断后市上涨的可能性较大，可选择在之后股价回调时介入。该股后市走势如图 3-5 所示。

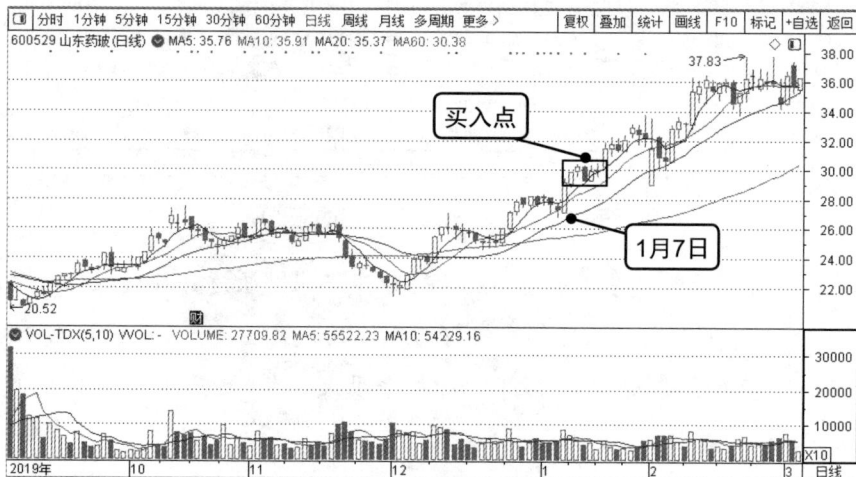

图 3-5　山东药玻后市走势

从图中可以看到，该股后市果然继续之前的上涨行情，股价向上拔高，涨势明显。

炒股技巧第 15 招：涨幅前列，后市机会

如果股民利用涨幅排行榜选择涨幅前列的股票，在选股时最好还要结合该股前几日的分时图和成交量变化综合判断，以提高投资成功率。

根据笔者经验，股民在选择这些上涨迅速的股票时，最稳妥的办法是退而求其次，最好选择涨幅靠前，但不是最前面涨停的股票，因为这种涨

停的股票后市上涨空间有限，而接近涨停的股票，由于还有一定的上涨空间，可以带给股民带来丰厚的利润回报。

但是，在追涨的过程中，不仅需要股民把握买股时间，更重要的是把握卖股时间。当股价不断上涨时，股民要分批卖出股票，这样才能降低风险，避免后市股价出现过山车式的走势，被套严重。

其次，股民可以选择价格较低的股票，这样风险也相对较小，笔者建议最好远离所谓的高价股和创业板，因为那不是股民的游戏，是基金和资本大鳄的游戏。

三、换手迅速，浑水摸鱼：换手排行榜选股

前面我们分别从资金流量和价格两个方面考查股票，选择热门行业和热门追涨的股票。本节中，我们将从换手率来选择金股。换手率简而言之就是当日的成交量同总股数之比。换手率越高，说明当日成交量越大，买方和卖方争夺激烈，其对后市走势有非常重要的影响，无论是上涨还是下跌，出现大换手率通常都会加快这种趋势。

然而，这种换手率的激增也可能是庄家进场的表现，如何判断庄家进场，股民不能只依靠这一个排行榜来判断，必须结合 K 线图和分时图来综合判断。

实例分析

高斯贝尔（002848）

如图 3-6 所示，从 2019 年 1 月 24 日的换手率排行榜上，我们可以看到多只股票出现明显的高换手率，交易活跃。我们从中把新股和已经连续

大涨的股票剔除，然后从中选择股价出现小幅上涨，换手率依然很高的股票高斯贝尔。

	代码	名称	换手率%↓	前收盘	最高	最低	收盘	涨跌幅度	振荡幅度	成交量
1	603629	利通电子	39.27	38.95	41.30	38.30	39.30	0.35 0.90%	3.00 7.83%	1178万
2	002942	新农股份	39.18	37.40	37.69	34.68	34.72	-2.68 -7.17%	3.01 8.68%	1532万
3	603121	华培动力	34.45	36.42	40.06	35.20	37.60	1.18 3.24%	4.86 13.81%	3413万
4	002774	快意电梯	31.34	9.88	10.05	9.54	9.67	-0.21 -2.13%	0.51 5.35%	2816万
5	002871	伟隆股份	29.50	23.46	23.68	22.60	22.76	-0.70 -2.98%	1.08 4.78%	861.9万
6	002937	兴瑞科技	27.17	29.20	31.21	28.70	29.54	0.34 1.16%	2.51 8.75%	2606万
7	300694	蠡湖股份	25.57	26.05	26.95	24.00	24.83	-1.22 -4.68%	2.95 12.29%	3429万
8	002943	宇晶股份	24.97	41.11	43.88	39.95	42.29	1.18 2.87%	3.93 9.84%	1295万
9	600235	民丰特纸	23.21	6.12	6.73	6.11	6.40	0.28 4.58%	0.62 10.15%	8153万
10	002848	高斯贝尔	20.47	14.21	15.16	13.81	14.40	0.19 1.34%	1.35 9.78%	2326万
11	603196	日播时尚	20.37	10.85	10.79	10.22	10.22	-0.63 -5.81%	0.57 5.58%	1332万
12	300752	隆利科技	20.27	70.27	70.60	65.81	66.88	-3.39 -4.82%	4.79 7.28%	670.3万
13	603220	中贝通信	19.99	36.81	40.49	37.55	40.49	3.68 10.00%	2.94 7.83%	3710万

图 3-6　2019 年 1 月 24 日的换手率排行榜

此时我们查看高斯贝尔的 K 线走势，如图 3-7 所示。

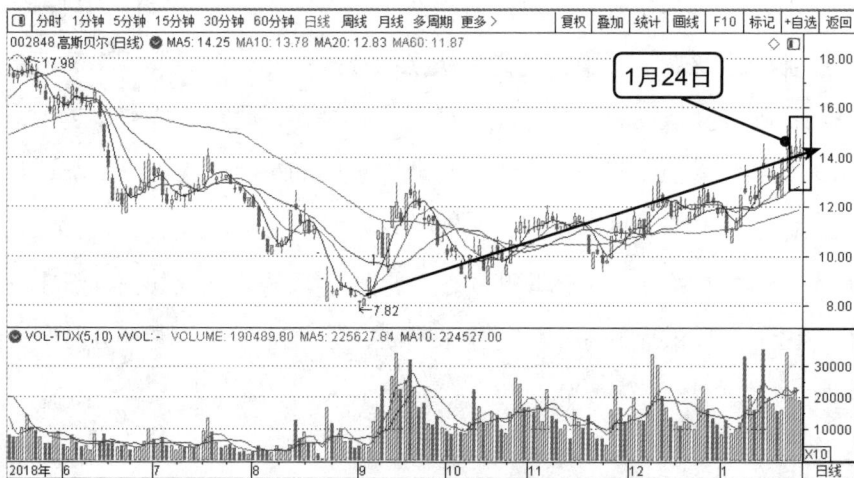

图 3-7　高斯贝尔 2018 年 5 月至 2019 年 1 月的 K 线走势

从图中可以看到，该股前期表现为下跌行情，在 2018 年 9 月股价跌至 7.82 元后止跌，随后转入上升行情中。在 2018 年 9 月至 2019 年 1 月的阶段中，股价呈现出稳定的震荡上涨、重心不断上移的走势，说明该股正处于稳定上涨的牛市行情中，后市继续上涨的可能性较大。短线操作的股民可以在之后回调的相对低位处追涨买进。

图 3-8 所示为高斯贝尔后市 K 线走势。

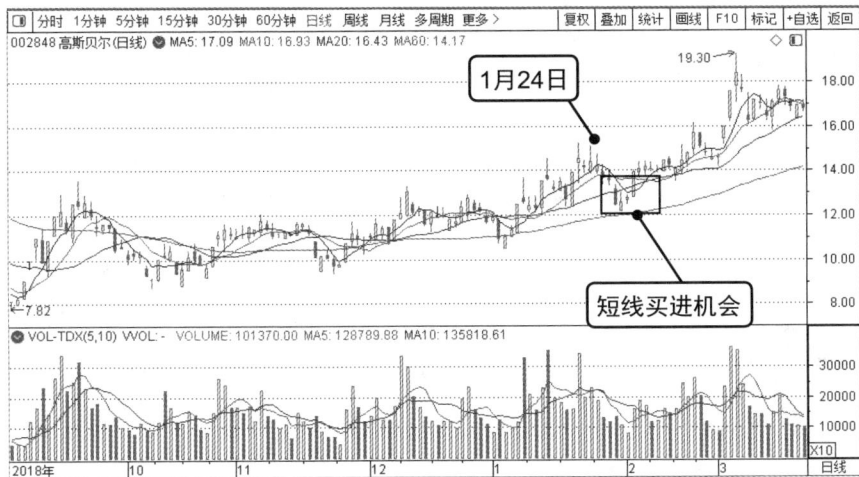

图 3-8　高斯贝尔的后市 K 线走势

从图中可以看到，1 月 24 日之后股价止涨回调，但最终在 1 月底受到 60 日均线的支撑止跌，随后继续向上拉升股价，股价最高涨至 19.3 元，股民短线买入也可获得不错的回报。

炒股技巧第 16 招：换手迅速，浑水摸鱼

换手率是日成交量的另外一种表现形式，换手率的高低通常与市场消息面或者庄家潜入有关，这两者都会加速股价的上涨或者下跌。在这种情况下，股民可以顺势而为，赚取短期利润。

然而，这种换手率通常发生在新股或者有题材的股票上，股民要冷静分析，不能人云亦云，更不要相信所谓专家的评价。选择跌势凶猛的股票比选择继续上涨的股票获利可能要多一些，而且跌幅越大，获利的可能性

越大。但是风险相对降低很多。只要是优质股，市场总会承认自己的错误，让股民获得应有的利润。

同时，这种逆势操作要避免 ST 和 ★ST 的股票，因为那些股票下跌到底部再反弹的概率一般是很小的。

四、哀鸿遍野，投机取巧：跌幅排行榜选股

股市中，很多书籍推荐股民选择左侧交易，在他们认为的下跌末期或筑底阶段就买入，进入了上涨行情后上涨一段时间卖出；又有书籍推荐股民在右侧进行交易，因为他们认为左侧交易是一般投资者的体现，右侧交易是专业投资者的体现。至此，股民也许已经被这些理论弄得晕头转向了。

现在，笔者要介绍一种逆势而为的操作，非常简单。股民都喜欢低价买入，高价卖出，不管是什么理论，只要能赚钱就好。

前一个交易日的跌幅榜给我们提供选择低价股的清单，从这些大跌的股票上，我们股民能够获得一个近期的低价，因为任何股票都不可能出现一直下跌的情况，必然会出现一定的反弹，利用这个反弹股民就能赢得一定的利润。

实例分析

温氏股份（300498）

图 3-9 所示为 2019 年 4 月 16 日的跌幅排行榜，从跌幅排行榜中，我们得知这些股票都是两市当日跌幅靠前的股票，从中我们选择温氏股份作为准备买入的股票。

代码	名称	涨跌幅度↑	前收盘	最高	最低	收盘	振荡幅度	成交量	总金额
000862	银星能源	-0.33 -4.39%	7.51	7.24	6.89	7.18	0.35 5.08%	1.00亿	7.10亿
000038	深大通	-0.59 -4.39%	13.43	12.87	12.33	12.84	0.54 4.38%	1064万	1.35亿
002235	安妮股份	-0.48 0%	11.44	11.13	10.45	10.96	0.68 6.51%	5540万	5.99亿
002748	世龙实业	-0.48 -4.09%	11.73	11.40	10.67	11.25	0.73 6.84%	1939万	2.14亿
000736	中交地产	-0.51 -4.05%	12.58	12.48	11.55	12.07	0.93 8.05%	1548万	1.84亿
300498	温氏股份	-1.57 -3.97%	39.50	39.00	36.56	37.93	2.44 6.67%	5824万	21.9亿
300076	GQY视讯	-0.27 -3.96%	6.81	6.59	6.31	6.54	0.28 4.44%	2299万	1.49亿
000576	广东甘化	-0.48 -3.90%	12.30	12.19	11.52	11.82	0.67 5.82%	2900万	3.43亿
002357	富临运业	-0.29 -3.77%	7.69	7.49	7.07	7.40	0.42 5.94%	2454万	1.79亿
002103	广博股份	-0.21 -3.72%	5.65	5.47	5.11	5.44	0.36 7.05%	3192万	1.70亿
000835	长城动漫	-0.21 -3.68%	5.70	5.60	5.21	5.49	0.39 7.49%	1756万	9499万
000678	襄阳轴承	-0.39 -3.67%	10.64	10.50	10.08	10.25	0.42 4.17%	1763万	1.82亿
600729	重庆百货	-1.42 -3.64%	38.98	38.88	36.88	37.56	2.00 5.42%	581.2万	2.18亿

选择

图 3-9　2019 年 4 月 16 日跌幅排行榜

我们选择温氏股份的原因在于：

首先，温氏股份的股价虽然比沪深两市多数股票价格高出不少，但是在整个创业板中，股价并不算太高，股民买入也不用太提心吊胆。

其次，查看温氏股份 2019 年 4 月 16 日的分时走势，如图 3-10 所示。

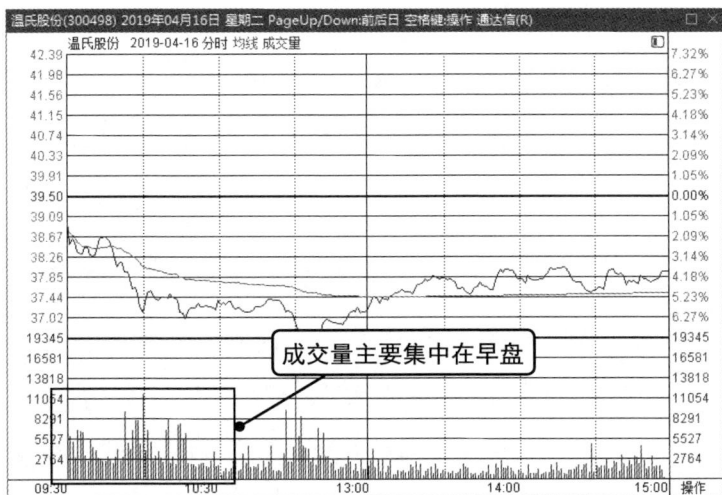

成交量主要集中在早盘

图 3-10　温氏股份 2019 年 4 月 16 日的分时走势

从图中可以发现，成交量主要集中在早盘，全天的成交量表现疏松，并没有密集性的大单出逃现象，说明股价的下跌是由于散户恐慌造成的，但并没有引起庄家的大势离场。

所以在这种情况下，我们完全可以相信后市会出现一定的反弹走势，如图 3-11 所示。

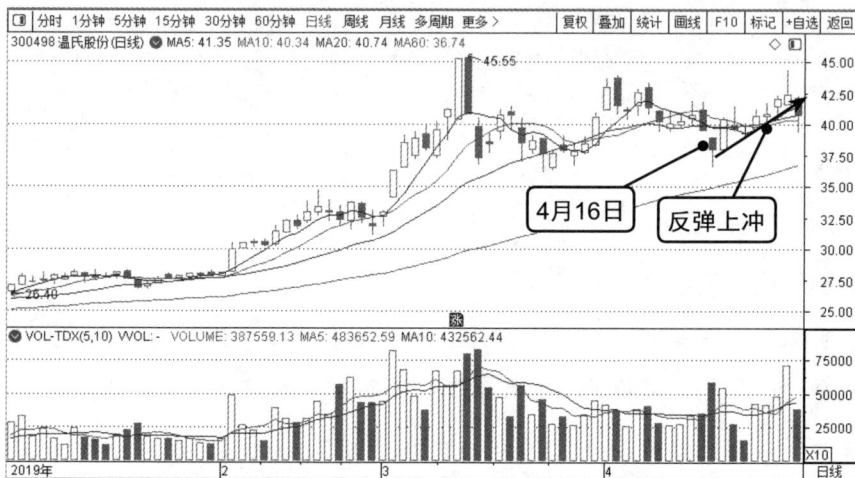

图 3-11 温氏股份 2019 年 1 月至 4 月的 K 线走势

股民选择在随后一个交易日逢低进入，该股随后出现一波反弹上冲的态势，短短 6 个交易日，股价上冲到 42.5 元上方，股民这次买入的盈利在 17% 左右。

炒股技巧第 17 招：哀鸿遍野，投机取巧

"每一次股市大跌都是赚钱的机会"，这是一句通俗易懂的语言，没有什么左侧交易或右侧交易那么让人感觉神秘。

股民只要细心排查，选择跌幅过大的股票，选择有反弹可能的股票，通常在短期内获得 5% ~ 10% 的利润是完全有可能的。

需要注意的是，股民必须要在股市处于牛市或者盘整时进场，不能在

熊市时匆忙买入。

股市中的风险是随时存在的，股民如果能够选择价格合适的股票，在大跌之后买入，需要的只是点儿耐心，通常最长一个月的时间就会让股民获得非常不错的收益。

正如本节介绍的炒股技巧"哀鸿遍野，投机取巧"，大部分股民都被严重深套之时，就是我们进场之际，信手拈来都是一只只短期盈利的金股。

五、连续下跌，机会多多：超跌排行榜选股

上一节我们介绍了选择大跌股票在适当的时机买入的技巧，当然这种大跌的股票可能出现一种继续下跌的趋势，而且有些股票由于受到庄家抛售的影响，股民可能会买在下跌的半山腰，不得不耐心等待。

那么有没有可能买在下跌的谷底或者接近谷底的位置呢？这个是完全可能的。我们还有一个选股的法宝——超跌排行榜。

超跌排行榜是股民选择便宜股和反弹股最安全的一个渠道，原因很简单，股价必然又会恢复到增长的水平，这个过程就是股民赚钱的机会。

实例分析
药石科技（300725）

图3-12所示为2020年3月12日的超跌排行榜，我们从持续走弱的个股排行榜上发现药石科技，该股跌幅超12%，股价跌至82.05元左右。

证券代码	证券简称	涨跌幅	收盘价	换手率	成交量	下跌天数	阶段涨跌额
002659	凯文教育	-10.12%	6.13	21.72%	1083023	8	-0.69
300489	中飞股份	-11.14%	25.44	15.54%	111162	8	-3.19
900904	神奇B股	-10.02%	0.77	3.03%	16564	8	-0.09
200028	一致B	-8.19%	22.98	1.69%	9284	8	-2.05
600636	三爱富	-14.58%	12.19	14.96%	668662	7	-2.08
300220	金运激光	-11.00%	47.42	9.90%	123856	7	-5.86
603721	中广天择	-27.20%	28.80	75.37%	463898	6	-10.76
600556	ST慧球	-11.94%	12.02	8.21%	286312	6	-1.63
600380	健康元	-8.93%	11.53	8.72%	1689337	6	-1.13
300725	药石科技	-12.62%	82.45	15.49%	150727	6	-11.91
688266	泽璟制药	-12.80%	56.63	29.27%	160444	6	-8.31
002207	ST准油	-7.69%	5.40	4.83%	114775	6	-0.45
603027	千禾味业	-9.13%	23.60	7.21%	332755	6	-2.37
603825	华扬联众	-20.58%	24.86	39.96%	378777	6	-6.44
000950	重药控股	-7.06%	5.53	7.83%	679545	5	-0.42
002761	多喜爱	-12.84%	9.50	22.04%	761179	5	-1.40
600614	*ST鹏起	-11.04%	1.37	7.00%	1057684	5	-0.17
600618	氯碱化工	-9.02%	8.07	6.49%	486819	5	-0.80
603727	博迈科	-14.97%	17.15	6.50%	152228	5	-3.02
603658	安图生物	-8.41%	124.00	1.83%	78931	5	-11.39

（选择）

图 3-12　2020 年 3 月 12 日超跌排行榜

此时查看药石科技的 K 线走势图，如图 3-13 所示。

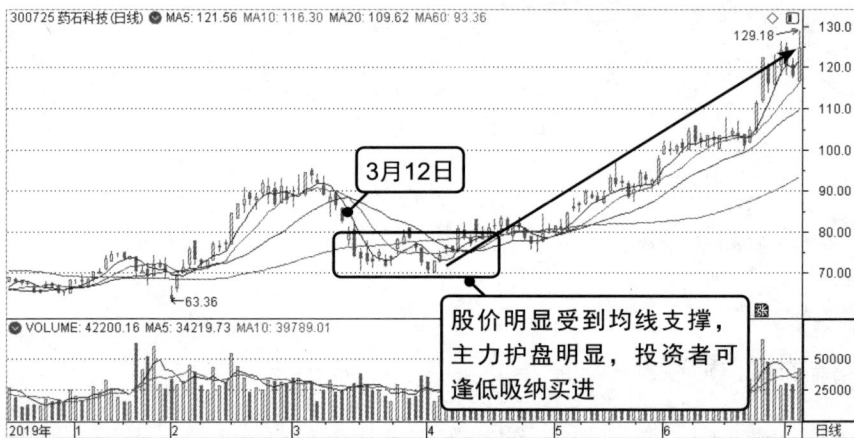

图 3-13　多喜爱 2019 年 5 月至 2020 年 3 月的 K 线走势

从图中可以看到，该股在 3 月初运行到阶段性的高价后出现回落走势，在 3 月 12 日当天，股价阴线报收跌破 20 日均线。此时投资者不能基于买

进，继续观察随后该股的走势，发现股价虽然继续下跌，但是明显受到 60
日均线的支撑，说明主力护盘动作明显，后市有望继续拉升，投资者此时
可逢低吸纳买进该股，持股待涨。

炒股技巧第 18 招：连续下跌，机会多多

股市中有一句名言"套住的就是金项链"，说的就是买入被严重深套
的股票，对于股民来说，就像买了一条金项链，迟早股价会反弹到大量股
民买入的成本线以上。这之间的利润大部分情况下都是非常丰厚的。即使
是短线投资，也能获得非常不错的收益。

这种利用超跌榜买股的技巧主要利用市场迟早要承认自己错误的原
理，在超低价位买入优质股票，盈利只是一个时间问题。这种买入技巧要
避免高价股和高市盈率的股票。

买入超跌股就像买入一个低风险的债券，无论在熊市还是牛市，甚至
是震荡市，这种方法都能保证股民获得高于银行收益的利润。

所以，这一招可以说是股市的"万金油"。当然，股民不能明知道该
股有重大问题还冒险买进，希望股民在买入前，对选择的股票进行一定的
了解，不可盲目。

六、振幅巨大，用心良苦：振幅排行榜选股

有时候，股民还可以选择振幅巨大的股票作为投资的股票，这种振幅
巨大和涨幅巨大有不同的意义。

振幅是当天股价的最低价和最高价之间的差距，而涨幅只是当日收盘

价和前一日收盘价的差距。振幅能够反映当日的股价出现拉升的幅度，其幅度有时候会超过涨停的限制，这种拉升大部分都是庄家行为，既然庄家开始拉升，何不借力发力，捡个便宜。

振幅越大，说明庄家后市做盘的可能性越大，出现这种情况，股民就可以投入部分资金进场，有一种敢为天下先的胆量，必然获利丰厚。

实例分析

南纺股份（600250）

如图 3-14 所示，这是一张 2020 年 3 月 12 日公布于上海证券网的振幅排行榜，从这张图上我们首先选择股价适中的股票。

其次，我们要选择刚刚开始拉升的股票，因为，如果股票已经开始拉升，前期获利的股民随时可能逃离，而且庄家也可能随时离场，在这种担心下，我们还是选择价格适中，拉升初期的南纺股份。

名次	股票代码	股票简称	开盘价	收盘价	平均价	累计成交量（万股）	累计成交额（万元）	累计涨跌幅(%)	期间振幅(%)	累计换手率%
1	603023	威帝股份	6.3	6.9	6.3	6583.66	42582.6	10.05	17.35	14.52
2	600167	联美控股	15.24	14.03	15.24	1350.34	18958.62	1.3	16.42	0.59
3	600172	黄河旋风	3.47	3.67	3.47	14406.72	50823.45	-1.34	15.82	12.14
4	600293	三峡新材	3.67	3.38	3.67	12649.18	45555.8	-7.9	15.77	10.9
5	603226	菲林格尔	19.45	20.61	19.45	1748.21	35861.8	2.64	15.28	44.2
6	600168	武汉控股	10.17	9.94	10.17	9861.11	103411.15	-3.5	14.72	13.9
7	603863	松炀资源	16.67	17.06	16.67	1904.22	31387.97	4.15	14.41	36.99
8	600130	波导股份	4.53	5.12	4.53	8177.15	40634.57	10.11	14.03	10.65
9	601872	招商轮船	6.6	6.9	6.6	30772.26	208550.56	2.53	13.75	5.81
10	603987	康德莱	11.9	11.19	11.9	1997.41	23295.73	-7.06	13.69	4.52
11	600599	龍盘金控	8.2	9.32	8.2	1921.95	17625.54	10.04	13.66	11.58
12	603880	南卫股份	19	17.72	19	1270.78	23351.51	-5.44	13.64	15.42
13	600250	南纺股份	5.79	6.24	5.79	1465.36	9056.78	5.41	13.64	5.66

选择

图 3-14　2020 年 3 月 12 日的两市振幅排行

我们再观察该股前期的 K 线走势，发现该股前一轮的下跌行情已经结束，股价在 5.5 元价位线止跌横盘。并且在 5.5 元价位线做平台整理的过程中底部出现放量的现象，从这一点来看，说明市场对于该股走势看好，这次剧烈振幅也是一次上冲的试探，加上底部成交量的蓄势，这次上冲极有可能形成一次突破，如图 3-15 所示。

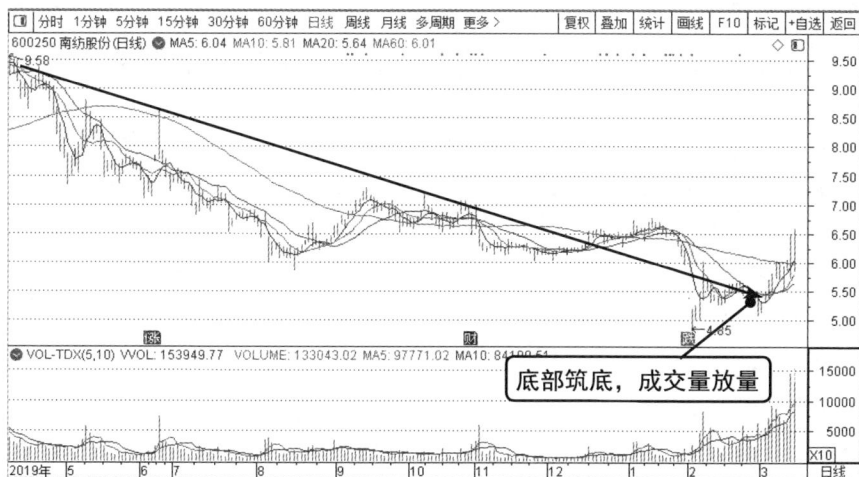

图 3-15 南纺股份 2019 年 4 月至 2020 年 3 月的 K 线走势

由于这次振幅是反映当日的走势，所以我们还要借助当日的分时走势图来判断是否有机构入场，如图 3-16 所示。

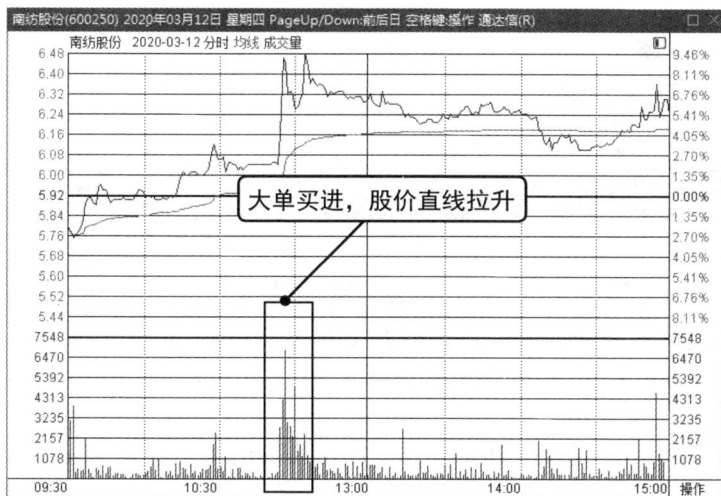

图 3-16 南纺股份 3 月 12 日的分时走势

从分时图中我们能够发现，该股当日的走势可以说是非常突然，开盘之后股价平稳上升，随后突然大单买进，将股价大幅拉升至 9.12% 的涨幅，使得分时走势中出现一个直线拉升的过程，这就是造成全日大涨的原因。从这一点来看，我们可以发现明显有庄家进入的迹象，既然庄家开始拉升，股民可以选择在第二日择机进入。

炒股技巧第 19 招：振幅巨大，用心良苦

股价出现大幅波动的现象一定是庄家进场的原因。同时，这种庄家进场是有目共睹的，只要在大涨前夕进入，在股价上涨 5% ~ 10%，全身而退，对于股民来说，这种操作虽然不能获得大利，但是能够借力发力，每次赚取 5% 左右的利润，积少成多，也能在股市中获得不错的收益。

但是，这种追涨的操作手法风险较高，笔者建议股民如果要追涨，最好选择股价较低的股票，在平均股价之下购买比较安全。而且密切关注股价和成交量的变化，如果错过上涨初期的机会，切忌不要在半途杀入，这样后市被套的风险远远大于拉升初期的风险。

七、跟着机构，保持警惕：大单排行榜选股

机构永远都是股市的弄潮儿，永远都会在股市中寻找赚钱的机会，不仅能够在机会来到前提前入场，即使没有机会也会制造机会，所以，跟着机构走，也是股民赚钱的一种方法。

那么如何判断机构进场呢？除了通过当天的成交量来判断，也可以根据当日大单的买入情况来判断机构进驻该股，股民可紧跟选择机构已经进场的股票，趁机赚上一笔。

实例分析

赣锋锂业（002460）

机构在大举买入股票时，无论如何，都想掩人耳目，因为如果提前暴露自己的意图，必然会引来股民的跟进，造成抢筹码的现象，机构只有抬高股价买入更多的股票，这当然不是机构愿意的。

通常机构会将股价的涨幅控制在一个低位，这样不会在涨幅排行榜上那么突兀，但是机构的买单肯定不是小数目，通过大单买入排行榜我们能够选择出机构可能进入的股票。如图 3-17 所示为 2020 年 2 月 4 日查看的近 30 日大单买入榜。

证券代码	证券简称	最新价	涨跌幅	大单净买入(万元) ↓	总成交额(万元)	成交量占比(%)
002503	搜于特	4.10	-10.09%	187764.64	2359884.87	7.96%
002466	天齐锂业	30.73	-3.97%	183349.03	7817800.34	2.35%
002463	沪电股份	28.15	-1.12%	182814.87	8387034.54	2.18%
002460	赣锋锂业	49.73	-2.62%	177841.61	10162736.93	1.75%
000977	浪潮信息	0.00	0.00%	174483.68	10018051.87	1.74%
002194	武汉凡谷	30.60	1.93%	173696.77	2695530.35	6.44%
002214	大立科技	20.18	-6.66%	173589.89	3926866.08	4.42%
300342	天银机电	26.69	-1.44%	168598.64	2459296.02	6.86%
600498	烽火通信	41.35	9.10%	168460.85	4558432.28	3.70%
002075	沙钢股份	11.64	10.02%	165818.49	1595541.12	10.39%
600487	亨通光电	21.61	6.19%	165529.72	4216639.56	3.93%

（选择）

图 3-17 2020 年 2 月 4 日近 30 日大单买入榜

从这个排行榜上，我们发现其中的赣锋锂业的涨幅在 -2.62% 左右。此时股民再对应查看其这段时间的 K 线图。

如图 3-18 所示为赣锋锂业 2019 年 10 月至 2020 年 2 月的 K 线走势。

从 K 线图中可以看到，该股经过前期长时间的整理走势之后，转入稳定上升的牛市行情中，涨幅明显，涨势喜人。

此时在 2 月 4 日出现的大单买入交易说明有主力机构抄底介入，股民可以适当买入持股待涨。

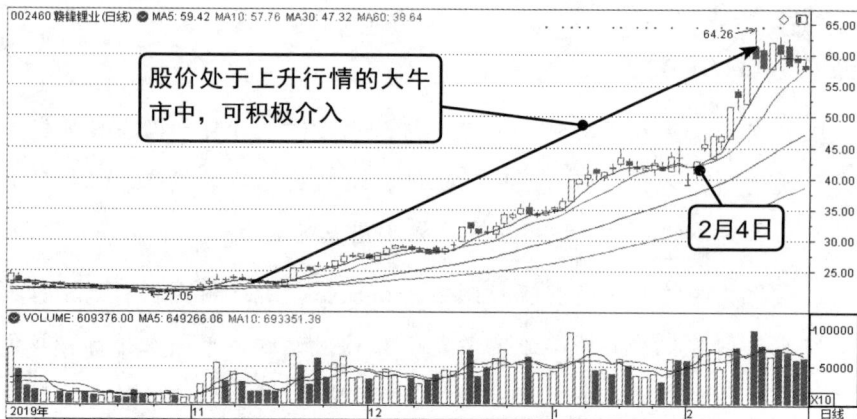

图 3-18 赣锋锂业 2019 年 10 月至 2020 年 2 月的 K 线走势

炒股技巧第 20 招：跟着机构，保持警惕

股市中，任何股票的上涨都离不开大单的买入，而中国股市中，大单买入绝大部分都是机构行为。所以，股民从每日的盘后数据，可以发现这些机构大单进入的迹象。随后，选择在回调时进入，利用机构再次拉升的时机，在一个月的时间内能够获得 5% ~ 10% 的利润，这样积少成多，做到盈利次数多于亏损次数，一年以内的获利也是非常不错的。

需要注意的是，机构是最凶猛的"食肉动物"，与狼共舞时，股民必须谨慎，时刻保持警惕，如果机构开始离场，股民也要坚决离场，不可逆势而为。

第 **4** 章

成交量买卖技巧

成交量在股市中的作用就像能量一样，成交量越多，股票增长或者下跌越明显。而且成交量是影响股价最直接的因素。本章将介绍通过成交量来买卖股票的技巧，提高股民的收益。

一、底部抬头，买入机会：5 日均量线买股

成交量，我们从字面上理解就是一只股票在规定的时间内完成交易的数量。在股市中，我们每日接触的就是日成交量，表示当日成交量的总数。同样的道理，我们可以理解周成交量和月成交量。

成交量是一种市场供需表现，代表股票市场上买卖双方对股价的不同看法。正是有成交量这种对市场双方的供需表现，能够让投资者在成交量的变化中抓住机会，赢得利润。

在成交量指标中有均量指标可辅助选股。常用的均量指标为 5 日均量线、10 日均量线。按照定义，5 日均量线较 10 日均量线反应更为灵敏，所以我们可以利用 5 日均量线和 10 日均量线组合作为买卖股票的参考之一。

股民可以观察 5 日均量线和 10 日均量线的组合变化，如果 5 日均量线上穿 10 日均量线，表示短期内成交量出现增加，买家意愿增强，卖方也经过长期考虑和等待，逐渐失去耐心，将手中的股票抛售。这时空仓股民可以趁机进入，在较低的位置买入，后市上涨指日可待。

实例分析

东土科技（300353）

东土科技在 2019 年 12 月 4 日，成交量的 5 日均量线和 10 日均量线已经出现靠近趋势，如图 4-1 所示。

从图中可以发现 12 月 4 日后，5 日均量线从下向上穿越 10 日均量线，掉头向上。这就是所谓的"5 日均量线抬头走势"，说明连续几日的成交量已经出现连续上涨。从技术层面解释，就是 5 日的平均交易量开始超越 10 日平均交易量；从市场层面解释，即买方力量开始增加，卖方力量也逐步放弃抵抗。

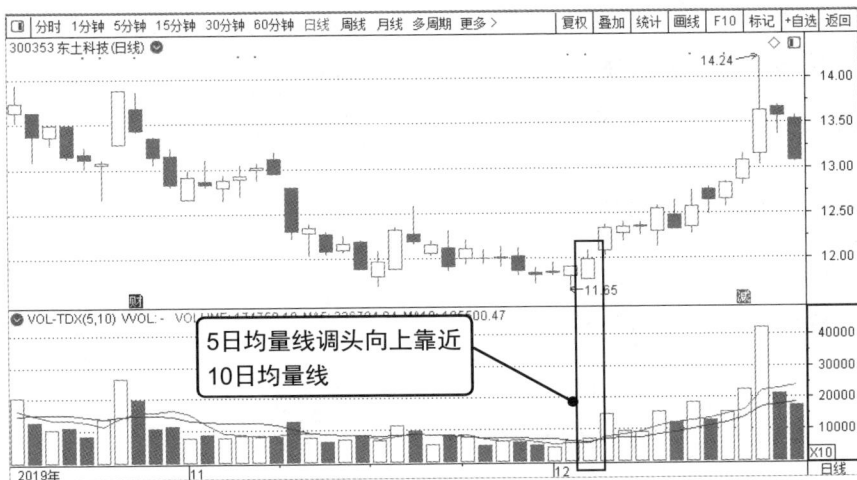

图 4-1 东土科技 2019 年 10 月至 12 月的 K 线走势

当然，股民此时也要关注分时图走势，从分时图上判断是买方主动买盘还是卖方主动卖盘。如图 4-2 所示，东土科技在 2019 年 12 月 4 日开盘之后便呈现放量拉升的走势，随后下跌回调但股价并没有出现大幅下跌，而是稳定在 11.96 元线附近，说明买家占据优势，对后市是非常有利的。

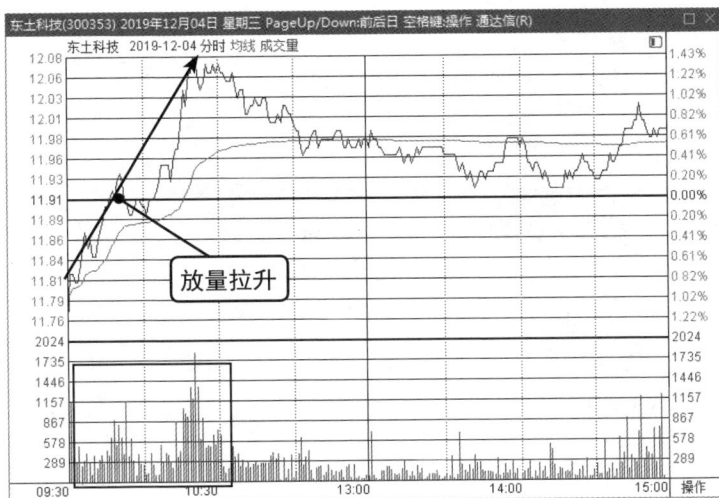

图 4-2 东土科技 2019 年 12 月 4 日的分时走势

果然，之后从 2019 年 12 月 15 日开始，东土科技的成交量 5 日均量线上穿 10 日均量线后逐步与其拉开距离，5 日均量线上扬趋势非常明显，短期成交量逐步增加。在成交量的刺激下，股价也出现相应的涨幅。

炒股技巧第 21 招：底部抬头，买入机会

5 日均量线底部抬头时，意味着多头已经进场。股价过低，是吸引买家入场的一个原因，而且在 5 日均量线呈现平稳走势的基础上，从下向上穿越 10 日均量线，后市继续上涨的可能性非常大。

这种 5 日均量线底部抬头时是比较稳妥的买入时机，而且对于低价位股票，这种买入方法能够让股民大部分时间高枕无忧。因为这种低价位股票庄家如果继续对其打压，意义不大，股民已经逐步减少卖出量，庄家只能顺势抬升股价，诱惑股民卖出。此时空仓股民借庄家拉升的过程，在前期买入，并在庄家完成拉升前，伺机卖出，获得一定利润是无可厚非的。

但是庄家也不会一直拉升股价，总会停止拉升，股民必须见好就收。否则庄家撤离，后市被套的可能性是非常大的。

二、顶部低头，出货机会：5 日均量线卖股

5 日均量线不仅能够给股民带来买入提示，当股价连续走高时，5 日均量线还能够提示股民卖出时机。成交量在高位出现下跌时，表明市场卖方已经开始大量撤离，而买方由于对后市不明确，也开始谨慎对待。

当 5 日均量线从上向下穿越 10 日均量线，就是非常明显的卖出信号，因为从平均数的概念来看，5 日均量开始逐步走低，说明市场开始萎靡，

而且股价此前已经创出新高，前期进场的股民纷纷获利，之前的买方势力已经转换成卖方势力，买卖双方势力打破平衡，后市下跌的可能性很大。除非有较大势力的买方进入，否则这种顶部缩量，很难继续走高。

实例分析

证通电子（002197）

图4-3所示为证通电子2019年7月至12月的K线走势。

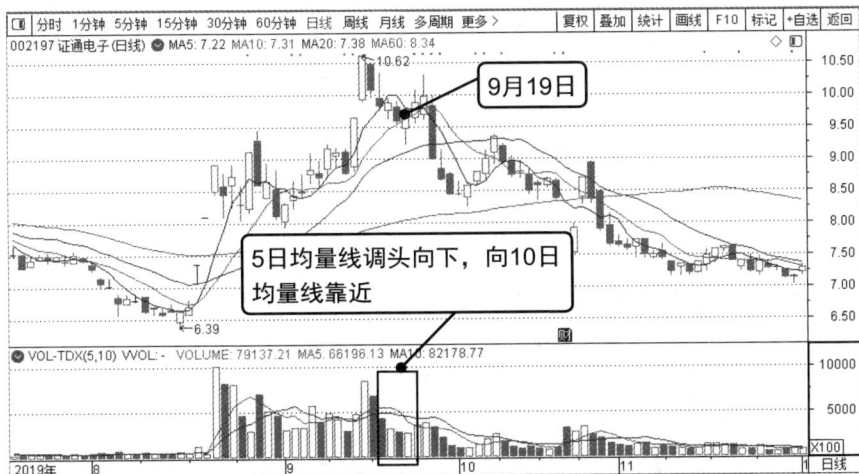

图4-3　证通电子2019年7月至12月的K线走势

从图中可以看到，9月19日的5日均量线开始掉头向下并向10日均量线靠近，说明已经出现成交量萎缩的情况。

果然，9月20日，两根均量开始交汇，成交量明显下降，说明市场开始担心股价会探顶回落。

我们从9月19日和20日的分时走势图对比，如图4-4所示。发现9月19日多空双方发生了激烈的搏斗，最后多方获得胜利，将股价拉回。但在9月20日时，双方的局势发生变化，空方占据优势，股价呈现单边下跌走势。

说明 5 日均量线受到 4 月 20 日成交量的下跌影响，出现明显低头的走势，预示后市下跌的可能性较大。

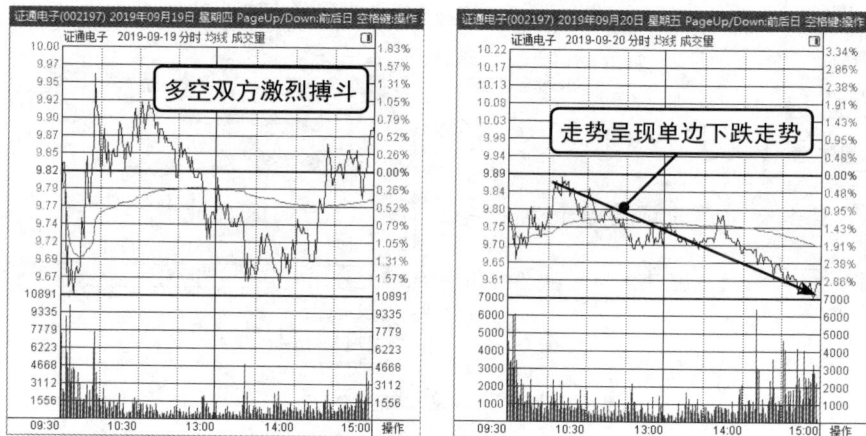

图 4-4　2019 年 9 月 19 日和 9 月 20 日的分时走势

炒股技巧第 22 招：顶部低头，出货机会

5 日均量线和 10 日均量线在高位出现回落趋势，特别是股价创出新高后，5 日均量线下跌速度要快于 10 日均量线，此时说明短期买卖双方对下跌的恐惧心态明显加强。

特别是前几日的成交量保持大量，后期成交量缩量明显，在这种情况下，股民担心后市会继续下跌，所以买方将会观望，卖方也由于股价低于预期价位，持股等待。

如果股民在前期利用底部或者中途买入，在股价出现明显偏高或者新高的情况下，要留意整体成交量的变化，如果成交量随着股价上涨而平稳，那么后市继续高位盘整的可能性很大。

如果成交量出现变化，但是 5 日均量线并没有出现明显向 10 日均量线跌穿的迹象，此时股民可以持股观望。

如果 5 日均量线已经开始从上向下穿越 10 日均量线，同时分时走势图上跌势明显，那么股民最好趁机出货，保住已有利润为前提，等到下跌到合适的位置时再进场搏杀。

拓展知识 *均量和均量线*

均量就是将固定时间的成交量总和除以交易时间所得的平均数，通常有 5 日和 10 日两种。将相同均量值依次在成交量图上连接成一条曲线，这就是均量线。5 日均量线和 10 日均量线作为成交量涨跌的判断就像 K 线中的均线一样，对投资者有明显的指导和参考价值。

三、地量出现，进场机会：多次地量买股

股市行情走势就像波浪一样，有上升、下降和盘整过程，股价是这样，成交量也同样如此。

从放量到稳定，又由稳定到波动，再从波动到缩量的过程，这种过程也同样对股价产生影响。我们同样也可以利用成交量这种走势作为买卖股票的参考。

地量，就是指成交量下降到无法再下跌时，成交量出现的最小值。地量出现的位置和数量各不相同，股民也应该采用相对应的策略来买卖股票。

多次地量就是常见的买股方法，经常发生在股价下跌的底部。此时，经历前期股价下跌的影响，高位被套的买家已经不会再卖出股票，即卖家惜售，而空仓的买家，对这种前期波动过于猛烈的股票比较谨慎。

但是，如果出现反转的迹象，买卖双方又将进入新一轮的搏杀，随着越来越多的投资者进场，股价成交量出现明显好转，那么此时已经不是地量。

对该股票抱有兴趣的投资者也会逐步开始关注，庄家也不例外。股民如果能在庄家开始拉升之前进场买入，后市可以让庄家"顺路抬轿"，成为获利的一员。

实例分析

海信视像（600060）

图 4-5 所示为海信视像 2019 年 3 月至 9 月的 K 线走势。

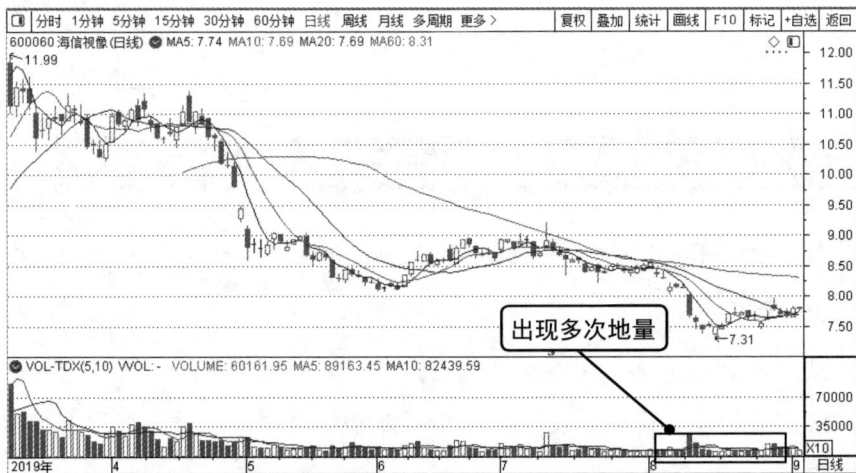

图 4-5　海信视像 2019 年 3 月至 9 月的 K 线走势

从图中可以看到，成交量在股价下跌过程中，一路减少，直到 8 月，出现连续多次地量。此时股价也跌破多根均线，呈现一种超跌状态，形成一种即将止跌的态势。

如果股民还对后市不太确认，可以等待成交量明显增加的时候进入。随着成交量的逐步恢复，股价也会出现明显的增幅。

地量的状态不会持续太久，因为在卖方市场中，各种原因需要卖出股票的股民也会随着时间慢慢增加，必然会出现一些股民割肉卖出股票的情况。

此时，这部分股民开始卖出后，买方也不断涌入，股价会随着买方和卖方心态变化出现小幅波动，这种波动会带动更多成交量的增长。

所以，打破地量后，股价会呈现一定的上涨，股民的购入成本就会增加。如果质地优良的股票，在地量低价买入，后市一定会给股民带来盈利。

图 4-6 所示为海信视像的后市走势。

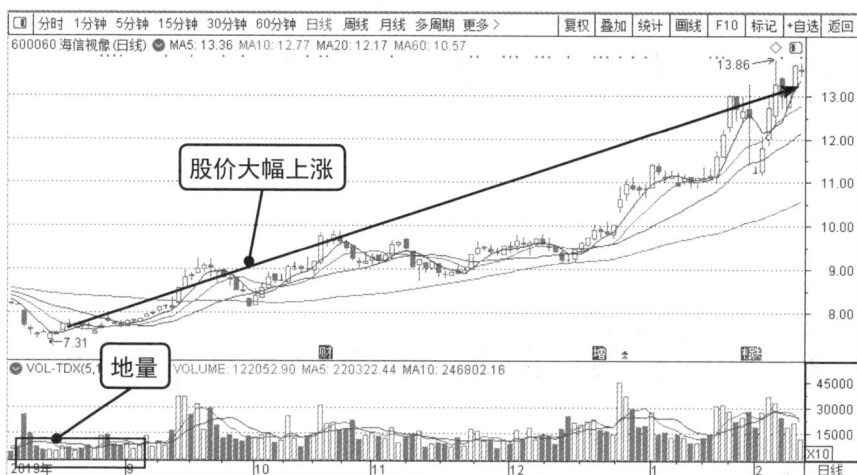

图 4-6 海信视像 2019 年 8 月至 2020 年 2 月的 K 线走势

从图中可以看到，股价果然转入上涨的牛市行情中，股价从 7.31 元涨至 13.86 元，涨幅达到 89%，涨幅十分明显。

炒股技巧第 23 招：地量出现，进场机会

地量是成交量中一种典型的现象。地量的出现，常常伴随股价下跌，股价跌势越明显，地量出现次数越多。多次地量的出现就是股民进场之时。

但是，股民选择进场的时机必须在股价连续下跌，并且股价跌破多根均线之时为最佳，即使股价后市出现多次反复调整，股民也不要过于担

心，只要下跌幅度不大，完全可以放心持有，后市能够给股民带来丰厚的利润。

地量买入法特别适用于中小盘股，对于大盘股，作用甚微，希望股民可以区别对待。

拓展知识 *为什么地量出现是买入机会*

因为成交量的主要作用就是反映市场双方的交易情况，如果成交量巨大，说明交易密集。此时无论是买方还是卖方都对自己的交易感到满意。而如果成交量出现地量，说明交易双方至少有一方出现明显的不满意的情绪，低位地量说明卖方已经不愿意卖出股票，即使买方出现大量买单，卖方也不愿意出手，因为已经下跌过多，谁也不愿意割肉离场。

四、高位地量，庄家已逃：多次地量卖股

当某只股票在高位出现地量的时候，可视为一种卖出时机。特别是前期成交量一直处于活跃阶段，说明交易双方对自己的研判充满希望，这种成交量增加，也会带动股价的上涨。

然而，当股价出现一定下跌时，买卖双方都相对趋于理性，更加谨慎地对待买卖。此时成交量就会出现大幅下跌，在高位出现地量的情况。

此时，股民就要根据地量和股价等指标来判断何时卖出股票，毕竟高位已经出现一定下跌，选择合适的机会离开，落袋为安是最保险的做法。

实例分析

冠城大通（600067）

图 4-7 所示为冠城大通 2019 年 1 月至 6 月的 K 线走势。

图 4-7　冠城大通 2019 年 1 月至 6 月的 K 线走势

从图中可以看到，该股经过一轮上涨行情，将股价从 3.72 元拉升至最高的 5.28 元，随后股价止涨调整，并在 4.6 元至 5 元区间波动，4.6 元价位线形成支撑位。此时很多人还抱着震荡调整，后市继续拔高的想法，实际呢？

查看成交量，发现在股价高位震荡运行时，成交量逐渐缩量，甚至在 5 月底出现地量，这是可靠的卖出信号，说明主力已经完成出货，后市看跌。投资者应该抓住震荡运行的相对高位处及时获利出逃，避免被套牢。

图 4-8 所示为冠城大通 2019 年 4 月至 12 月的 K 线走势。

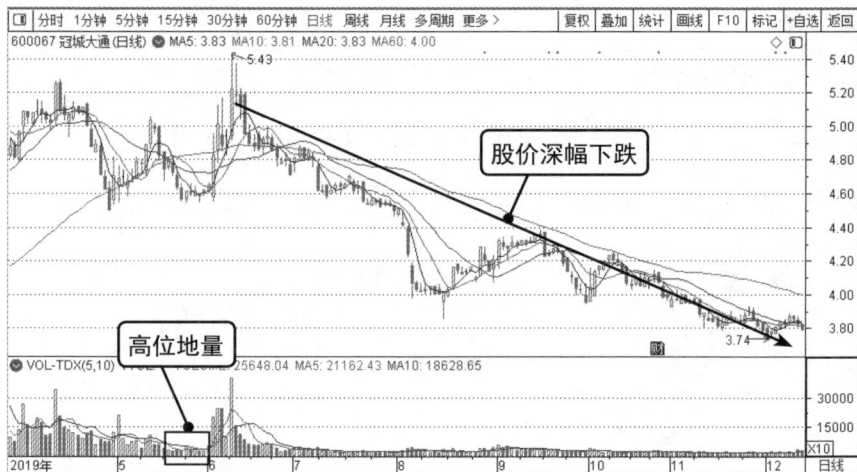

图 4-8　冠城大通 2019 年 4 月至 12 月的 K 线走势

从图中可以看到，高位地量出现后，股价小幅拉升后转入深幅下跌的行情中，股价从 5.43 元跌至 3.74 元，跌幅达到 31%。由此可见，高位地量为准确的看跌信号。

炒股技巧第 24 招：高位地量，庄家已逃

地量出现在高位，预示着买卖双方的博弈进入一种相互观望的状态，相比卖方比买方更心急，因为担心下跌的心情急于错失追涨的心情。

地量在高位出现时，结合 K 线图和价格均线来判断，如果股价已经偏离均线较远，而且成交量前期出现明显的放量，那么已经预示庄家逃离，此时股民也应该趁机离场。

有时候，在高位不会出现地量，而是在高位下跌过程中出现一定的连续地量，这种连续地量一个是卖家惜售造成，一个是买方不愿意在后市不明的情况下进场造成。当然，持股的股民可以寻找合适的价位卖出股票，空仓的股民最好等待后市继续下跌，再伺机买入。

如果股价偏离 60 日均线过远，无论连续出现多个地量，都不是买入的最好机会，而是卖出的最佳机会。

拓展知识 *成交量和 K 线关系*

美国投资专家葛南维有一句话能够解释成交量和 K 线的关系，就是"成交量是股市的元气，股价只不过是它的表征而已，成交量的变化是股价变化的前兆"。当然，影响成交量变化最重要的是股市中投资者的心理，成交量和股价都是其表现形势。

五、天量出现，把握时机：天量成交买股

天量是指成交量出现明显放量的现象，在成交量的走势中，突然出现一根或多根明显大量的成交量，这预示着该股票受到市场的追捧，这种情况多数出现在底部盘整和上涨过程中。

特别是股票成交量长期处于低迷状态时，会突然出现这种天量的情况，因为这种天量大部分都是由庄家和机构进入而造成的。

这些庄家和机构当然不傻，"苍蝇不叮无缝鸡蛋"，这些机构在底部进入，一定是收到内幕消息，而这些是普通投资者无法获知的。当然，机构也可以采用长期底部缓慢吸盘的策略。但是，有时候消息出现得太快，让机构吸盘的时间很短，所以有很多机构为了赢取短期利润，不顾隐秘行事的风格，大张旗鼓地买入。

实例分析

博信股份（600083）

图 4-9 所示为博信股份 2019 年 3 月至 7 月的 K 线走势。

从图中可以看到，股价在 2019 年 4 月至 7 月的下跌过程中，成交量一路萎缩，随着股价的下跌，成交量趋于地量水平。

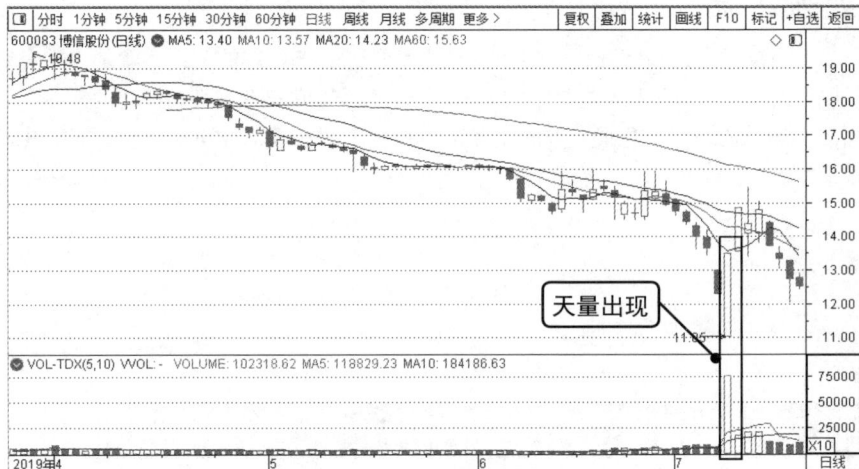

图 4-9　博信股份 2019 年 3 月至 7 月的 K 线走势

　　但是在 2019 年 7 月 8 日当天，成交量突然激增，而且股价也出现高开，这说明此时庄家已经进入了，虽然紧接着的三个交易日成交量也出现明显的相对放量迹象，但是出现长上影线，说明此时股价上涨压力很大，所以随后股价不断下行，继续下跌，成交量也呈明显下落趋势。

　　虽然天量成交量出现后股价并没有立刻上涨，股价继续下行，但是天量的成交量不是散户能够带动的，这点从分时走势可以看出，如图 4-10 所示。

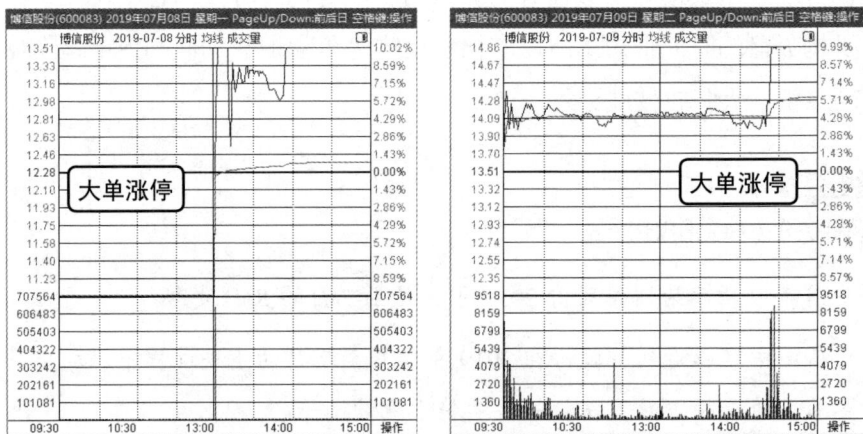

图 4-10　2019 年 7 月 8 日和 9 日的分时走势

从 2019 年 7 月 8 日和 9 日的分时走势图中，我们可以发现在盘内较稳定的时期突然出现集中大单买入将股价直接推向高位，直至涨停。并且场内没有出现明显的大单卖出迹象，从这两点我们发现庄家已经进场，并且不急于离场。

那么股民就要注意，后市如果成交量出现放量时，就是股民趁机进场的时候。并且成交量的 5 日均量线和 10 日均量线已经呈现明显上扬的走势，成交量突然放量，说明庄家已经迫不及待开始拉升股价了。此时就是股民趁机进入的最佳时机。

炒股技巧第 25 招：天量出现，把握时机

哲学中，由量变到质变是事物发展的过程。成交量一直在低位盘整时，突然出现天量，就是质变的先兆。

第一次出现天量时并不是进场的时机，因为担心庄家进行拉升后，很快出逃，此时股民应该分析分时走势图，仔细判断庄家动向和市场心态。

较为保险的是等待第二次出现天量时再进入，第二次天量不一定要超过第一次天量，因为此时庄家已经从试盘转为布局，当然也不会一次用掉所有的筹码。

股民趁机进入，如果低位买入，可以中期持有，对股价短暂下跌也不要过于担心，只要庄家没有逃离，股民获利机会仍然很大。

六、泰山压顶，走为上计：天量成交卖股

天量如果出现在顶部，就像中国的一句成语"泰山压顶"，强大的卖

盘已经出现，预示着获利的庄家已经开始结算离场，此时股民就应该见好就收，走为上策。

实例分析

东旭蓝天（000040）

图 4-11 所示为东旭蓝天 2019 年 2 月至 8 月的 K 线走势。

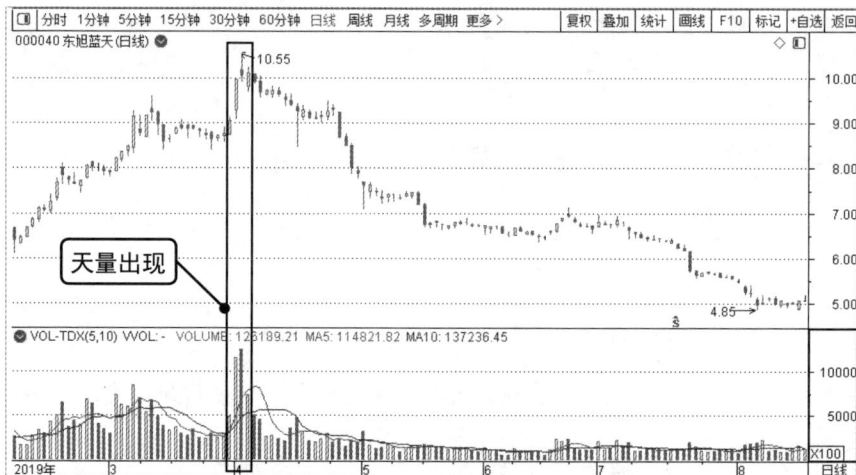

图 4-11　东旭蓝天 2019 年 2 月至 8 月的 K 线走势

从图中可以看到，东旭蓝天股价从 2 月开始上涨，在 3 月上旬涨至 9 元价位线附近时成交量缩量，股价横盘。4 月 1 日突然成交量放出天量，股价向上飙升。4 月 2 日，成交量继续放出天量，股价创出 10.55 元的新高。

此时的天量成交是否意味着股票受到市场热烈追捧呢？

我们来看看 4 月 1 日和 2 日当天的分时走势，如图 4-12 所示。

从 4 月 1 日的分时走势上，我们发现该股上午走势一直平稳，几乎没有变动，下午开盘股出现巨额买单，股价直线拉升至涨停板，随后立即打开涨停板。在下午盘中，股价放量下跌，再大单拉升，这是庄家吸引散户高位接盘的一种手段。

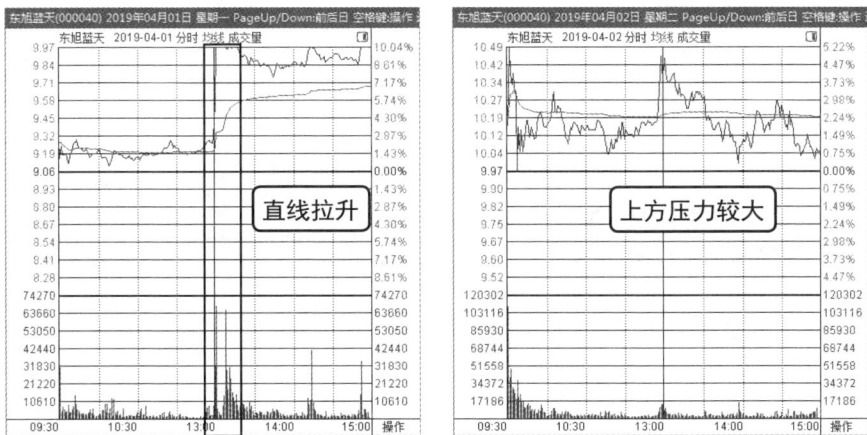

图 4-12　东旭蓝天 4 月 1 日和 4 月 2 日分时图

从 4 月 2 日的分时走势可以发现，股价高开冲高，但快速回落并在 10.19 元价位线附近波动调整。下午开盘出现少量买单股价直线拉升，但立即回落。在这种高位横盘的态势下收出长上影线阴线，说明上方压力较大，拉升受阻，后市即将转入下跌通道，股民应该及时获利出逃。

炒股技巧第 26 招：泰山压顶，走为上计

天量在高位出现，大多都是庄家行为，股民如果仔细观察成交量走势和分时走势图，就能够明显地看出庄家的逃离迹象。天量出现时，成交量较几个交易日明显增大到 1.5 倍以上，如果在股价已经上涨一段时间后，则要引起股民的注意。

分时走势图上，如果成交量密集出现在开盘后，股价还没有出现明显上涨，就大单涌现，这种情况可以肯定是庄家在出货。因为如果庄家进货，股价应该是拉升迅速。只有庄家在出货，才会利用开盘股民对后市不明确的时刻，打一个时间差。

在这种情况下，股民可以顺势而为，庄家都"跑"了，股民也跟着"跑"。即使后面可能会有几日的拉升，股民可能失去更多的利润，也要

坚决离场，做到落袋为安。那些较大的成交量对于股民来说，就是泰山压顶，走为上计。

七、平均走势，蓄积能量：均量组合买股

根据成交量判断买卖方法的局限性同股市中任何分析方法一样，如果将成交量和其他技术指标进行综合考虑，这样可以提高判断的准确性，增加股民盈利的机会。

成交量通常和 K 线、移动平均线、KDJ 指标、WR（威廉）指标、MACD 指标等综合应用，成交量反映市场的人心变化，K 线反映价格水平，移动平均线、KDJ 指标等则能够起到指示买卖时机的作用。在这些指标中，成交量又是最重要的一个指标，但是其他指标也能够提供参考。

股民如果能够灵活应用，不仅能够在成交量变化不大的情况下发现股价变动的端倪，还能够避免踏入陷阱。

实例分析

深圳华强（000062）

如图 4-13 所示，深圳华强在 2019 年 9 月中旬股价上涨到 16.9 元高位后，由于前期获利盘开始结算离场，高位成交量明显放大，随后股价下跌，成交量缩量。

在该股见顶后，股价一路下跌，此时，股民可以参考多根移动平均线判断买点，当等到股价下跌到平均线下部，且成交量萎缩到地量为最佳买入时刻。

在图 4-13 中我们可以发现，从 10 月底，股价下跌已经跌破 60 日均线，此时，成交量已经较前段时间下跌超过一半，同时威廉指标参数都已经在

80 线上方，股价进入超卖区域。

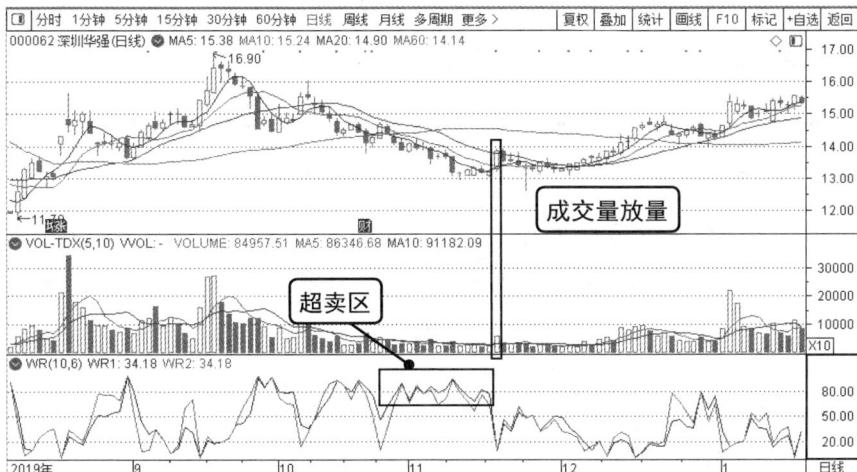

图 4-13　深圳华强 2019 年 8 月至 2020 年 2 月的 K 线走势

那么什么时候是买入时机？此时，成交量继续萎缩，并没有出现明显增加的趋势，说明市场热点已经不在该股上，股民需要一定的耐心，因为好股票总会被市场发现的。

直到 2019 年 11 月 19 日，成交量出现一定增长，且当天的分时走势图中成交量走势倒是非常奇特，如图 4-14 所示。

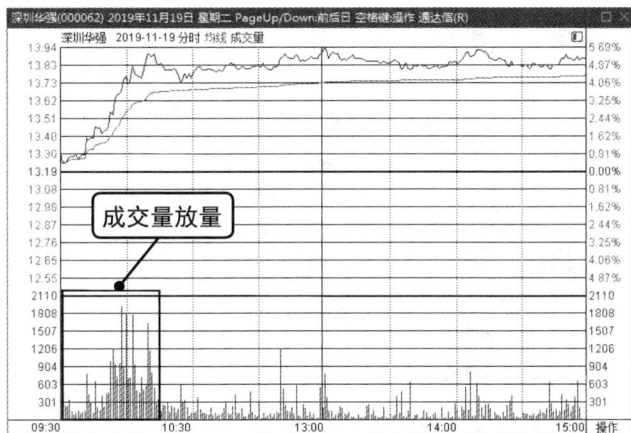

图 4-14　深圳华强 2019 年 11 月 19 日分时图

从图中可以看到，股价开盘成交量便开始放量，股价向上快速拉升，然后一直保持平稳状态。早盘中的放量成交量在全天的成交量中异常醒目，这不可能是散户行为，只能是庄家开始进场的一种迹象。

不仅分时走势和成交量出现变好的迹象，从移动均线上我们发现，均线从原来对股价的压制变为支撑，支撑股价上行。

果然，在成交量的刺激下，股价出现明显涨幅，从 13.5 元左右上涨到 15.5 元左右，股民短期盈利超过 14%。这一次成交量在底部虽然没有出现明显大量，但是积少成多和庄家的参与，为后市股价上涨带来坚实的后盾。

炒股技巧第 27 招：平均走势，蓄积能量

成交量单一作为买卖点的判断，容易让股民陷入盲目的状态。但结合 K 线、均线和常用指标进行综合判断，就能增加获胜的机会。当然，这对股民就提出了更高的要求。

成交量走势平均只是说明市场交易冷淡，买卖双方持谨慎态度，此时，如果成交量出现较小的波动，也不太容易被股民发现。这时，就要从分时走势图进行研判，摸清成交量的分布情况。

分时走势图在大部分情况下，庄家如果在收盘前进场，拉升股价，预示看好后市；如果在开盘初进场，股价又没有明显的涨幅，说明庄家已经不看好该股的后市。

当然，除了分时走势图，股价相对于移动平均线的位置也是股民参考的对象，移动平均线是对股价长期走势的一种反映，主要是反映已经过去的价格和当前价格的差距。如果股价在移动平均线上方，股民就要小心应付，如果在下方，价差很远，股民就可以比较安全地买入。

当然，这些所有的指标中，成交量是其根本内因，K 线是一种外表现象，移动平均线是判断尺度，而其他指标则起到参考作用。

拓展知识 *股市投资的错误思想*

在股市投资中，为什么大部分人都失败呢？其实，这和投资者的思想有密切关系，投资者在错误的思想下进行投资，失败是肯定的。常见的错误思想有：强迫入市、频繁交易和赌博心态。如果投资者想取得胜利，改变思想是最有效的做法。

八、卖方已逃，能量减弱：均量组合卖股

既然成交量组合方法可以用于判断买股时机，当然也可以用于判断何时卖出股票。

与成交量组合买入方法类似，首先股民要从成交量上分析庄家是否逃离，如果成交量在上涨的过程中，出现大量，那么股民就要警惕是否是庄家逃离，但是由于市场对这种消息吸收与消化需要一段时间，股民可以采用延迟卖出的方法，获取更多的利润。因为市场太大了，股民不一定都能识别庄家逃离的陷阱，会前赴后继的继续买入庄家逃离的股票。

观察K线图中，股价上涨是否偏离移动平均线过远，股价偏离均线越远，被拉回均线的可能性就越大，就像弹簧一样，拉得越远，回得越快。股民一定要提前离场，即使不能赚取最大利益，也要保证不亏损。

最后，结合K线的形态判断，因为K线是几乎所有股民都能看懂的指标，这些指标会对股价的形态起到绝对作用，远胜于其他技术指标。当然，其他技术指标也可以作为参考，对股民买卖股票将起到辅助的作用。

实例分析

南洋股份（002212）

图4-15所示为南洋股份2019年6月至9月的K线走势。

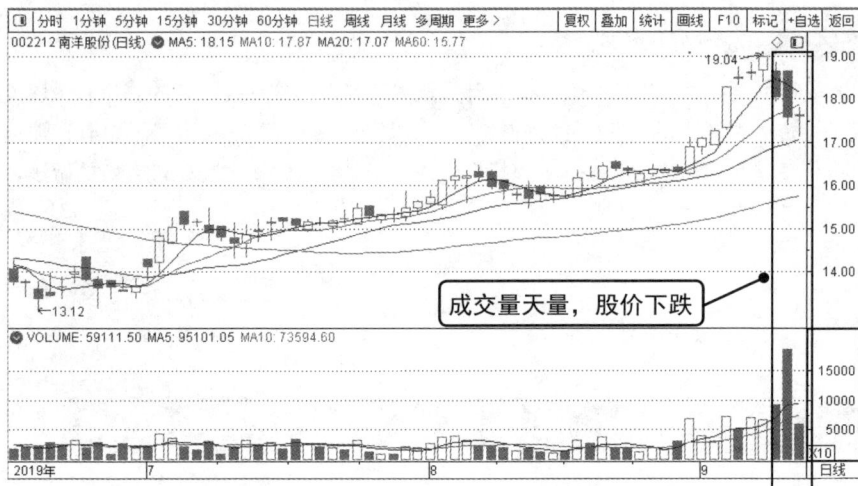

图 4-15 南洋股份 2019 年 6 月至 9 月的 K 线走势

从图中可以看到，该股处于上升行情中，股价一路高涨。当股价涨至 19 元后止涨下跌，成交量放出天量，此时股民开始担心庄家是否出逃，上涨是否结束？

此时我们仔细查看 K 线图发现，股价前期长时间的上涨都是运行在移动平均线上方，均线对股价起到支撑作用，支撑股价稳定上移。9 月初，股价突然急涨，K 线跳空高开收出两根十字星线，远离移动平均线。9 月 10 日和 11 日 K 线收出两根下跌阴线，将股价拉回至均线下方。原本的支撑转变为压制，说明股价转入下跌通道中，后市转跌。

如果股民此时还不确定，可以结合分时走势来查看。

图 4-16 所示为 9 月 11 日的分时走势。

从分时走势可以看出，股价当日开盘后迅速转入下跌行情中，盘中出现明显的大单出逃迹象，尾盘时放量下跌，这些都说明盘内的主力正在高位出货。

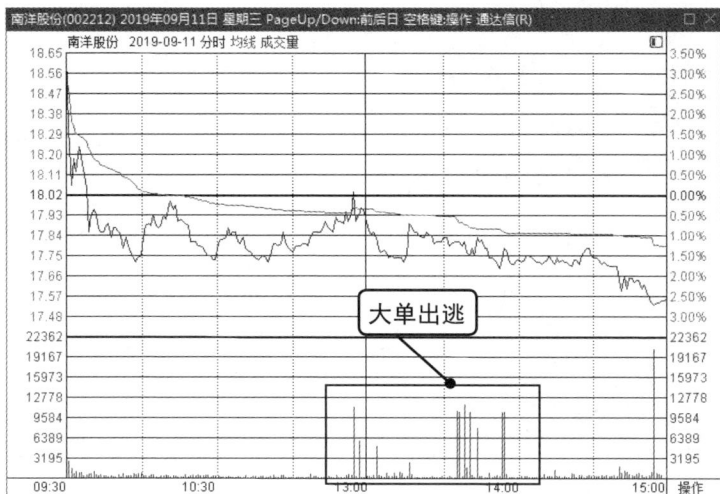

图 4-16　南洋股份 2019 年 9 月 11 日分时图

除此之外，我们还可以结合指标确定买卖信号，例如 WR 指标。

图 4-17 所示为南洋股份 2019 年 6 月至 9 月的 WR 走势。

图 4-17　南洋股份 2019 年 6 月至 9 月的 WR 走势

从图中可以看到，随着 9 月股价的急涨，WR 指标运行至 20 线下方，表示股价处于超买状态，后市可能发生反转下跌，也进一步说明股价见顶。

果然，后市转入下跌行情，股价从 19 元左右跌至 15 元附近，跌势明显，如图 4-18 所示。

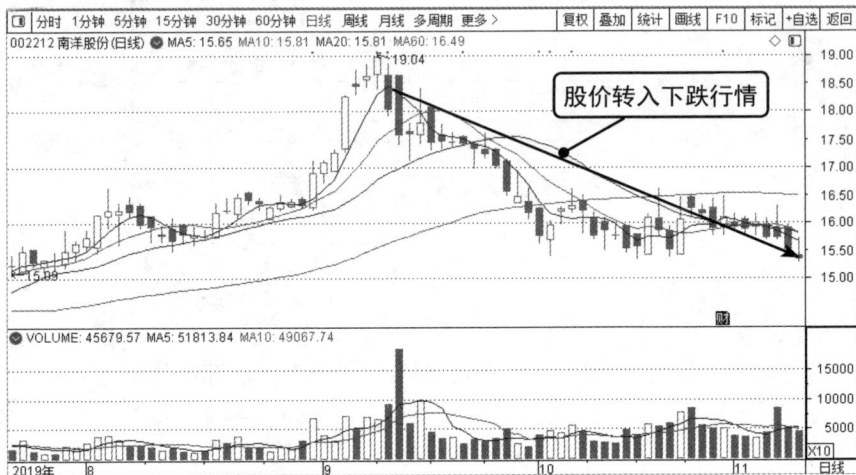

图 4-18　南洋股份 2019 年 7 月至 11 月的 K 线走势

炒股技巧第 28 招：卖方已逃，能量减弱

成交量在高位进行放量时，常常让股民心惊肉跳，担心庄家撤离。但是，只要冷静分析，通过分时走势图和 K 线图，并参考各种技术指标，股民就能够比较准确地发现庄家的踪迹。

大部分高位放量后，股价会维持一段时间的上涨，但是，市场总会反应过来的。股市中，先知先觉的股民常常是获胜者，持股的股民应该更加谨慎对待，否则股民会损失惨重。

第 **5** 章

蜡烛线买卖技巧

蜡烛线，迄今已经超过200多年的应用时间，经历从米市市场到期货市场，再从期货市场到股票市场等不同市场的验证，已经成为从事金融交易行业的一门必修语言。蜡烛线买卖技巧也是每一个股民必修的技巧之一。本章将介绍22种具有代表性的蜡烛线买卖技巧。

一、底部孕线，机会难得：底部低价买股

底部，这是任何一个股民都喜欢的词语，因为到底部后，股民迎接的就是上涨的喜悦。底部不外乎就是由市场、价格和成交量决定，价格最主要的反映就是蜡烛线。

在蜡烛线中，一种典型的底部反弹信号就是孕线，股价在连续下跌的过程中出现一根大阴线后，在第二日形成一根小阳线，而小阳线的实体都在大阴线的内部，大阴线就是所谓的母线，小阳线就是所谓的子线，形成一个母子的形态，就是所谓的孕线，如图 5-1 所示。

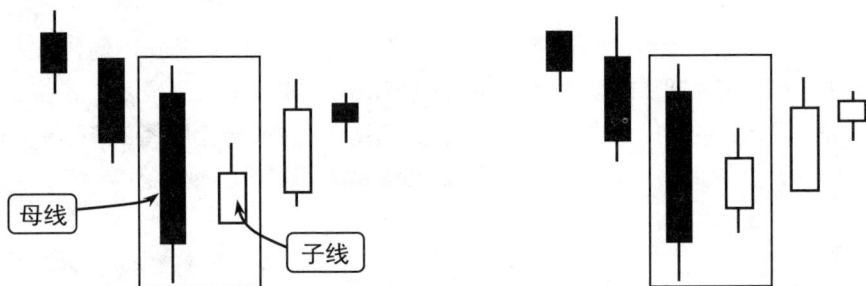

图 5-1　底部孕线形态图

第一日的母线形成，是由于单日的买方市场实力较小，卖方市场大量卖出，股价下落迅速，而第二日的子线在母线的整个实体内（有时也可以在实体下部一点，但是不能差距过大）。这种形态说明第二日买方已经开始反攻，并且将第二日的开盘价拉高到第一日的收盘价上方，表明买方对后市走势看好。

这种形态如果在股价下跌的底部盘整过程中出现，股民可以适当进入，等待股价反转的机会出手，可以获得一定的利润。

如果前期股价已经连续下跌，出现这种形态越晚，配合成交量变化越猛烈，后市反弹的力量就越强烈，股价上涨的空间就非常大。

拓展知识 *蜡烛线的概述*

蜡烛线又称为 K 线，它在股市中有着举足重轻的作用。它可以为股民提供什么时候买卖股票的依据，是技术分析最常用的手段之一。如果利用得当，加上选股适当，那么股民在股市中的收益是非常丰厚的。国内外关于蜡烛线的研究已经进行几个世纪了，但是引入股市才是最近 20 多年的历史，所以对其的研究依然在继续。

实例分析

信捷电气（603416）

信捷电气在 2019 年 4 月中旬受到利空消息和大盘走势的影响，股价持续下跌，如图 5-2 所示，在 6 月 6 日，K 线收出一根实体很长的大阴线，股价从 32.98 元跌至 22.33 元，跌幅达到 32%。

第二个交易日出现一根小阳线，这根小阳线实体几乎包含在大阴线的内部，形成一个典型的底部孕线形态。此时股价已经下跌得非常严重，出现这个孕线组合预示后市可能开始上涨。

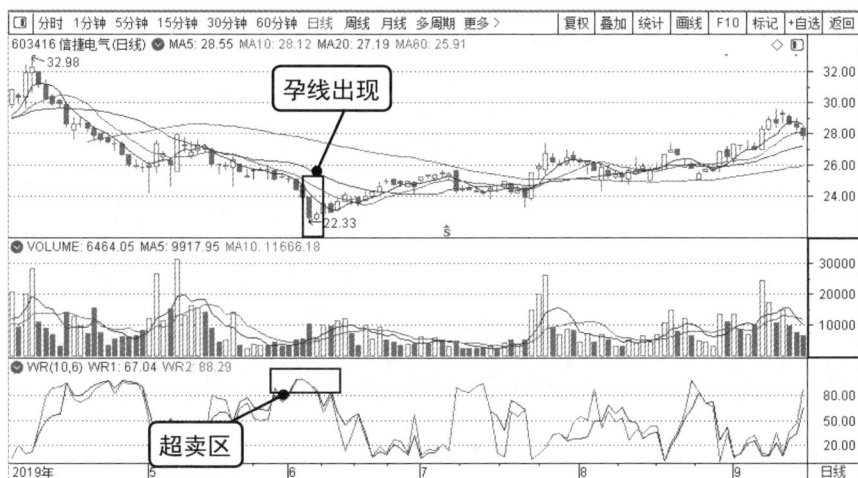

图 5-2　信捷电气 2019 年 4 月至 9 月的 K 线走势

此时，股民还可以借助成交量和其他指标对这个底部进行判断，在 6 月 10 日收出小阳线时成交量也出现一定的减少，同时威廉指标已经上冲到 80 以上，进入超卖区。

蜡烛线形成底部孕线，同时成交量出现缩量，威廉指标在 80 线以上，这几点都验证该股已经有见底的可能。果然，股价随后出现一根大阳线，股价又重新上扬。

当然，如果股民想更安全地买入股票，避免误判底部，可以在成交量放大的过程中，逐步分批买入股票。但是获利也会相对于底部买入时的利润减少不少。采用稳妥的投资方法还是激进的投资方法因人而异，每个股民都会有自己的取舍。

炒股技巧第 29 招：底部孕线，机会难得

股价走势就像波浪一样，有涨有跌，股价从高位下跌到低位时，是股民买股的一个绝好时机，底部孕线就提供这样的信号。

底部孕线，其实从蜡烛线上非常容易识别，常常被短线投资者作为短线买入的信号。但是何处是底部，这没有人能够清楚地说明，下跌过程中出现孕线后，股价走势开始变化，这是一个事实。所以股民还是可以利用这种变化来获取利润，采用见好就收的战术是不错的选择。

二、跳空下行，买家获利：向下跳空买股

预示底部开始反弹不仅仅是孕线，向下跳空缺口也是一个有力的信号。向下跳空主要是由于卖方实力非常强大，对后市看淡，这种跳空卖出，造成蜡烛图上的一个空缺，而这个空缺在底部调整过程中，会逐步被买方弥

补，配合成交量，形成一次短暂的反弹走势是经常发生的，如图5-3所示。

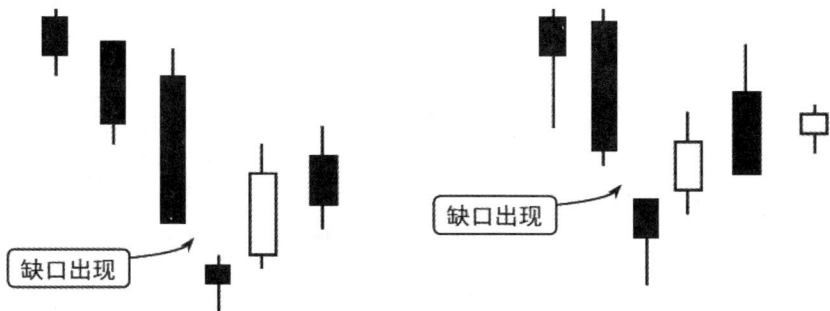

图 5-3　底部跳空图

在底部向下跳空后，如果跳空当日出现一根下影线较长的实体，无论颜色，都说明虽然之前是卖方实力占据优势。但是从跳空当日开始，买方已经将整个市场的主动权掌握在自己手中，那个缺口只是一个暂时的，卖方已经无力在短期内再次卖出，只有让位于买方。如果这种跳空发生后，接着出现大阳线，那么底部反弹的机会非常明显。

实例分析

伯特利（603596）

伯特利在 2019 年 5 月开始表现为熊市行情，股价一路下跌，从 5 月初的 19.87 元跌至 14 元附近。

8 月 6 日该股开盘就出现一根跳空低开的阴线，让持股股民大为失望，但是，这种跳空形成底部跳空的迹象，如图 5-4 所示。

在 8 月 6 日跳空后，8 月 7 日出现一根小阳线，这就增强了股民的信心，因为多方已经比空方强大，开始掌握整个股价走势。

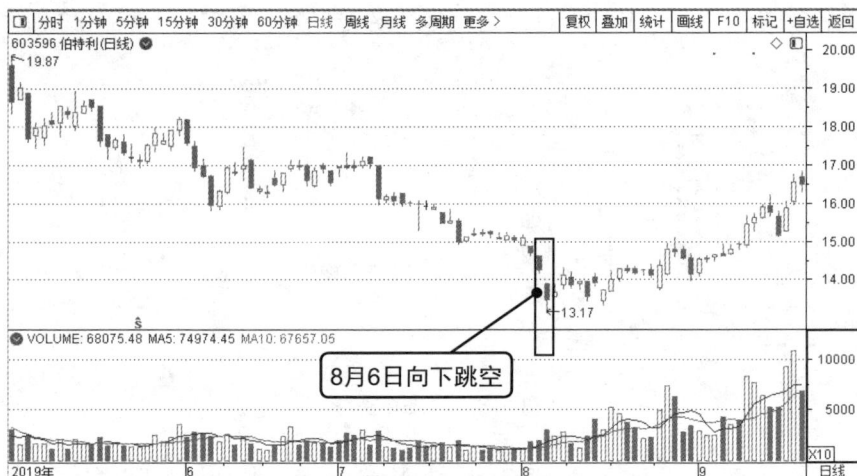

图 5-4　伯特利 2019 年 5 月至 9 月的 K 线走势

观察 8 月 7 日分时走势图，如图 5-5 所示。我们发现盘内有大量买单涌入，而且当日走势都处于在前日收盘价上方，说明买方积极护盘，稳定市场信心，激进的股民可在此买进。

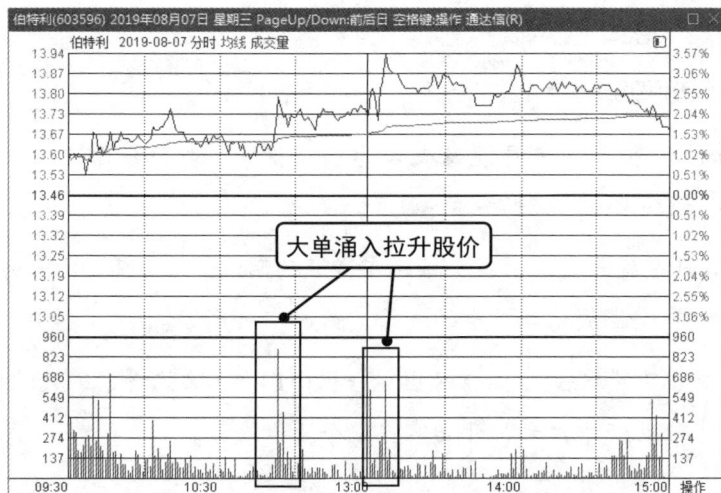

图 5-5　伯特利 2019 年 8 月 7 日的分时图

随后股价在底部进行多日盘整，但是在盘整过程中，成交量起伏很大，说明买卖双方争夺得厉害。

在8月15日、16日和19日收出三根逐渐上涨的阳线，形成前进三兵形态，如图5-6所示。这是强烈的底部反转形态，说明多方占据优势，后市将出现大幅上涨的行情，稳健的股民可以在前进三兵形态出现后再买入。

图 5-6 伯特利 2019 年 8 月至 11 月的 K 线走势

炒股技巧第 30 招：跳空下行，买家获利

向下跳空，虽然从市场面看，当日的交易可能是悲观的，但是对于空仓的股民来说，这恰恰是一个盈利的机会，因为跳空缺口上部的买家全部都被缺口套牢，而下部的买家如果能够耐心点，在出现反转的迹象时，再买入股票，这样获取一定短期利润是轻而易举的，这就是所谓"跳空下行，买家获利"的实质。

但是，这种向下跳空的风险也要注意，如果是由于上市公司出现明显的利空消息或者巨大亏损原因造成的，这时的向下跳空不是机会，而是市场正常反应，股民一定要敬而远之。

拓展知识 *跳空缺口的含义和判断技巧*

　　跳空缺口是比较明显的趋势加速信号。如果股价向上跳空，则表示当日的上涨趋势迅猛；若股价出现向下跳空，则预示当天的下跌趋势非常厉害，后市继续下跌或平行调整机会很大。抛开股票每年分红派息、配股或增发等导致的对股价重新计算而形成的除权缺口外，我们所遇到的跳空缺口一般可以分为四种类型：即普通缺口、突破缺口、持续缺口和衰竭缺口。当然，这些缺口不能单纯从之前的走势考虑，要结合缺口出现后的走势来考虑。这样，股民判断成功率就会提高，后市走势也会明朗。

三、连续破晓，适当追击：破晓诀窍买股

　　在蜡烛图中，有一个名叫破晓星的实体图。其实，这个实体图正确的名称应该是启明星。顾名思义，启明星是在每日清晨时分出现的，预示着太阳正要升起。在股市中，如果出现破晓星，也就预示着后面的走势将会大涨，股民将会获利颇多。

　　破晓星的组合非常明显，一根大阴线，紧接着一个跳空低开的小实体，然后第三日是一根大阳线，从底部一直上升到大阴线的内部，与大阴线实体重叠越多越有意义，如图 5-7 所示。

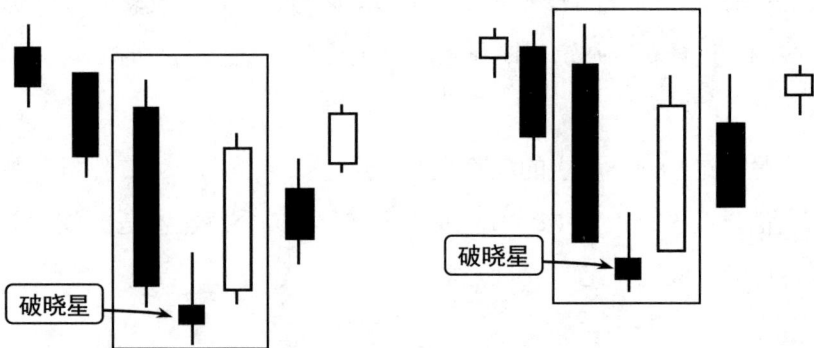

图 5-7　破晓星示意图

实例分析

慈文传媒（002343）

图5-8所示为慈文传媒2019年4月至11月的K线走势。

图 5-8　慈文传媒 2019 年 4 月至 11 月的 K 线走势

从图中可以看到，该股处于前期处于下跌行情中。股价从10.6元开始下跌，跌势沉重，股价一路下滑。

在2019年8月下旬，股价运行至7元价位线附近止跌横盘。9月初，成交量放出天量，股价大幅向上攀升，整理期结束，说明在股价下跌后的相对低位区域有主力接盘介入。

但是此番上涨仅仅维持了几个交易日，股价上涨至9元价位线后就出现止涨，随后转入回调下跌的行情中。股价在跌至前期7元低点附近时再次止跌横盘，说明前期7元的位置为有效支撑位。

此时查看K线发现，11月6日K线收出一根中阴线，第二日股价向下跳空低开低走收出十字阴线，第三日向上跳空高开高走收出一根大阳线，这3天的K线形成典型的破晓之星组合，预示后市看涨。投资者可以在此支撑位置积极买进。下面来查看其后市的走势，如图5-9所示。

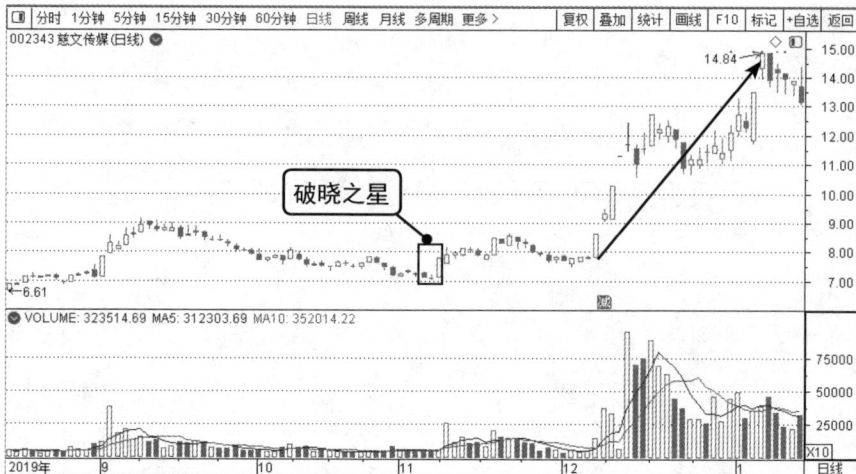

图 5-9　慈文传媒 2019 年 8 月至 2020 年 1 月的 K 线走势

从图中可以看到，破晓之星出现后，股价上涨至 8 元价位线，并在该价位线上横盘，形成新的平台。12 月上旬，下调整理结束，股价开始大幅向上攀升，从 8 元上涨至最高的 14.84 元，涨幅达到 85%，股民可以得到丰厚的回报。

炒股技巧第 31 招：连续破晓，适当追击

破晓星，正如其名，是能够给股民带来希望的组合。如果股价在一次大跌后，出现破晓星蜡烛图，后面紧跟一根大阳线，则投资者可以考虑买入。

但是破晓星也有缺陷，不能机械地认为该形态为买入信号，因为有时受市场整体走势和股价所处位置的影响，依然会出现继续下跌的走势。这一点股民要明白，最好等待股价连续下跌到一定程度再按照破晓星方式买入，这样就能有效降低投资风险。

四、缺口频现，机会难得：跳空缺口买股

之前我们介绍了跳空缺口的买股方法，这一节我们将把其中的一种特殊情况介绍给股民，这一技巧将使股民获利更加安全。

连续缺口，就是指缺口在短时间内频繁出现，向着一个方向加速上涨或下跌的组合图，如图 5-10 所示。对于连续向下跳空的缺口出现后，之前的买方都被深套，而且股价下跌迅速，严重影响投资者对市场的信心。

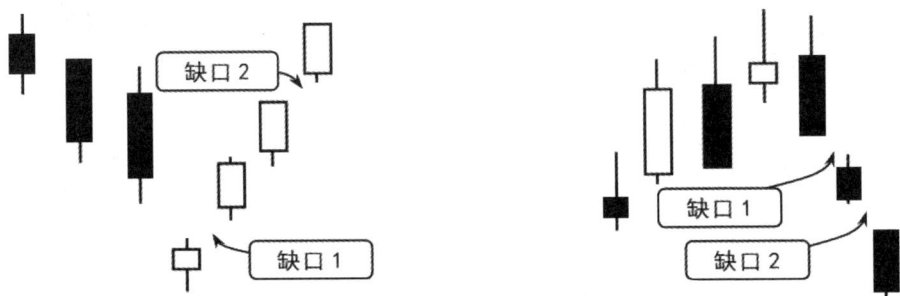

图 5-10　连续缺口示意图

但是，从另一方面考虑，这种连续跳空下跌的后果，就是股民可以以更低的价格买到股票，所以到一定的时候，买方会开始进场，股民低位买入，等待后市庄家的拉升，顺势而为，盈利也是非常容易的。

这种连续跳空发生的时候虽然不是买股票的最佳时机，因为后市会不会接着下探也是无法估计的。但是股民如果结合其他技术指标和蜡烛图综合考虑，在短期内买到一个低位，再等待上涨之后卖出是可以盈利的。

实例分析

宋都股份（600077）

如图 5-11 所示，宋都股份在 8 月 2 日跳空低开出现一个缺口，全天走势低开低走，在蜡烛图上形成一个巨大的缺口，接着 8 月 5 日和 8 月 6 日也是跳空低开，且在 8 月 6 日再次出现一个缺口股价进一步低走，形成

实体较长的阴线。这几个交易日形成一个明显的连续跳空缺口的组合，随后股价在 2.4 元价位线止跌盘整。

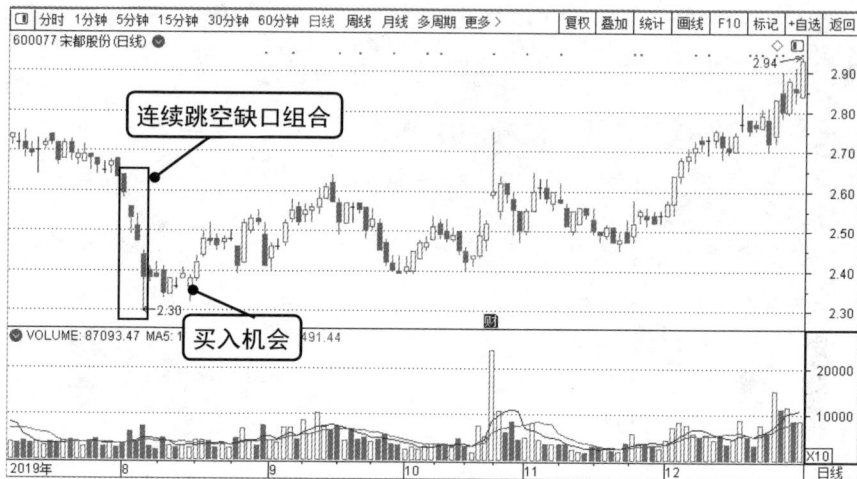

图 5-11　宋都股份 2019 年 7 月至 12 月的 K 线走势

连续的跳空缺口让股民损失惨重，这种跳空缺口形成的安全区域也是一个买入的最佳时机。因为之前买入股票的股民已经被严重深套，市场信心也受到一定打击，卖方已经奋力出逃，在下跌过程中，成交量逐步增加，说明股民抛盘积极。

前期高位买入的股民，在缺口出现时恐慌抛盘，已经损失惨重，这些卖掉股票的股民看到股票上涨，大多会乘机追涨，挽回损失。这些之前的卖方，现在加入买方的阵营，后市上涨指日可待。

所以，这也是股民进场的机会。在股价创出新低后，成交量逐渐增加，股价开始出现上涨的趋势。从 2.4 元下方逐步上涨到 2.94 元附近，涨幅接近 22%，股民如果在止跌企稳初期进入，这一笔投资一定是非常赚钱的。

炒股技巧第 32 招：缺口频现，机会难得

缺口频现，这种机会通常在股票从高位向低位下跌的过程中出现得比

较多，股民此时可以留意这类组合，因为这种下跌过程蕴含着低价买入的机会，这种机会简单而且容易识别，比波浪理论更方便，如果结合成交量的变换来买入股票，成功率将非常高。

但是，这种缺口也有失效的时候，特别是对应新股，由于其发行价奇高，若出现缺口，最好不要轻易进入。

五、底部探底，大胆进入：双针探底买股

蜡烛图的组合中，最有效的一种预示走势可能反弹的是底部探底针，这种探底针又叫锤子线，意思是市场正在用锤子夯实价格底部。既然底部已经夯实，那么下跌就不会继续了。

这种底部探底针的特点是下影线非常长，而上面实体却非常短小，远看明显是一个锤头的形状，实体的颜色已经无关紧要，重要的是实体必须远远小于下影线的长度。下影线越长，实体越短，这种探底针的意义越大。如果两根探底针出现，则底部更加确定，这种机会对于股民是非常难得的，如图 5-12 所示。

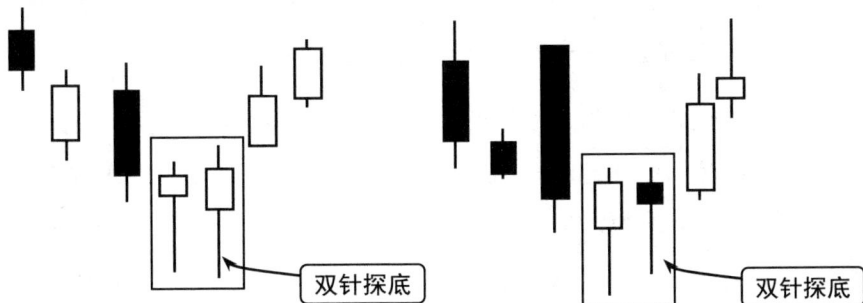

图 5-12　双针探底示意图

从市场的方面解释探底针，其实就是买方力量在底部聚集，强势的买盘把卖盘全部吞没，说明后市已经开始抵挡继续下跌的走势，出现反弹或者底部盘整的可能性较大。双针探底其实就是第二根针对第一根针的底部进行确认，卖盘力量再一次被买盘压过，后市反弹的概率非常大。

实例分析

万泽股份（000534）

如图 5-13 所示，万泽股份在 2019 年 6 月初出现一次双针探底形态，且两次低点价位相同，都为 8.11 元，表明股价在该价位线附近触底，盘整一段时间后，股市将迎来大幅拉升。

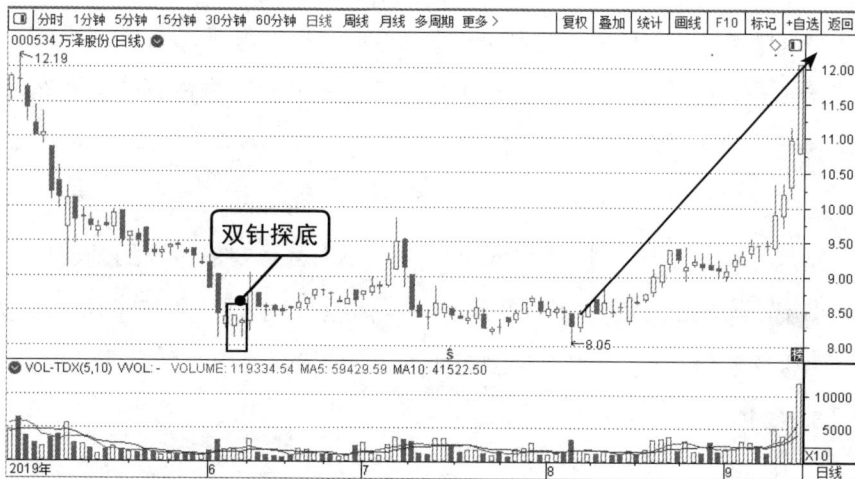

图 5-13　万泽股份 2019 年 5 月至 9 月的 K 线走势

在双针探底后，市场已经形成默契的配合，多方已经明确知道空方的实力，多方此时已经开始反击，股价随后出现大幅拉升，这也验证了双针探底的后市反弹会更加猛烈的理论。

再看看双针探底时分时图的趋势，如图 5-14 所示，我们发现，6 月 6 日，股价探底明显，开盘股价快速下跌探底，随后出现剧烈拉升，股价在短时间被拉升，并稳定在 8.24 元价位线上。尾盘时，突然放量拉升，将股价拉升至收盘价。

再看 6 月 10 日的分时走势，发现股价依然开盘下跌探底，随后被拉升上涨，并稳定在 8.25 元价位线上，尾盘时突然放量拉升，将股价拉升至收盘价附近。说明多方探底结束，卖方的筹码消耗殆尽，后市将由买方掌控。

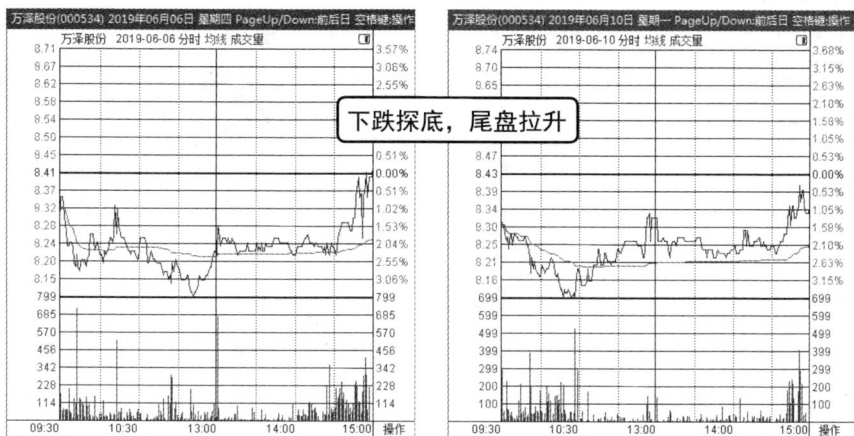

图 5-14　万泽股份 6 月 6 日和 10 日分时的走势

炒股技巧第 33 招：底部探底，大胆进入

双针探底，这个就像双保险，让股民在底部能够放心买入。探底针其实已经能够表示底部形成，笔者经过多次比对，发现双针探底，获胜的把握更大。所以，股民发现在股价下跌后，出现双针探底的组合，就可以大胆买入一部分，待第三日出现明显的反弹时，再买入一部分。这样分批建仓风险相对较小，盈利也能够保证超过所有的短期理财产品。

笔者认为双针探底还是有一定的风险，正如股市永远都有风险，我们只能尽量降低风险，而双针探底就是一种相对有效的判断方法。

六、三兵突击，上涨可待：三兵形态买股

有些股民喜欢追涨杀跌，这种办法在一定范围内是可以采用的。这个范围就是必须是在底部上涨的时候，股民可以放心大胆地追涨，因为此时追涨是安全的，风险很小。

前面已经把识别底部的形态牢记于心，现在股民遇到一个棘手的问题，就是何时能够追涨进入？因为进入过早，发现自己依然在底部盘整；如果进入过晚，又担心利润减少，而且随着买入股价的提高，相对的风险也会不断累积。

在蜡烛图中，其实有很多走势能够给股民传达上涨临近的消息，本例中采用一种最常见的组合——前进三兵走势。前进三兵又叫白色三兵，是指三根阳线组合的形态，每一根阳线的开盘价都要高于或等于前一根阳线的收盘价，如图 5-15 所示。

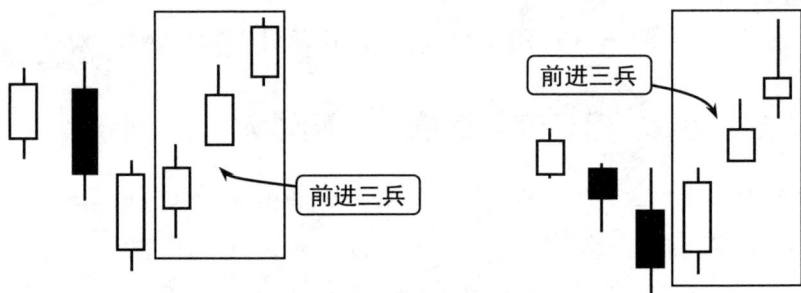

图 5-15 前进三兵示意图

前进三兵，就像三个小兵，一步一步向前进发，暗示着买方一步一步蚕食卖方的领土，这种实力的累积在突破阻力线后，就会产生质变，表现在股价上，就是后市股价飙升，当然股民的盈利也会是巨大的。

实例分析

四创电子（600990）

四创电子在 2018 年 10 月底跌至 31.82 元后，股价止跌回升，并在 35 元至 40 元区间做窄幅波动，而 40 元价位线形成阻力线。

2019 年 2 月 11 日到 13 日这 3 个交易日，形成前进三兵的形态，市场得到鼓励，继续向上拉升，一举突破阻力线，如图 5-16 所示。

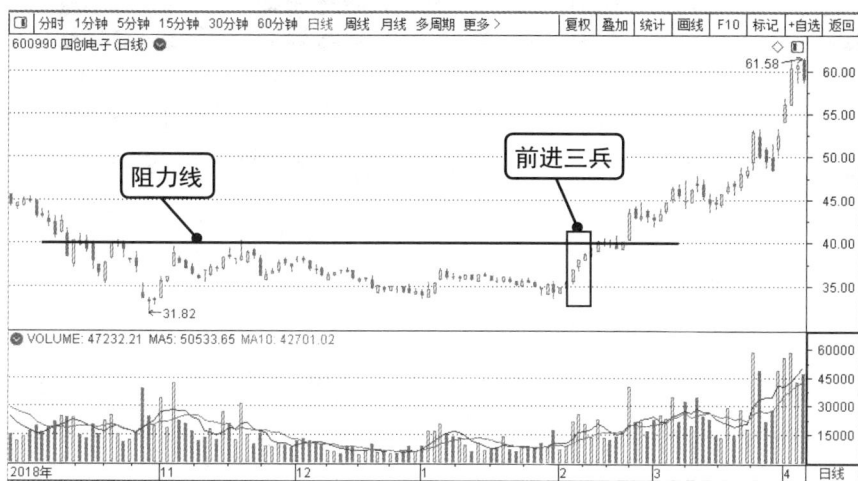

图 5-16　四创电子 2018 年 10 月至 2019 年 4 月的 K 线走势

股价突破阻力线后，阻力线此时成为股价回落的支撑线，将股价稳稳地支撑在高位。股民如果在突破阻力位初期进入，等待后市急速上涨，盈利将接近 50%。

炒股技巧第 34 招：三兵突击，上涨可待

前进三兵，在底部出现时，是一个非常明显的见底回升信号。这种上涨信号是非常可靠的。股民可以在股价突破阻力线初期进入，等待短期的丰厚利润。正如前进三兵的含义，士兵在前面拼杀，将军在后面欢庆胜利。蜡烛线就是我们手中的士兵，股民就是获利欢庆的将军。这就是蜡烛线给

股民带来的实惠。

不过，前进三兵也有失效的时候，如果股价在高位整理，此时如果出现前进三兵，股民最好三思而行，以免后市被严重深套。

七、腾空上跳，勇者买入：向上跳空买股

有些时候，买盘在底部形成的时间内蓄积能量，来一个大幅跳空高开的走势，这是一个短期快速拉升的前兆，因为此时要让股价跳空高开，需要很强的买盘，买方处于绝对强势，卖方只有退让。当然，卖方一定会蓄积能量对买方进行打压，这之间有一定的时间差，如果股民快进快出，获取一个超短线利润，也是有可能的。

这种上跳的整体组合，如图 5-17 所示。主要是在底部出现阳线反转后，再次出现一根腾空上跳的大阳线，这根大阳线实体越长就说明买方力量越强大。

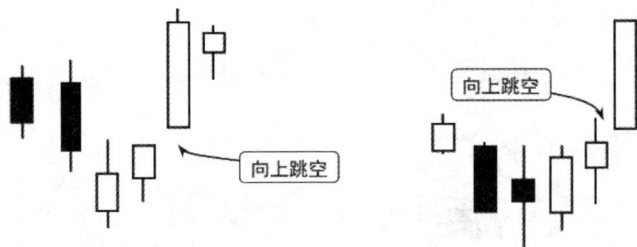

图 5-17　向上跳空示意图

腾空上跳的市场含义也就很容易理解，就是买方急于进场，后市可能出现上涨行情，这种情况大多出现在上市公司有利好消息的前提下，机构

急于进场，对股价已经不太关注，所以此时股民可以搭一程顺风车，赢点小利。

实例分析

仙琚制药（002332）

如图 5-18 所示，股价从 2019 年 4 月开始一路下跌，从下跌开始，市场的恐慌心理不断扩散，交易量明显萎缩。

此时，喜欢短线操作的股民已经在摩拳擦掌，随时准备进场。股价从 9 元开始下跌，跌至 6.5 元附近后止跌，并在 6.5 元至 7 元区间做窄幅波动。但是，这个底部盘整时间谁也不确定，所以短线操作股民此时还不会轻易进场。

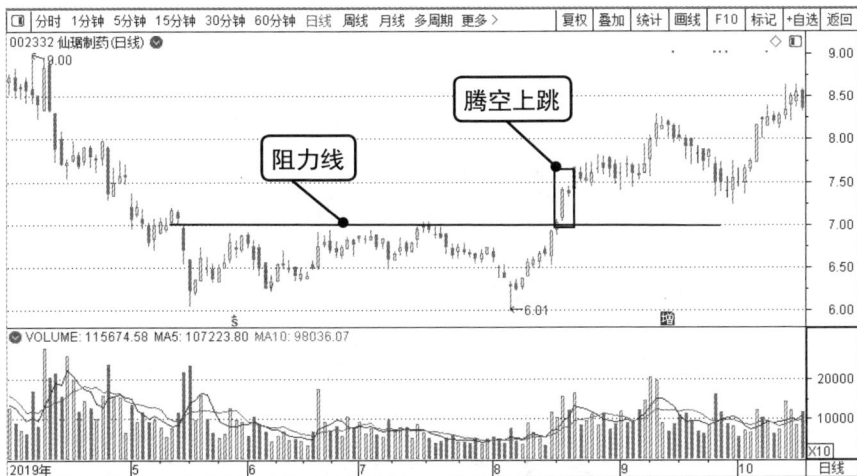

图 5-18　仙琚制药 2019 年 4 月至 10 月的 K 线走势

8 月 19 日出现跳空开盘，当天股价一路上扬，最后全天涨幅达到 5.56%，形成一根跳空大阳线。

这个大阳线突破了盘整阻力线，发出后市上涨的信号，大胆的股民此时可以根据蜡烛线的提示，在下一个交易日买入该股票。

炒股技巧第 35 招：腾空上跳，勇者买入

腾空上跳，有一种追涨的意思，是所有新股民最容易犯下的错误，但是，底部的腾空上跳，能够让股民减少犯错的概率，增加盈利。

勇者买入，就是要股民大胆买入，这种买入是建立在蜡烛线的实践过程中的，股民如果能够在顶部信号出现时，果断地出手，获取高于银行储蓄的利润是很容易实现的。

但是，腾空上跳有一个明显的前提，就是底部腾空，股民一定要记住是在底部，而不是中间段或者顶部。虽然后面两种方式也能获得利润，但是，底部腾空可以让你降低风险，稳定收益。

拓展知识 *腾空上跳的风险*

腾空上跳如果在底部出现，那是一个盈利的机会，也是非常安全的。但是，如果已经上涨较长时间或者在顶部，没有出现回调的走势，再出现腾空上跳的组合，笔者建议股民千万不要参与这种买卖，因为这种跳空，绝大部分是陷阱，第二日大部分都会大幅下跌，后市再上涨的概率很小。而且在大部分情况下，解套的时间将会非常漫长。在股市中，降低风险，稳定收益是最基本的办法。

八、突破阻力，大涨邻近：突破区域买股

蜡烛图不仅仅能够给股民提供一种走势变换的信号，还有一个作用就是提供平台范围的功能。如果股价长时间在一个价格区间内波动，能够比较清晰地把底部和顶部表示出来，这就是一个平台，有些时候，又叫箱体区间。此时支撑线和阻力线形成一个方形区域，如图 5-19 所示。

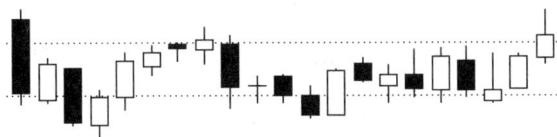

图 5-19　蜡烛横盘整理平台示意图

这种平台的市场含义就是，买方不愿意高价买入，卖方不愿意过低卖出，双方都有一个心理价格，在双方的拉锯战中，形成一个价格区间。此时，如果任何一方想突破这个平台，必须具备足够的实力，但是这种实力的堆积需要时间。另外一方如果要抵消这种实力，也是需要时间的。这两个时间间隔就是股民赚钱的机会。

实例分析

新乡化纤（000949）

图 5-20 所示为新乡化纤 2019 年 4 月至 9 月的 K 线走势。

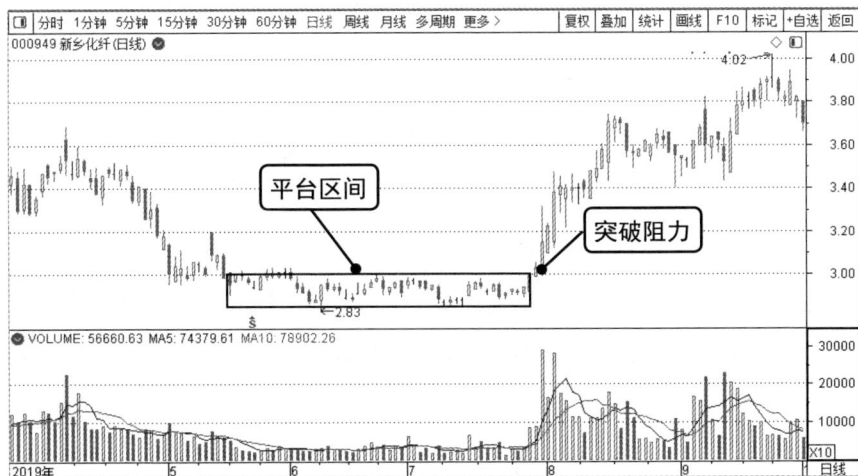

图 5-20　新乡化纤 2019 年 4 月至 9 月的 K 线走势

从图中可以看到，新乡化纤 4 月开始表现出下跌走势，在 5 月至 7 月的近 3 个月时间里走势非常平稳，股价在 2.5 元至 3 元区间来回震荡。这主要是受到买卖双方观望态度的影响，谁也不愿意退让，这是一个典型的横盘整理形态，成交量在这种横盘整理过程中，也出现明显的缩量。

直到 7 月 29 日，股价再次向 3 元价位线发起冲击。7 月 30 日，股价开盘向上拉升，突破 3 元后，受到卖方市场打压，多方迅速反击放量拉升，最终股价收盘于 3.03 元，形成一根较长的上影线。虽然受到卖方的打压，但是买方实力明显增强。从当天的分时走势图也可以明显发现买盘力量的强大，股价拉升明显，如图 5-21 所示。

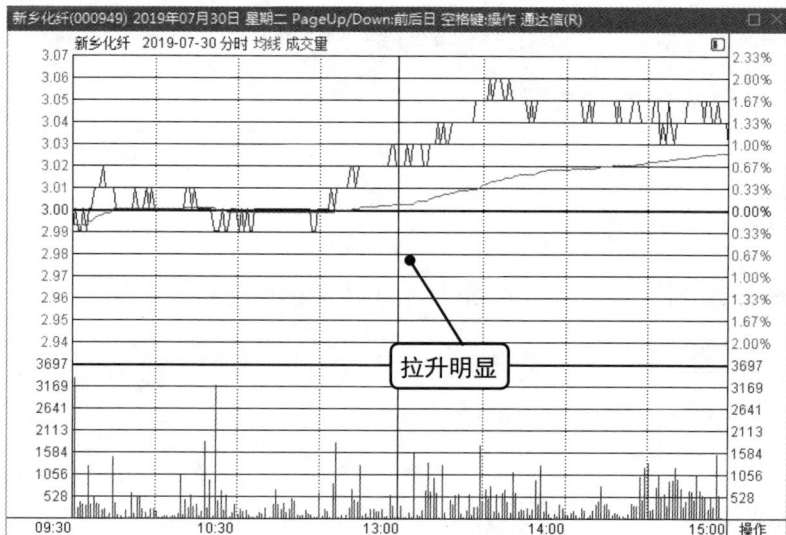

图 5-21　新乡化纤 7 月 30 日的分时图

既然已经突破平台的阻力线，配合成交量的上涨，给市场带来了足够的信心，该股后市继续受到市场的追捧，股价从 3 元一路上涨到 4 元附近，涨幅超过 33%。这就是突破平台的机会。

炒股技巧第 36 招：突破阻力，大涨邻近

突破平台阻力，从市场观点来讲，就是买方已经占据市场主动权，卖方开始退却。这种情况一般发生在低价区横盘时间较长的股票上。股市有

一句俗语，"横有多长，竖有多高"，就是描述这种横盘股票未来的大涨。

当然，股民也要分清是否是真正的突破平台，如果只是买方试盘，那么最好等待后市的阻力线变为支撑线时再进入，这样虽然利润较少，但是获利的可能性很大。

在此笔者还要强调一点，这种横盘必须是底部或者股价处于较低位置的时候才能进入，否则高位横盘时，有时股民主观臆断，加上庄家制造的假象，在高位套牢的可能性也是很大的。

九、短暂回调，以逸待劳：回补调整买股

短暂回调意味着股价在短期内下跌较为迅速，但是，由于大盘走势依然为牛市，短暂下跌后会出现明显的涨幅，这时就是股民买入股票的时机，因为个股下跌虽然厉害，但是不能阻挡整体牛市的格局，所以股民在回调时买入，短期获利也是非常丰厚的。

常见的回调主要是典型的黑三鸦形态，这种形态由三根或三根以上的阴线组成，每一根阴线开盘价都比前一日的收盘价低，形成连续下跌之势，如图5-22所示。

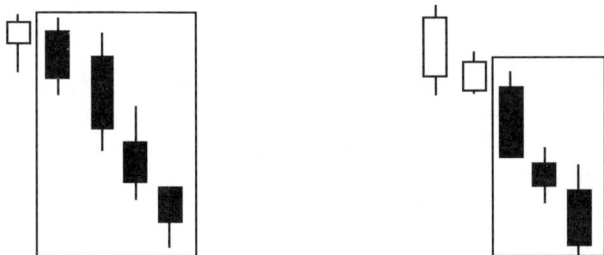

图 5-22　黑三鸦回调图

实例分析

至纯科技（603690）

图 5-23 所示为至纯科技 2019 年 8 月至 2020 年 2 月的 K 线走势。

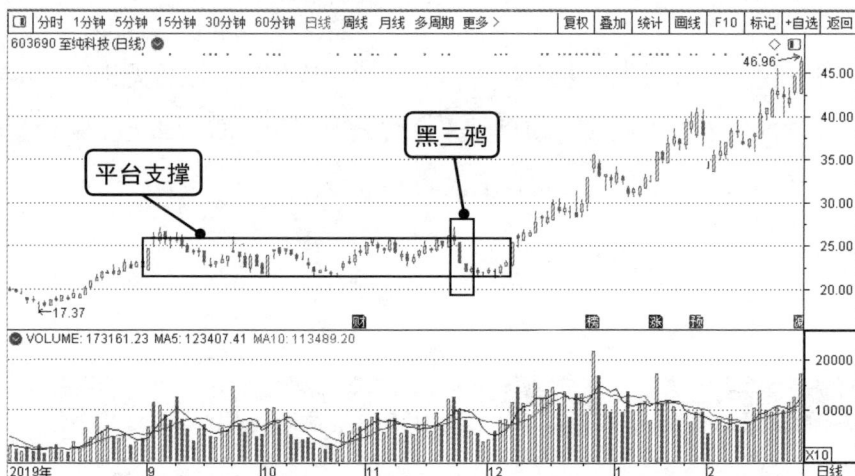

图 5-23　至纯科技 2019 年 8 月至 2020 年 2 月的 K 线走势

从图中可以看到，至纯科技处于牛市行情中，股价从 17.37 元开始上涨，涨至 25 元附近后止涨，股价在 21 元至 25 元区间波动，当股价触及 25 元价位线时受到明显的压制向下，当股价跌至 21 元时受到明显的支撑向上运行，形成平台走势。

11 月 22 日、25 日和 26 日收出连续三根下跌阴线，形成黑三鸦组合形态。但是第三根阴线的最低价接近 21 元价位线，这就表明股价在 21 元位置受到支撑，该点附近有较大支撑力量。如果这种支撑能够成立，那么这个点即是股民买入的安全区域。

既然平台支撑已经出现，回调的黑三鸦也出现，股民可以在随后出现的大阳线中伺机买入，等待股价上涨到 46 元附近，出现明显掉头下行的走势时卖出，盈利也在 76% 以上。

这次盈利其实就是股民通过蜡烛图回调组合和平台组合综合利用判断

和买入股票而获利的，也再一次证明，蜡烛平台理论的正确性。

炒股技巧第 37 招：短暂回调，以逸待劳

在股市中，这种黑三鸦出现大部分是由于政策面影响造成股市恐慌下跌，但是股市不会由于这种影响而立刻崩盘，反而在一定时间内出现上涨的走势。原因很简单，市场对于消息的反应不会立刻显现，这就是股民盈利的时间差。

如果此时股民结合前面的平台底部理论，能够大胆地在平台出现强力支撑的时候进场，无论是中线操作还是短线操作，都会获利颇多，无须更多的关注，需要的只是以逸待劳，静静等待而已。

十、抱孕组合，时机恰当：抱线孕线买股

抱孕组合，从字面理解就是抱线和孕线的组合，孕线的组合主要是一个长实体包括一个短实体构成，而抱线组合主要是由一根阴线和大阳线组成，第二日出现的实体一定要包括第一日出现的整个实体，如图 5-24 所示。

图 5-24　抱线组合图

这种抱线有两种形态，第一种是先阴后阳，如果出现在底部，常常预示着后市上涨，因为此时买方已经占据优势，反弹强烈。第二种是先阳后阴，如果出现在顶部，预示着后市将会出现下跌走势，原因是卖方占据市场，出现抛售的情况下，股价会一路下跌。

本节主要讲解第一种先阴后阳的抱线，同时由于抱线也是预示后市上涨的信号，加上能预示后市上涨的孕线，这两种组合能够更加确定市场信心，股民此刻进入是比较安全的。如何利用抱线卖股将在后面进行详细讲解。

实例分析

鄂武商 A（000501）

图 5-25 所示为鄂武商 A 在 2019 年 5 月至 12 月的 K 线走势。

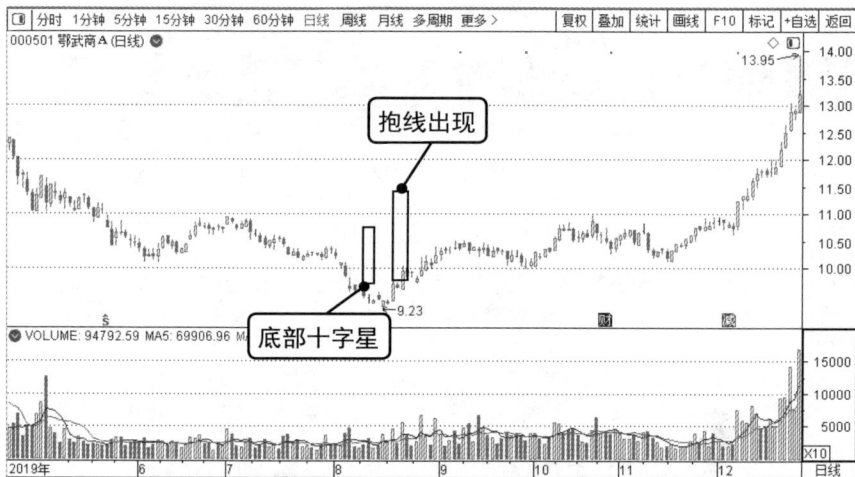

图 5-25　鄂武商 A 在 2019 年 5 月至 12 月的 K 线走势

从图中可以看到，鄂武商 A 前期处于下跌行情中，股价一路下滑，跌至 9.5 元附近后止跌盘整。8 月 12 日 K 线收出一根十字星，股价下跌后的底部出现十字星线可以视为上涨信号，后市看涨。谨慎的股民此时可以继续观望，等上涨的明确信号出现再入场。

8 月 20 日 K 线收出一根小阴线，似乎空方占据主力，股价大有止涨下跌的趋势。但第二天，K 线就收出一根微微低开高走的大阳线，且大阳线将 20 日出现的小阴线完全包括，这两日的 K 线形成典型的抱线组合。

抱线在蜡烛线中，是预示走势反转的一种信号，当然，这种反转并不能说明股价会出现明显的变化，不过在出现抱线之前，该股蜡烛图出现明显的底部十字星线，结合这两者的走势，通常预示着后市的走高。特别是 8 月 21 日收出大阳线的成交量，相较于前一个交易日而言，几乎呈两倍增长，那么这种走势是入场还是离场，这就需要我们根据当日的分时走势图来判断。

如图 5-26 所示，从 8 月 21 日鄂武商 A 的分时走势图上，我们发现盘内股价出现天量买单，使股价直线拉升的情况，所以可以判断是机构开始入场。

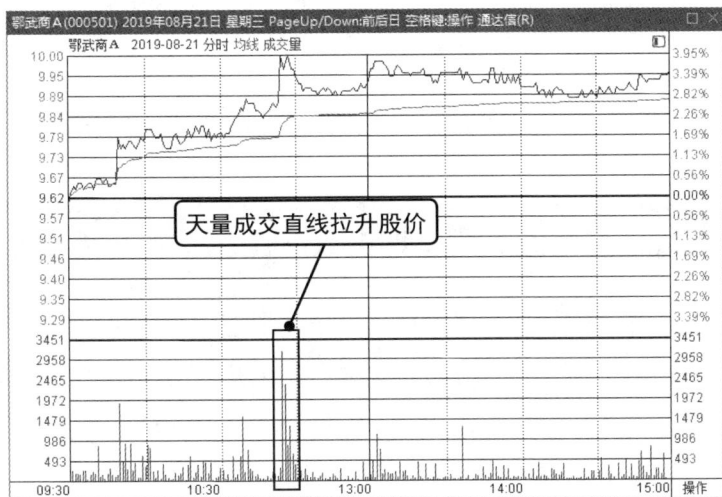

图 5-26　鄂武商 A 8 月 21 日分时图

这时股民可以随着机构入场而同时入场，乘势赚一笔。果然，随着机构入场，市场对于鄂武商 A 的股票也产生浓厚兴趣，成交量比前一段时间明显增加不少，股价转入上涨行情。虽然在上涨过程中出现多次下跌回调的走势，但是由于机构在 10 元附近买入，形成一定的支撑，所以处于相对安全的区域中。

随后股价走势逐步恢复到 10 元上方，最终冲高到 14 元附近，此时股民已经获利接近 40%，可以见好就收，这次短线操作也是非常成功的。

炒股技巧第 38 招：抱孕组合，时机恰当

抱线和孕线的结合，就像双针探底一样，对底部和反弹增加一定的保险系数，让股民能够在比较安全的位置买入股票，这就是降低风险的办法。

通常情况下，股民要顺势而为，不要与大势作对，这种顺势就是股民赚钱的机会。这种势有时是庄家造成的，有时是大盘走势造成的，如果股民能够提前发现，获利的机会还是很大的。在发现涨势的前提下，采用抱孕结合，目的是增加市场投资的信心，降低股民损失的风险。

十一、刺破阴线，后市明朗：刺透形态买股

刺透形态是比较常用的买股技巧，这种形态由两个实体构成，第一个实体是阴线，第二个实体是阳线，第二个实体开盘价在第一个实地收盘价的下部，并且第二个实体收盘价要上穿到第一个实体的内部，这种刺入程度越深越好，如图 5-27 所示。

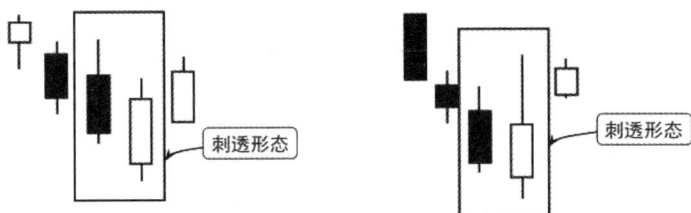

图 5-27　刺透形态图

如果从市场角度来解释，刺透形态表示第一日交易，卖方占据优势，把股价打压到当天的低点，第二日卖方继续打压，造成股价跳空低开，但是此时买方已经决定反击，加上之前的蓄势，在第二日爆发，很快将股价拉升到前日的收盘价上方，这种力量的转变，预示买方已经占据优势，后市上涨的可能性很大。

实例分析

国新健康（000503）

图 5-28 所示为国新健康 2019 年 5 月至 9 月的 K 线走势。

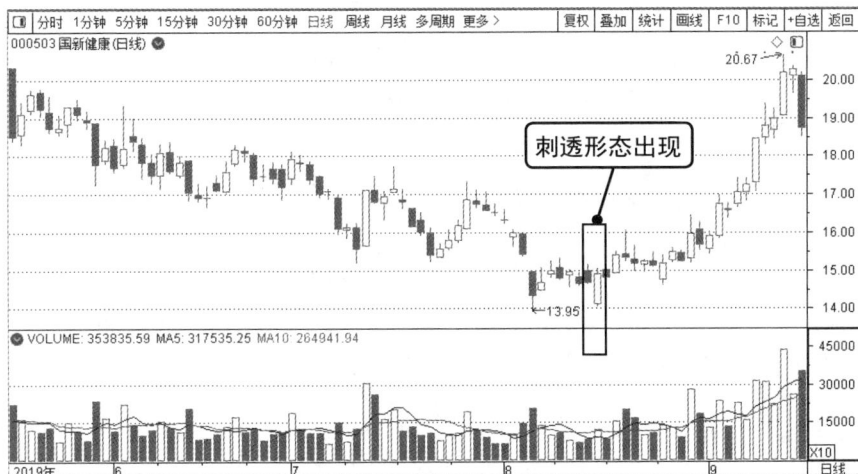

图 5-28　国新健康 2019 年 5 月至 9 月的 K 线走势

从图中可以看到，国新健康在 2019 年 8 月 14 日出现一根带长上影线的阴线，说明买方虽然奋力反击，然而卖方实力过强，将股价打压到开盘价底部，后市走势会继续下跌。

然而，后市走势峰回路转，8 月 15 日当天虽然低开，股价在低位徘徊，但是，在 10:30 左右，大量买单涌入，将股价拉升到 14 日的收盘价上方，从这个时候开始，买方已经开始控制整个局面了。从后面的走势我们也发现，当天的价格虽然回落，但一直在 14 日的收盘价附近波动，并且在 14:00 以后一直在 14 日的收盘价上方，显示出卖方无力打压股价，如图 5-29 所示。

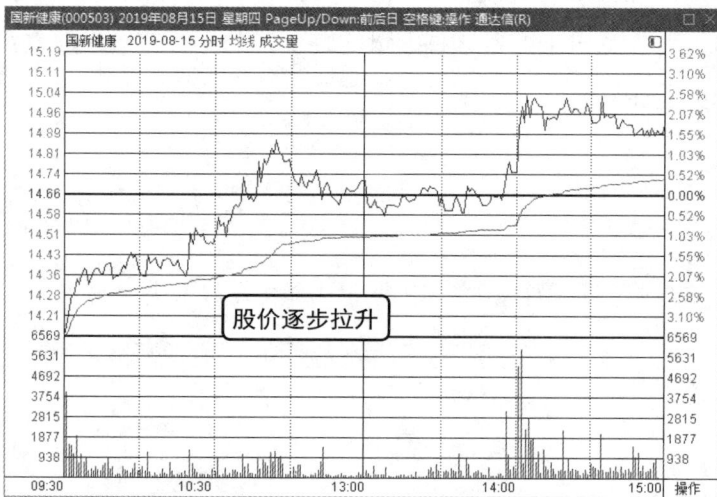

图 5-29　国新健康 2019 年 8 月 15 日的分时图

此时，这两日的蜡烛线形成一个典型的刺透形态，无论是从分时走势图上，还是蜡烛图上的走势，我们都发现此时市场力量已经发生变化，预示后市可能出现反弹的走势。

当然，这个不仅仅是蜡烛图上表现出来的上涨，成交量也出现一定的增幅，虽然不大，但是这种量涨价升的组合，从另外一个方面也证明了蜡烛线的反弹走势已经临近。

果然，后市涨势非常明显，由于明显的刺透线组合已经出现，配合成交量的增加，股价一路上扬到 20 元附近，股价已经上涨超过 25%，时间仅仅为 20 个交易日，这就是刺透线给我们带来的中线盈利的结局。

炒股技巧第 39 招：刺破阴线，后市明朗

刺透线，感觉就像一根针刺破大阴线，试图打破这种下跌之势。在蜡烛图中，刺透线的反转含义是非常明显的，如果配合底部成交量和分时走势图来判断，结合其他技术指标的辅助，成功率是非常高的。

当然，笔者还是发现刺透线有一定的局限性，在高位如果出现刺透线，并且成交量没有明显增加时，股民最好关注，等待更多的买入信号出现时再伺机进入，否则容易掉进庄家的陷阱中。

十二、吊线出现，卖方涌现：高位上吊卖股

股市中，股民买入股票之后，在合适的时机卖出股票才能盈利。所以如何卖股票也是一门非常复杂的学问，其中，不仅需要科学的判断，还需要一定的勇气，正如股市中的一句俗语：买得好是徒弟，卖得好是师父。可见卖股比买股还重要。从本节开始，笔者将介绍利用蜡烛图判断何时卖股能够赢得较多的利润。

上吊线与锤子线类似，都是实体较短，下影线很长的蜡烛线，如图 5-30 所示。

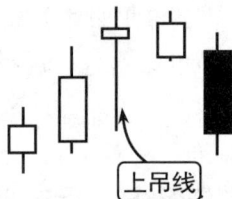

图 5-30 上吊线示意图

但两者出现的位置不一样，锤子线出现在下降趋势中，预示着底部夯实，而上吊线出现在上升趋势中，预示着上涨可能已经接近尾声，后市可能反转向下。

这正好就是股民寻找的反转信号，当股票逐步走高，到达一个新高的价位时，出现这种反转信号，就是对股民的一个警示。

实例分析

我爱我家（000560）

图 5-31 所示为我爱我家 2019 年 2 月至 8 月的 K 线走势。

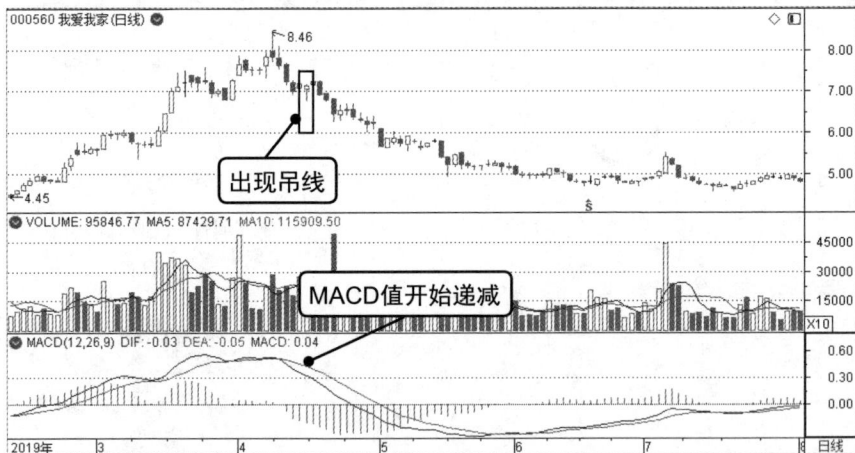

图 5-31 我爱我家 2019 年 2 月至 8 月的 K 线走势

我爱我家 2019 年 4 月 16 日在高位出现一个上吊线，这根上吊线有很短的上影线和实体，但是下影线非常长，说明卖方试图压低股价，但是买方很快抢回失地，占据优势。

这根上吊线出现后，并不能完全证实上涨已经到头，还需要随后几天的走势判断，之后在 17 日和 18 日，K 线连续收出两根下跌阴线，也预示着后市的下跌，另外发现 MACD 指标也开始从正值向负值进行转变，同时，成交量开始缩量递减，也预示着后市即将到来的是下跌的走势。

当然，我们从该股在 4 月 17 日和 18 日的分时走势图上，也能发现一些下跌的迹象，如图 5-32 所示。

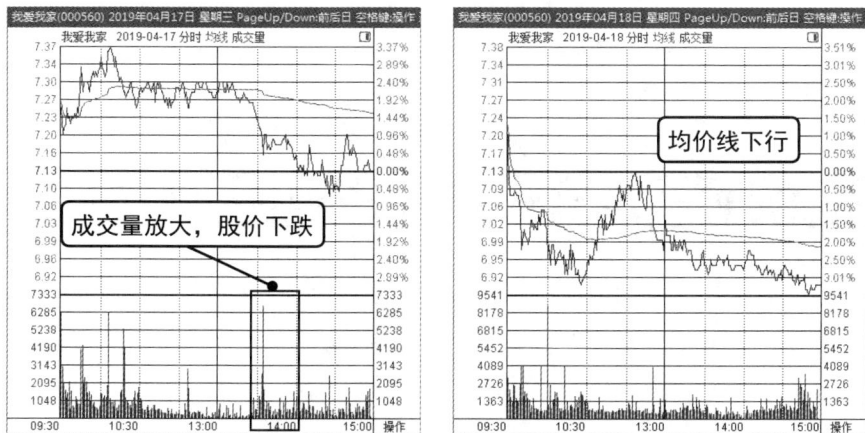

图 5-32　我爱我家 2019 年 4 月 17 日和 18 日的分时图

在 17 日的分时走势图中，该股早盘冲高回落，随后全天都在均价线下方运行，没有出现明显的上冲迹象，且均价线处于逐步下行的走势。同样在 18 日的分时走势图上，均价线不仅逐步向下，股价出现下挫的迹象，成交量多次密集放大。

从这两日的走势，我们都能感觉到市场的信心开始涣散，就像巴菲特所说的，如果市场缺乏信心，就是股价下跌的时候。果然，在上吊线出现的第三日，股价开始出现下跌，随着这个下跌，股价进入下行通道中。

炒股技巧第 40 招：吊线出现，卖方涌现

上吊线和锤子线形态类似，但是出现的位置不同，因此有不同的含义。前者预示下跌，后者预示上涨，从这一点来看，两者都是对以前走势即将发生反转的一种预警。

当然，不能看见上吊线就以为是下跌开始或者临近，还要从后面几个交易日的走势进行判断，这样既不会担心错卖股票，也不用担心过早判断造成的损失。所以，股民发现蜡烛图中出现这种上吊线时，要结合多种方式进行判断，不能过于狭隘地认识和应用上吊线。

十三、回调明显，走为上计：下跌调整卖股

与启明星相反，我们能够找到一个预示后市下跌的组合，叫作黄昏星。黄昏星其实就是每次日落的时候，我们能够看见的最亮的星星，这颗星星出现，预示着太阳将要西沉。

在蜡烛图中，黄昏星是一个非常明显的形态，由三根蜡烛线构成，第一根是大阳线，第二根是跳空高开的十字星，或者是一根实体较短、下影线较长的阴线，第三根是一根实体较长的阴线，如图 5-33 所示。

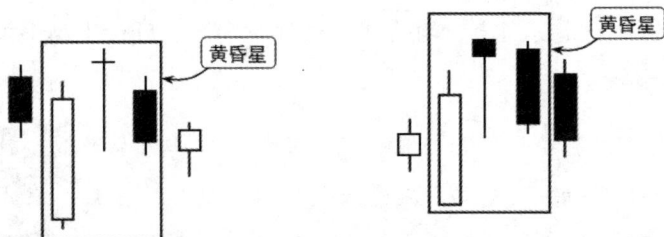

图 5-33　黄昏星组合图

黄昏星从市场面理解也是很简单的，就是买方第一日占据优势后，想乘机扩大胜利，但是卖方在第二日大举反攻，将股价从高位打压到低位，这就形成跳空的十字星或者是上吊线的类型，第三日，买方已在第二日的争夺中消耗大量的能量，市场已经变成卖方的天下，后市下跌是在所难免的。

实例分析

深天马 A（000050）

图 5-34 所示为深天马 A 在 2018 年 12 月至 2019 年 6 月的 K 线走势。

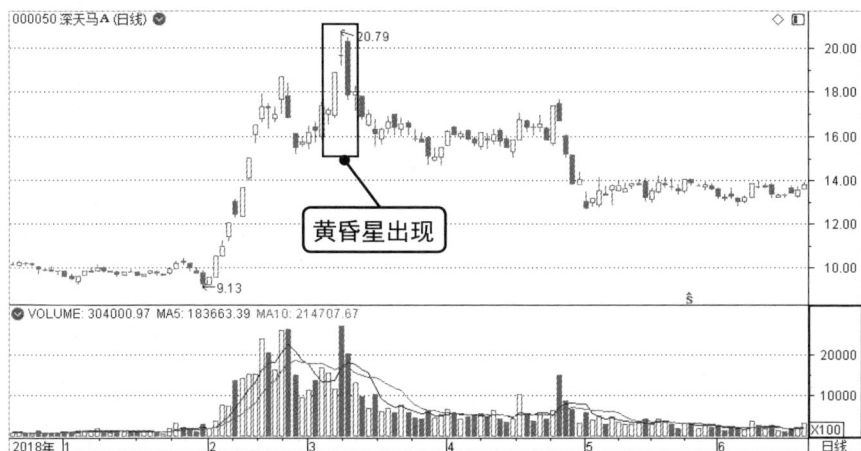

图 5-34　深天马 A 在 2018 年 12 月至 2019 年 6 月的 K 线走势

从图中可以看到，深天马 A 在 2 月初股价突然急涨，将股价拉升至 18 元附近随后见顶回落。2019 年 3 月 7 日 K 线收出一根大阳线，突破前期高点，且成交量有所放大。这些迹象说明该股似乎继续进入上涨行情中，因为按照价涨量增的原理，具有这种大量的配合，机构可能已经入场。

在 3 月 8 日，该股跳空高开快速打开涨停板，但是在午后的交易中，涨停板被打开，而且后市大量卖单出现，将股价涨幅从 10% 打压到 4% 附近，从当天的走势可以看出，完全没有7日的上涨力量，即使反弹也是非常疲软，如图 5-35 所示。

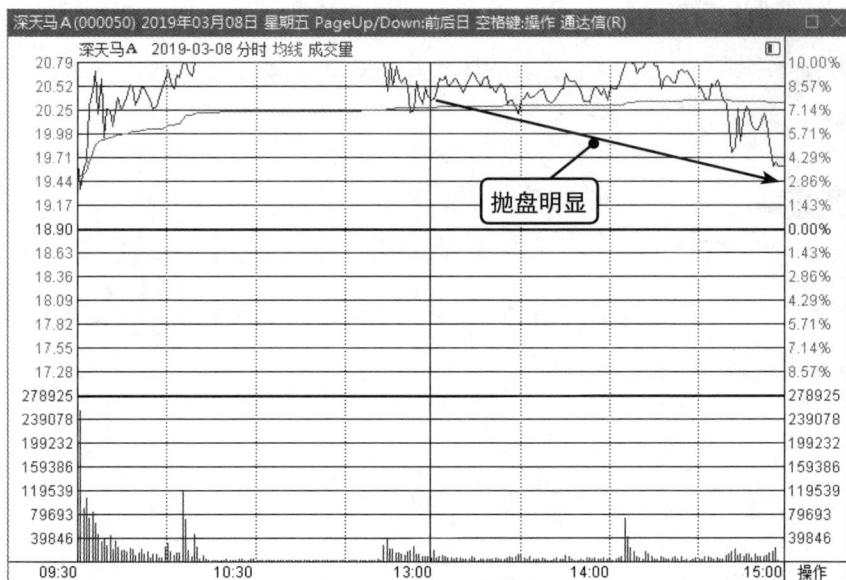

图 5-35 深天马 A 在 2019 年 3 月 8 日的分时图

当然，同启明星一样，出现星线后，必须依靠近日的蜡烛线才能判断是否能够成为完整的黄昏星。3 月 11 日，该股高开低走，形成一根大阴线，这根阴线的出现，证实黄昏星已经出现，从市场面来看，空头已经掌握市场，后市将迎来一轮下跌走势。

果然，深天马 A 从 3 月 12 日开始，股价一路下行，从 18 元跌落到 14 元附近，跌幅超过 22%。

炒股技巧第 41 招：回调明显，走为上计

黄昏星在股市中是非常难见的一种组合，笔者也是筛选很久才发现这一实例的，但是，黄昏星的见顶信号尤其强烈。

此时市场面的含义非常明显，如果从市场心理面解释，原因更为简单，就是这种跳空高开，又紧接着出现大阴线拉低股价，这一高一低让股民心惊肉跳，与其冒险，不如见好就收。这就是股市心理在作祟。所以，既然大家都在撤离，为什么我们自己还要坚守？

十四、阴线抱围，股价危险：抱线出现卖股

阴线抱阳线是由两根蜡烛线组成，第一根实体较短的阳线，第二根实体较长的阴线，阴线的实体上下部都要超过阳线实体，整体形成一个抱住的形态，如图 5-36 所示，这种组合和阳抱阴是完全相反的。

图 5-36　阴抱阳线组合图

大阴线抱小阳线，这本来就是一个危险信号，如果出现在顶部，特别是阴线的收盘价离阳线的开盘价越远，越能证明顶部已经来到，买方也再无实力进行拉升股价，后市已不再是买方的天下。

实例分析

冀东水泥（000401）

如图 5-37 所示，冀东水泥股价上涨至 19 元后止涨，并在 19 元价位

线上盘整。7 月 10 日，股价高开低走，虽然尾盘出现一定的拉升，但是，当天的大阴线已经非常明显。

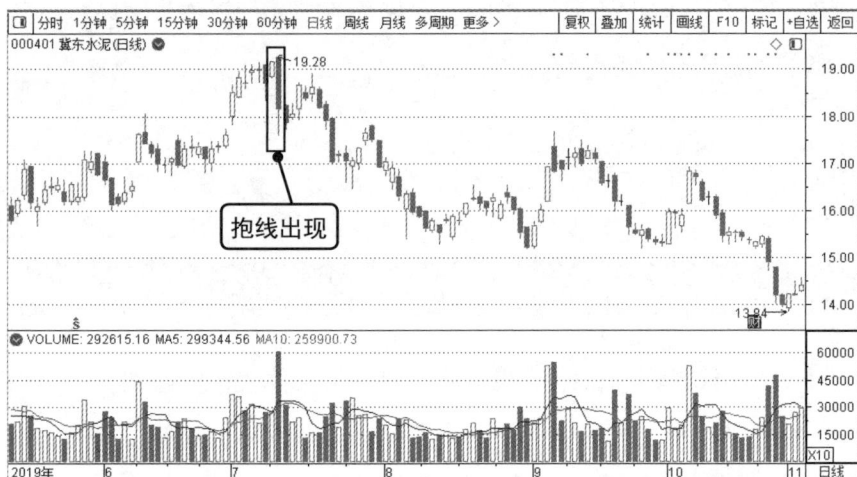

图 5-37　冀东水泥 2019 年 5 月至 11 月的 K 线走势

7 月 10 日的大阴线与前一天的阳线正好构成一组阴抱阳的抱线组合，从底部成交量放量上涨，到此时的股价放量下跌，我们可以判断这是由庄家博弈引起的，机构疯狂地将股价打压到前一日的收盘价下方，就是为了不惜一切代价出逃。

从 7 月 10 日的分时走势图上我们发现，股价开盘即放量下跌，股价被大单直接打压到 17.8 元下方，下午开盘后，基本上没有大单进入，股价勉强收盘在 17.8 元上方，无大单买入，这种走势让投资者比较担心，如图 5-38 所示。

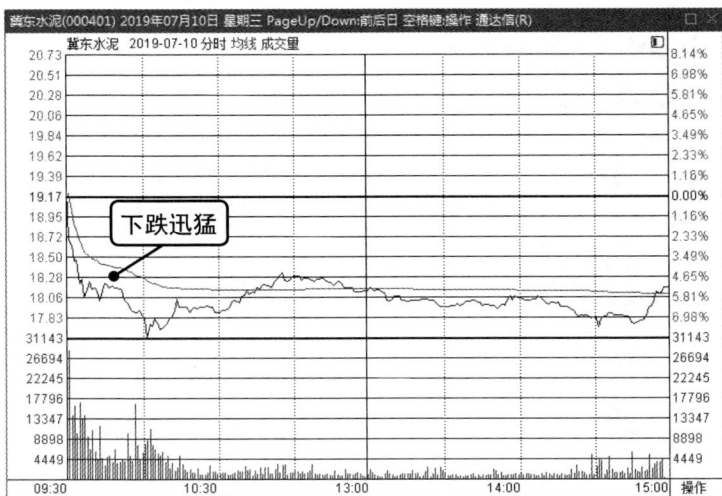

图 5-38　冀东水泥 2019 年 7 月 10 日的分时图

果然，股价在 18 元线上盘整几日后迅速转入下行通道中，估计从 18 元附近跌至 14 元附近，跌幅达到 22%。

炒股技巧第 42 招：阴线抱围，股价危险

抱线的反转暗示不是最强烈的，但是这种抱线产生的心理恐惧非常巨大。这种巨大的心理压力配合成交量放量，往往会产生意想不到的恐慌抛盘。

有时候，这种恐慌抛盘是在大单涌入后产生的，这种大单就是股民要特别留意的，大单撤离，意味着庄家也会离场，庄家离场就不是好兆头。

如何判断庄家离场，股民就要仔细判断当日的分时走势图，从分时成交量来看出端倪。根据笔者的经验，庄家不在开盘后 30 分钟露出真容，就会在收市前一刻钟出现，所以股民侧重在这两个时间点进行观察，很多时候就能发现庄家的诡计。

拓展知识 *分时走势图判断的好处*

庄家有时候为了迷惑股民，在收盘的时候，采用大量拉升形成一个预计的蜡烛图组合，让那些深信蜡烛图技术的股民上当受骗，因为蜡烛图只能反映其中的开盘价、收盘价、最高价和最低价 4 个指标，而分时走势图能够弥补蜡烛图的不足之处。当股民发现非常标准的蜡烛图组合图时，最好仔细判断前几日的分时走势图，从分时图价格走势和分时成交量上揣摩庄家的目的，这样就不会陷入盲目相信蜡烛图的陷阱中，如果再结合其他的指标，对于庄家的诱惑应该能具备一定的免疫能力。

十五、下跌二星线，跌势继续：二星线卖股

下跌二星线是指在下跌途中出现的一种 K 线组合形态，它是由 3 根 K 线组合而成。第一根阴线的下跌幅度相对较大，后面两根为上下小幅震荡的小 K 线，其示意图如图 5-39 所示。

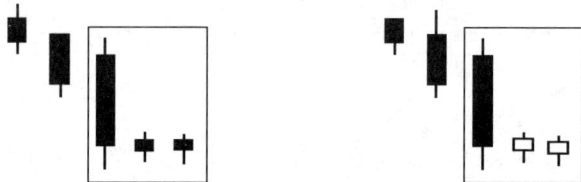

图 5-39　下跌二星线示意图

在股价下跌的中途，若出现这样的下跌二星线，投资者就应该继续看跌后市，没有买入的投资者仍需要持币观望，持有股票的投资者就应该及早逢高卖出股票了。

实例分析

青青稞酒（002646）

如图 5-40 所示为青青稞酒 2019 年 6 月至 10 月的 K 线走势。

图 5-40　青青稞酒 2019 年 6 月至 10 月的 K 线走势

从图中可以看到，该在 2019 年 6 月下旬见顶，随后股价从 14.5 元附近开始下跌，跌至 11.5 元价位线后止跌，并在该价位线上持续波动调整了两个月左右。9 月 30 日 K 线收出一根大阴线，紧接着 10 月 8 日和 10 月 9 日收出两根连续的小阳线，3 根 K 线形成了典型的下跌二星线形态。由此可知，该股的下跌动能还没完全释放，后市股价将继续下跌走势。

为了进一步证实下跌二星线的正确性，我们查看这两天的分时图，如图 5-41 所示。

从 10 月 8 日的分时图可以看到，该股当日开盘后震荡向上快速拉高股价，虽然之后立即下跌，但是随后又被拉高，显示出多方占据优势，股价最高被拉高上涨至 11.58 元。10:30 之后，市场出现单边下跌走势，显示出空方占据优势。全天的成交量集中在早盘，说明场内主力在利用早盘拉高出货。

从 10 月 9 日的分时图可以看到，该股当日开盘后股价放量下跌，随后虽然被拉起，但是拉升幅度不大，紧接着又转入下跌走势中。尾盘时股价被直线拉升至 11.35 元附近，但下方却没有成交量做支撑，说明此时的拉高为主力吸引散户接盘的手段，后市股价仍然看跌，持股投资者要及时逢高卖出持股，降低损失。

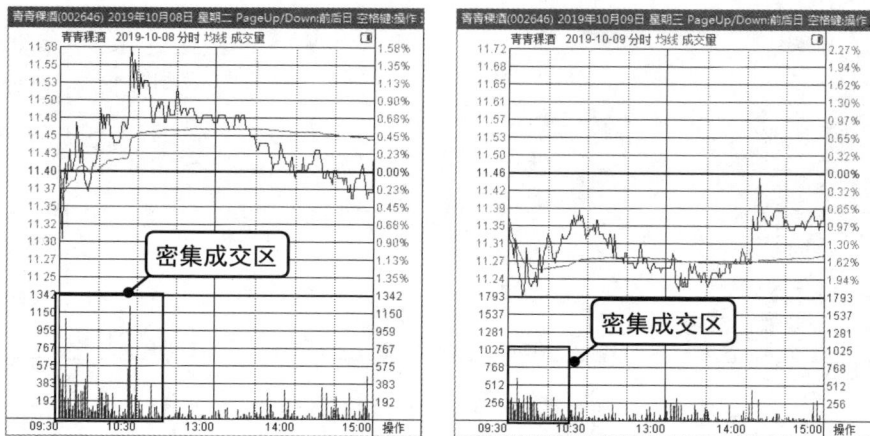

图 5-41　青青稞酒 2019 年 10 月 8 日和 9 日的分时图

拓展知识　*下跌三星线组合形态*

下跌二星线还有变化形态，即下跌三星线，也是出现在下跌行情中。由一大三小的 4 根 K 线组合而成，下跌时先出现一根中阴线或大阴线，随后在这根阴线下方出现了 3 根小 K 线，这 3 根小 K 线可阴可阳，还可以是十字星。

下跌三星线的卖出信号强于下跌二星线，但是市场中比较常出现的是下跌二星线。下跌三星线与下跌二星线都是卖出股票的信号，出现在下跌途中说明此番下跌还有下跌的空间，投资者不要期望后市，应及时出逃较好。

炒股技巧第 43 招：下跌二星线，跌势继续

下跌二星线从名字上理解的话，其实它就是下落途中的两根星 K 线，在下跌途中出现，是行情继续下跌的标志，它并不是止跌的信号。

但是由于跳空下跌有加速赶底的趋势，只要空方抛售干净手中的筹码，那么后市就有出现 V 形反弹或者筑底反抽的可能。因此，下跌二星线原则上应该追加抛售，但由于行情随时可能脱出底部，投资者也应该注意。

十六、乌云密布，大雨将至：高乌云线卖股

日常生活中，每次乌云出现时，我们都知道大雨即将来临，乌云密布预示着天气会变了。在股市中，我们也有类似的风向标，那就是蜡烛线中的乌云线。

乌云线，在蜡烛线上就是一根阳线和一根阴线组成，有点类似抱线，但是，阴线不会完全抱住阳线，阴线的开盘价和收盘价都分别高于前一日的收盘价和开盘价，形成一个乌云压顶的形态，如图 5-42 所示。

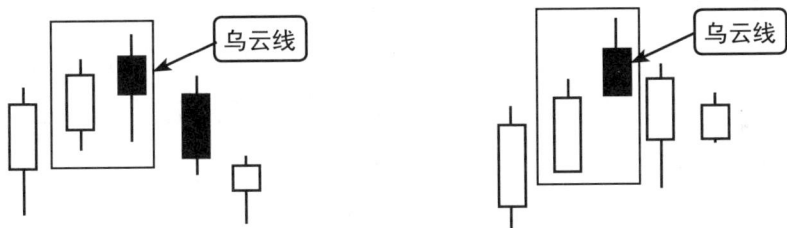

图 5-42 乌云线组合图

乌云线的实质也是市场买方实力减弱，卖方急于出货的表现，但是这种力量的差距没有抱线那么巨大，如果把握得当，股民有可能逢凶化吉，避过大亏，获取小利。

实例分析

江铃汽车（000550）

图 5-43 所示为江铃汽车 2019 年 1 月至 8 月的 K 线走势。

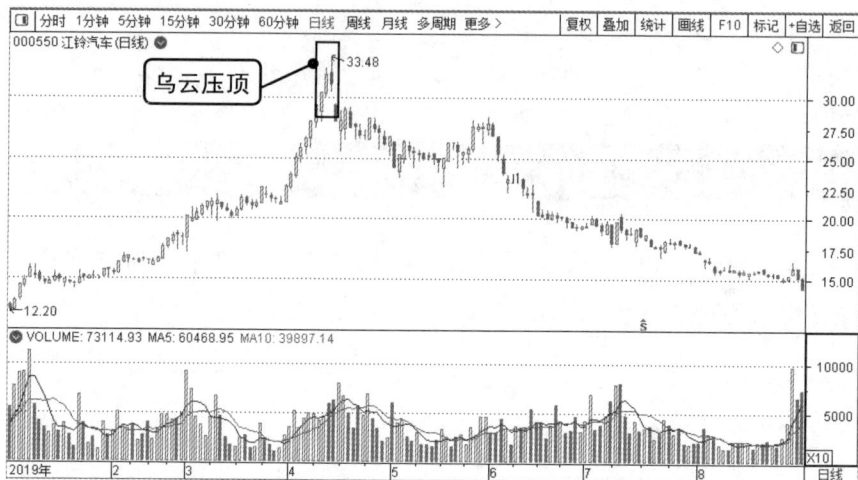

图 5-43　江铃汽车 2019 年 1 月至 8 月的 K 线走势

从图中可以看到，江铃汽车从 12.20 元上涨至 20 元附近后止涨盘整，3 月底股价突然放量冲高，将股价拉升至 30 元价位线上。4 月 12 日股价继续之前的上涨行情高开后冲高，但随后却快速走低，最后在 K 线上形成一根上影线较长的阴线。

该阴线与前一日的阳线相比，阴线的开盘价和收盘价都分别大于前一日阳线的收盘价和开盘价，形成了一个典型的乌云压顶形态。乌云压顶形态在高位区出现，说明该股这一轮上涨可能已经见顶，后市转跌。

此时我们查看 4 月 12 日当天的分时走势，如图 5-44 所示。从图中发现股价高开之后一路走低，虽然盘中多头反击回升，但很快便被空头打压，继续下跌。尾盘时，成交放量，股价小幅回升，但依旧没能扭转颓势。说明空头占据优势，后市走跌。

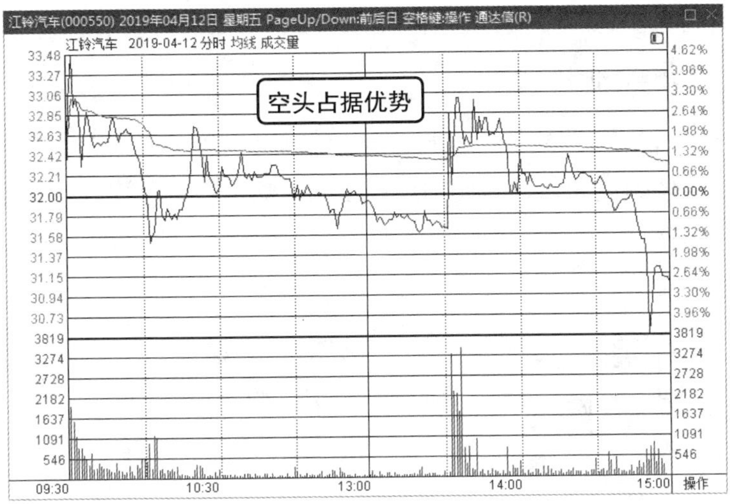

图 5-44 江铃汽车 2019 年 4 月 12 日的分时图

果然，乌云压顶形态出现后股价转入下跌行情中，股价从 30 附近元跌至 15 元左右，跌幅达到 50%。

炒股技巧第 44 招：乌云密布，大雨将至

乌云线时常出现，说明买方无力支撑，也预示后市股价下跌的趋势。虽然乌云线的下跌强度没有抱线和黄昏星那样明显，但是如果乌云线紧跟着大阴线，还是需要股民特别小心。

十七、高位连跳，危险重重：缺口连跳卖股

在蜡烛线中，向上跳空大多预示后市走势良好，因为买方能够大幅拉升股价买进，多半是受到消息面的刺激，对后市走势非常期待。那么如果

卖方受到利空消息的影响，不惜一切抛出股票，甚至连续跳空低开，这就形成连续下跳蜡烛图形态。

连续下跳是蜡烛图中缺口组合的一个分支，多个实体不断向下跳空开盘，无论实体颜色如何，只要出现连续向下缺口，就是连续下跳组合，如图 5-45 所示。

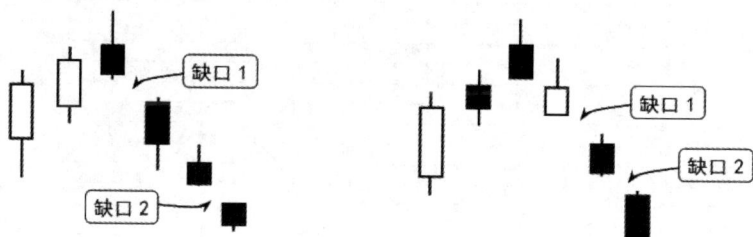

图 5-45　连续下跳缺口组合图

向下缺口的出现，通常意味着市场悲观气氛凝重，不适合买入，如果股民能够逢高卖出，暂避跌势，等待跌势稳定后进入，也是一种买卖股票的方法。

实例分析

西陇科学（002584）

连续跳空的情况大部分发生在股价出现新高，但是大盘走势比较疲软的时候。

图 5-46 所示为西陇科学 2019 年 12 月至 2020 年 5 月的 K 线走势。

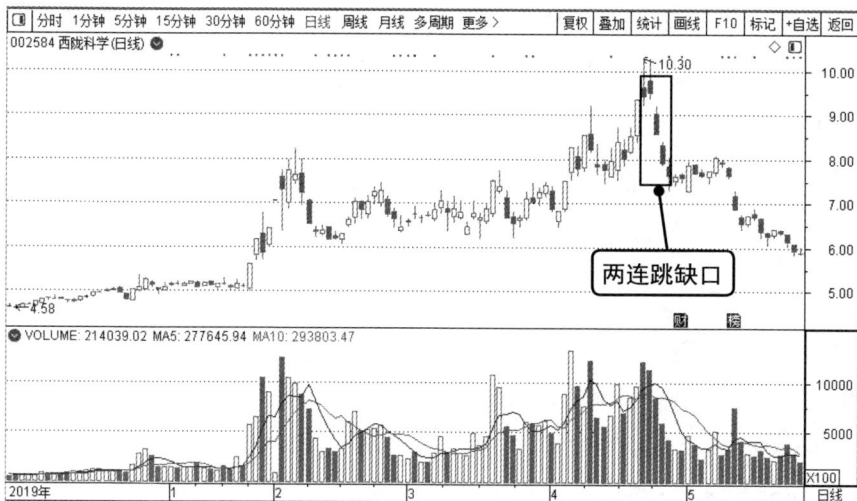

图 5-46　西陇科学 2019 年 12 月至 2020 年 5 月的 K 线走势

从图中可以看到，该股从 2019 年 12 月开始一路上涨，股价从 4.58 元上涨至最高的 10.3 元，涨幅达到 124%。

股价运行至高位区域，随后在 4 月 24 日和 27 日连续两个交易日出现向下跳空形成缺口的走势，4 月 24 日当日收出跌停板大阴线，4 月 27 日当日收出跌幅为 7.73% 的大阴线，这两日 K 线的跌势异常雄县，说明股市有一波大幅的下跌走势，后市看跌，此时股民应该及时出逃，锁定利润。

随后股价短暂横盘后一路低走，呈现出单边下跌的走势，股价从 8 元跌至 6 元价位线，跌幅达到 25%。

这个案例说明在高位出现连续下跳空形成缺口的 K 线，无论实体颜色如何，只要出现连续向下缺口，就是可靠的看跌卖出信号。

炒股技巧第 45 招：高位连跳，危险重重

蜡烛图中的缺口，属于一种特殊的形态，不仅意味着走势的反转，也意味着一个新的阻力线或支撑线的成立。向下连跳，如果短期内无法反弹，那么，这个缺口就是一个巨大的阻力位，投资者应该提高警惕。

正如笔者之前说向上跳空的缺口是一个机会，同样，向下跳空的缺口也是一个机会，只是前者缺口形成支撑，是买入的机会，后者形成阻力，是卖出的机会。

虽然缺口在短期内不会回填，但是，从中长期看，只要市场出现明显的好转，优质的股票一定会涨到缺口以上，当然，这有一个重要前提，就是股票一定是优质的。

拓展知识 *国内缺口的特殊性*

在蜡烛图中，上涨时，缺口可以给股民带来丰厚的收益，但是下跌时，缺口也会给股民带来更大的恐慌。纵观国内股市，每次出现缺口，上涨后，几乎都要回填缺口，时间一般很短，就在几个交易日内；而下跌后，这种缺口有些基本不会回填，有些要经历一段较长时间才会回填，这需要股民注意区别。

十八、流星出现，大"势"不妙：流星群线卖股

在中国古代，流星也叫扫把星，古人认为是不祥之兆，日本也受到中国文化的影响，在股价走势危险的时候，连续出现多个十字星，特别是上影线较长的十字星，日本人给它的名称就是高位流星，如图 5-47 所示。

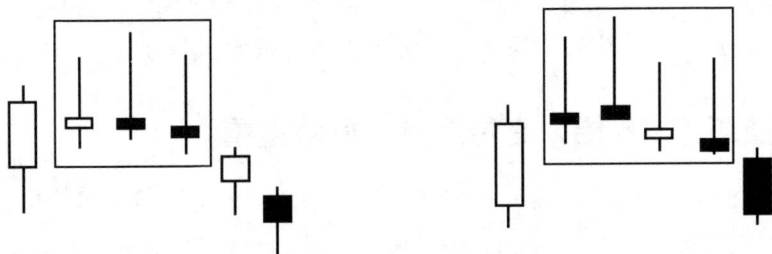

图 5-47 流星线形态图

流星线如果连续出现，就像探底针一样，一次又一次试探高位阻力，但是始终无法突破，最后回到起点。连续的试探已经消耗大部分买方的实力，既然无力突破，实力已经消耗，剩下的只有下跌的结局。

实例分析

张江高科（600895）

如图 5-48 所示，2019 年 7 月 1 日张江高科跳空高开高走，似乎预示着后市将出现逐步走高的迹象。然而接连几个交易日都收出上影线较长，下影线较短，实体较短的 K 线，形成流星线群。

图 5-48　张江高科 2019 年 5 月至 8 月的 K 线走势

图 5-49 所示为张江高科 2019 年 7 月 2 日和 7 月 3 日的分时走势。

7 月 2 日，股价开盘大单买入，随后立即受到大量卖盘的打压，股价很快被打压到分时均线下方，全天的走势都在均线下方，买方出现疲软。

7 月 3 日，股价开盘后快速拉升，随后大量卖单出现将股价打压至均线下方，全天的走势也是大部分都在均线下方，分时成交量也再没有出现大量成交的情况。

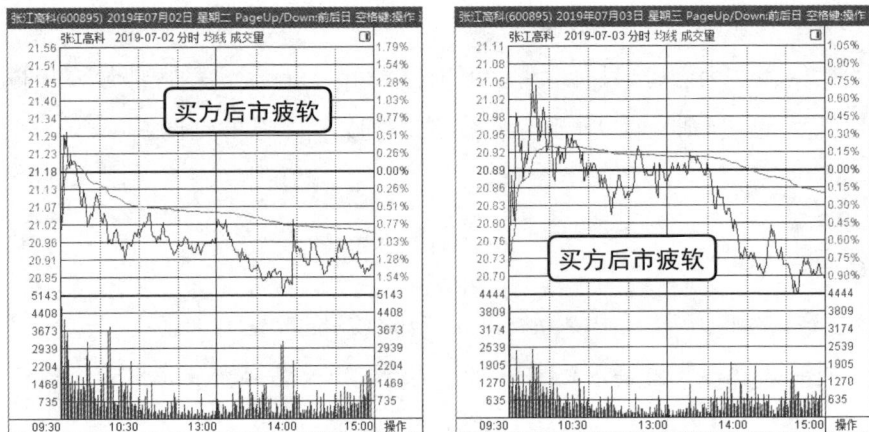

图 5-49　张江科技 2019 年 7 月 2 日和 3 日的分时图

结合以上分时图走势分析，股民应该能够判断出该股会出现回调下行的走势，选择股价稍微冲高时伺机卖出。

炒股技巧第 46 招：流星出现，大"势"不妙

流星线和高位十字星的出现，大多数情况都是预示后市下跌，在这种情况下，股民应该在随后的十字星出现时伺机卖出股票。

如果结合成交量缩量，分时走势低迷和其他指标的预示走低等多方面来判断，基本上可以较准确地判断后市走势。

与所有蜡烛图形态类似，流星线也有自己的局限，有时候，庄家为了形成流星线打击散户信心，会在最后尾市打压股价到开盘价附近，形成一个典型的欺骗图形，股民需要从分时图上对其进行谨慎判断。

拓展知识 *流星线的变化*

　　流星线不一定是完整的十字星形态，可能出现实体很短的类十字星形态，或者是实体较长，上影线也长的形态，也就是所谓的墓碑线，有点儿像墓碑一样。不过，无论这些流星线的形态如何改变，长长的上影线和较短的下影线是其典型的特征。前者表示上冲乏力，后者表示支撑有限。当然，后市涨跌还要结合其他的指标来确定，不能片面地将流星线的出现看成下跌的标志。

十九、顶部星象，黄包车夫：顶十字星卖股

　　虽然前面我们已经介绍了多个星种，如黄昏星、启明星、流星等，但是，有些十字星出现在高位，虽然不具备特定的形态，但是，我们可以给它们一个统一的称呼，叫作顶十字星，如图 5-50 所示。

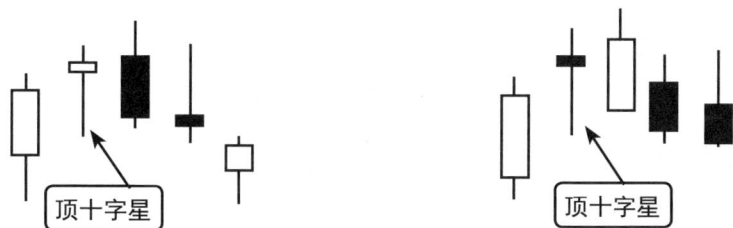

图 5-50　顶十字星形态

　　就像其他的十字星，这种高位十字星出现的位置是非常的特殊，但不同的是，这种高位十字星是不能十分明显地预示后市的走势，只能说明当天的股价形势和市场反应，对后市的预测需要结合更多的其他指标。

实例分析

五矿资本（600390）

如图 5-51 所示，2019 年 5 月至 6 月上旬这段时间，五矿资本股价在 9 元至 9.5 元区间波动，6 月 12 日股价再次上冲突破 9.5 元，而后受到卖盘的打压，当日收出一根上影线很长的十字星，形成典型的顶十字星，这在蜡烛线中叫黄包车夫。黄包车夫意味着后市走势不明，不知道是向上还是向下，需要结合后面的走势来判断。

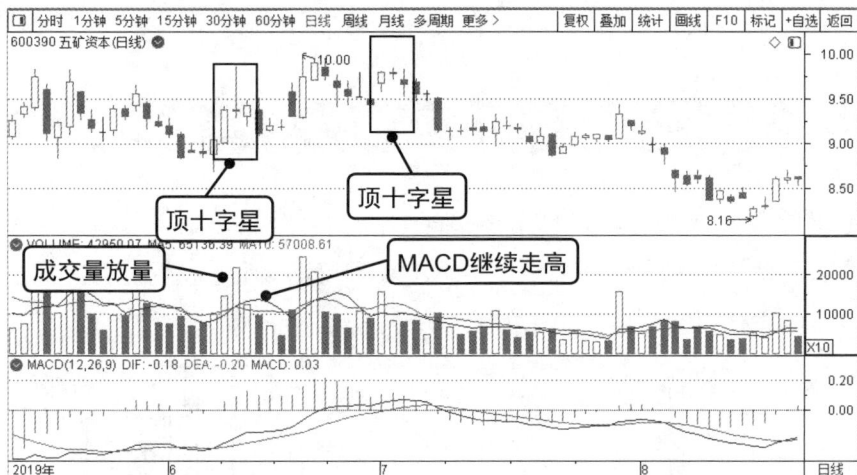

图 5-51　五矿资本 2019 年 5 月至 8 月的 K 线走势

第二日该股阳线报收，说明该股依然具有上涨空间，后市继续走高可能性较大，6 月 12 日成交量放量的情况来看，我们可以判断有大庄家进入，此时 MACD 指标也在继续走高，所以，股民暂时持股观望最佳。

同时，我们在 7 月 2 日，也发现一个类似的高位十字星，同样也是一个黄包车夫的形态，其后紧跟着一根上下影线均较长的阴线。但是，成交量并没有出现增加，MACD 指标也在逐步走弱，所以，我们可以判断这种十字星是买方实力减弱的象征，与 6 月 12 日的黄包车夫形态不一样。

炒股技巧第 47 招：顶部星象，黄包车夫

通常情况下，高位十字星表示买卖双方实力相近，能够稳定在一个平衡价格附近，但是，通过本例讲解可以发现，出现高位十字星后，当天的蜡烛图只能说明开盘价和收盘价非常接近，或者底部支撑较上部压力强烈，关于后市是继续上涨，还是下跌，需要结合其他的相关指标判断。

利用分时走势图和 MACD 指标等，我们大体上也能判断后市的走势。股民还可以结合成交量进行判断，如果成交量没有明显变化，说明买卖双方势力处于平衡状态；如果量增价涨，股民可以继续观望；如果缩量下跌，股民最好趁机离场，保住已有的收益。

二十、阻力明显，波段操作：三山形态卖股

蜡烛图不仅仅能够预示后市走势，还有一个特点就是能够明显地发现阻力或者支撑的价格，而且，这种支撑和阻力大部分都同时存在，形成一个典型的波动区间，区间之间的蜡烛图通常能够形成一个个山峰的形态，这就是著名的三山形态，如图 5-52 所示。

图 5-52　三山组合图

三山组合图从图形上有点类似波浪理论中的波谷和波峰，但是在蜡烛图中的三山组合更加具有代表性，该组合与波浪理论中的形态有所不同，它一般具有三个波峰。

三山组合图可以成为我们买卖股票的一个参考，第一个山峰可能成为第三个山峰的阻力，第一谷底可能成为第二个谷底的支撑，这些理论都需要在实际操作中，股民灵活应用，不能呆板地将三山组合作为买卖股票的规律。

在三山组合中，股民要结合蜡烛图的多个组合和成交量的变化综合判断股价走势。这才是三山组合的本质，如果读者能灵活应用，在短线和中线操作中，获利也是比较大的。

实例分析

同济科技（600846）

如图 5-53 所示，在同济科技 2019 年 2 月至 8 月的 K 线走势中，发现股价波动明显，出现多次三山组合形态。

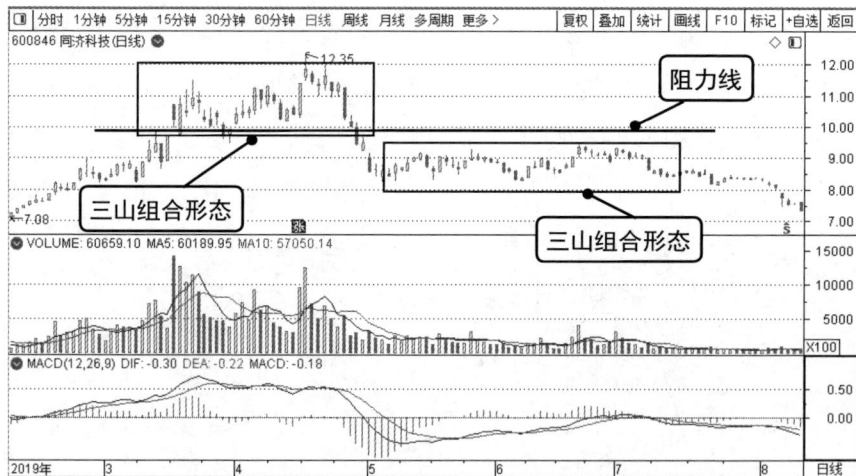

图 5-53　同济科技 2019 年 2 月至 8 月的 K 线走势

第一个三山组合出现在 2019 年 3 月中旬到 4 月中旬，每一个山峰都非常明显，并且，在 4 月中旬，该股放量拉升股价创下新高 12.35 元。

当最后一个山峰出现后，我们发现成交量出现明显地缩量，MACD 指标也开始减小，这些都预示着这次山峰已经到顶，股民要伺机离场。

另外，着重观察那两个波谷的底部，虽然山峰不断增高，但是两个山谷几乎都在同一个价格上方受到支撑，这就为我们后面卖股提供了一个价格参考。

第二个三山组合形成是在 2019 年 5 月到 7 月，这次三山形态的前两个山峰都在同一个位置受到阻力，这个阻力正好是前一个三山形态的波谷，所以，这就是股民卖股的一个价格点。

最后，第二个三山组合如果冲破这个阻力线，上涨就比较容易，但是，之前的波谷与波谷之间又会出现一个小波峰，这个波峰同样也能成为阻力，这就是第二次最后一个波峰遇到的阻力。

可惜，这次还没有能够突破阻力线，股价就受到政策影响，直线下跌，但是，这也是卖股的一个价格点。

炒股技巧第 48 招：阻力明显，波段操作

三山组合其实就是股价在高位波动造成的一种类似山峰和山谷的组合，与波浪理论的原理类似，股市价格波动是非常频繁的，股民几乎不能确定山峰过后是否还是有更大的山峰。

笔者认为，三山理论虽然不能给股民明确指出山峰山谷的准确数量和高度，但是能够给后面的股价建立非常明显的阻力和支撑，这就是三山组合的最大用处。利用三山组合来判断阻力和支撑，做好短期和中期的价格估计，也是非常不错的炒股技巧。

二十一、妖风四起，落袋为安：连续涨停卖股

在股市中，如果股民买中连续大幅上涨或连续涨停的股票，当然是非常幸运的，但是，这种上涨也让股民提心吊胆，因为他们不知道何时卖出，卖早了，不能获得最大的利润，卖晚了，股价已经下跌了，也会减少获利。

此时，股民能够利用的就是蜡烛图，股价在高位上冲乏力的时候，在蜡烛图中会出现孕线和星线的组合，让股民能够提前预见后市可能下跌，如图 5-54 所示。

图 5-54　孕线和星线组合图

正如孕线的含义，在高位出现阳孕阴的组合，通常暗示后市会逐步下跌，孕线已经表明后市下跌，加上一个高位十字星或上影线较长的流星线，这两者结合，更加肯定对市场见顶的判断。

实例分析

博敏电子（603936）

如图 5-55 所示，博敏电子在 2019 年 9 月 2 日至 4 日，连续出现涨停，拉升股价，股价从 19 元附近上涨到 26 元附近，涨幅高达 36%，当然，有些股民期待卖一个更好的价格，一直不知道何时是卖出的最佳时机。

9 月 5 日股价创出新高后回落，在 9 月 9 日、9 月 10 日和 9 月 11 日，3 个交易日的 K 线出现孕线和星线组合，预示股价见顶，后市可能会出现大跌行情，此时为股民"出逃"的好机会。

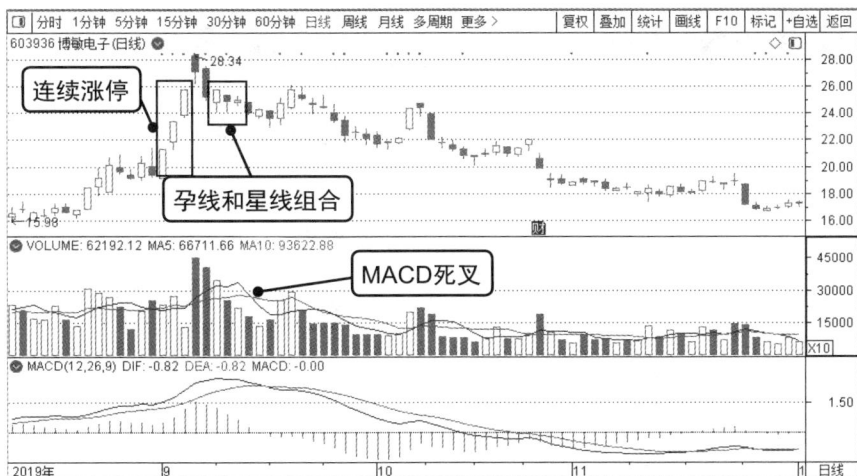

图 5-55　博敏电子 2019 年 8 月至 12 月的 K 线走势

除此之外，MACD 指标调头向下，DIF 线下穿 DEA 线在 0 轴上方形成死叉，也说明股价涨势已尽。

随后的股价走势也印证了上述判断，孕线和星线组合出现后，股价在 24 元价位线盘整了几个交易日之后便转入了下行通道中。如果股民没有及时在孕线和星线组合出现后"出逃"，将损失惨重。

炒股技巧第 49 招：妖风四起，落袋为安

在股市中，股民买到连续涨停或者连续大幅上涨的个股都是非常幸运的事情，何时卖出股票就是股民最关心的问题了，通过蜡烛图中的高位孕线和星线组合，我们能够比较准确地估计股价何时到顶，何时可以卖出股票。

股民当然也要结合各种辅助指标进行判断，这样才能增加高位卖出判断的正确性和可靠性。当然，谁也不知道该股下跌和上涨的准确位置和时间，通过蜡烛图进行预断，知道市场上涨乏力，股民提前离场，也是一个不错的选择。

二十二、涨少跌多，无力突破：中途反转卖股

本章最后，笔者将介绍蜡烛图中最普遍的一个技术，预测阻力和支撑的位置。虽然前面我们已经讲解了三山组合，但是有些时候，我们会发现，三山组合不一定都是标准的三山形态，有些股票会在一个高位进行多次波动，每一次波动都在一个区间内，形成三山组合的变形，如图 5-56 所示。

图 5-56　三山组合变形示意图

在三山组合变形图中，我们还是能够发现山峰和山谷，其中每一个谷底都是一个支撑，每一个波峰都是一个阻力，阻力和支撑都非常明显。我们还可以发现一个特殊的地方，就是下跌都非常迅速，可以说是上涨多日，几乎一下就被阴线所包围，形成一根大阴线抱多根小阳线的形态，这是国内股市非常常见的一种抱线形势。三山组合和抱线的组合，也可以作为股民进行波段操作的一个参考。

实例分析

宁波中百（600857）

图 5-57 所示为宁波中百 2019 年 5 月至 12 月的 K 线走势。

从图中可以看到，宁波中百股价表现出震荡走势，在 2019 年 5 月至 12 月期间，股价在 9 元至 10 元价格区间内波动。

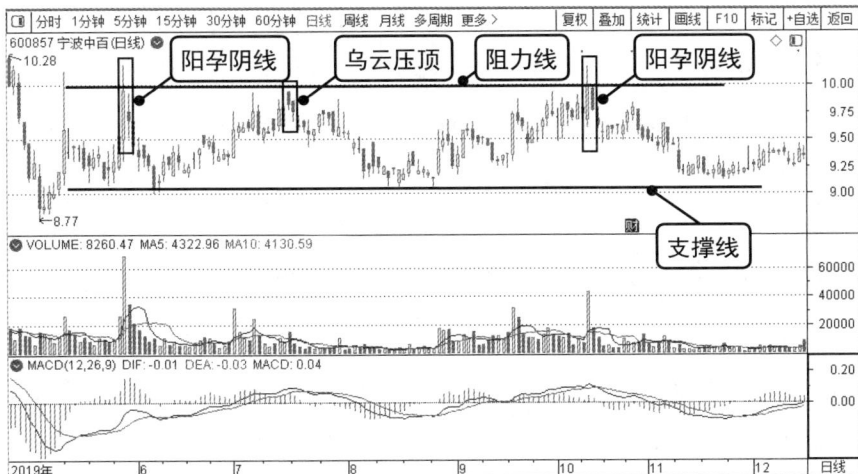

图 5-57　宁波中百 2019 年 5 月至 12 月的 K 线走势

　　股价下跌至 9 元价位线附近时受到支撑向上反弹，股价上涨靠近 10 元价位线附近时受到打压下跌，所以股价在 9 元至 10 元价格区间内来回波动，形成了一个等高等深的三山组合形态。

　　先看山峰，我们发现山峰在每次上涨到前一个山峰高点位置时，都会出现典型的阻力形态，如第一个山峰的阳孕阴线的形态，同时 MACD 指标开始转下，说明阻力强大。

　　第二个山峰高位出现乌云压顶形态，第三个山峰出现阳孕阴线的形态，同样也是预示下跌的信号，同时 MACD 也在山峰位置出现了调头向下的走势。

　　每一次出现这些反转信号时，我们都发现第一个山峰到第三个山峰几乎都在同一高度，这说明此处的阻力是非常强大的。

　　同样，观察几次波谷，发现它们都在同一价位上，并且也是出现明显的见底信号才开始反转的。

　　这种变形的三山组合的还有一个更明显的特点，就是每一次下跌都是非常迅速的，这也证明阻力在高位非常强大。同时，上涨的速度非常缓慢，明显是涨少跌多，这说明平台在上涨过程中，受到的阻力很大，买方都是试探性的拉升股价，也表明买方的担心。

所以，股民如果能够把握这种规律，发现阻力线和支撑线，进行中线波段操作，盈利也是有可能的。

炒股技巧第 50 招：涨少跌多，无力突破

三山组合能够给股民提供一个上涨的阻力线和下跌的支撑线，特别是这种上涨非常疲软、下跌非常迅速的三山组合的变形形态，预示着股价随时都可能发生巨大的下跌，股民一定要见好就收。

同时，三山组合的变形形态有很多种，股民只要掌握其阻力线和支撑线的位置，也就足够应对各种变化，同时配合成交量和常用技术指标来辅助判断，进行短线或中线波段操作也是可以盈利的。

第 **6** 章

技术线买卖技巧

运用技术线买卖股票是股民炒股最简便的方法，常被投资者认为是入门的必备技巧。本章将集中介绍其中九个常用的技术指标和操作技巧，作为买卖股票的辅助技巧，能够满足大部分股民的需要。

一、上穿突破，趁机买入 :MACD 买股

MACD（Moving Average Convergence and Divergence）即平滑异同移动平均线，该指标由杰拉德·阿佩尔于 1979 年首次提出，主要应用于趋势和动量分析。

常见的 MACD 图由 3 个指标组成：DIF 线、DEA 线和 MACD 柱状线。

DIF 线又叫差离率，其数值等于最近 12 日收盘价的 EMA 值减去最近 26 日收盘价的 EMA 值，表示 26 日收盘价波动情况，其公式如下：

$$DIF=12 \text{ 日收盘价 } EMA-26 \text{ 日收盘价 } EMA$$

DEA 线又叫 9 日 DIF 平均值，表示最近 9 日 DIF 的 EMA 值，反映最近 9 日 DIF 的一个波动情况，其公式如下：

$$DEA= \text{ 最近 } 9 \text{ 日的 } DIF \text{ 的 } EMA \text{ 值之和 } /9$$

MACD 柱状线表示 DIF 值减去 DEA 值的 2 倍数值。如果 DIF 线比 DEA 线高，那么 MACD 该处的柱状线就为红色，在水平线上方；反之则为绿色，其公式如下：

$$MACD=（ \text{ 该处 } DIF- \text{ 该处 } DEA ）\times 2$$

在常见的炒股软件中，MACD 的 3 个指标通常都在同一图形上，如图 6-1 所示。

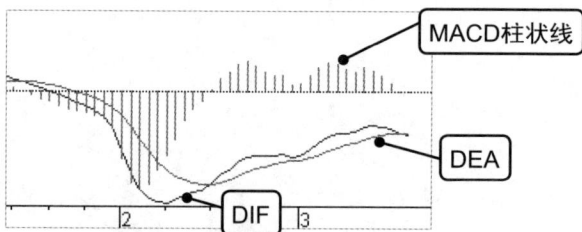

图 6-1　MACD 指标在炒股软件中的效果

当 MACD 柱状线从负数转向正数，是买进的信号；当 MACD 柱状线从正数转向负数，是卖出的信号；当 MACD 柱状线增幅加大，表示快的移动平均线和慢的移动平均线的差距快速地拉开，代表了一个市场大趋势的转变。

拓展知识 *指数平均数指标*

EMA（Exponential Moving Average）即指数平均数指标，也叫 EXPMA 指标，它也是一种趋向类指标，是以指数式递减加权的移动平均。各数值的加权是随时间而呈指数式递减，越近期的数据加权越重，但较旧的数据也给予一定的权重。

实例分析

中远海能（600026）

MACD 指标主要应用于短线操作，特别适合在缓慢上涨过程中的阶段性买卖操作中应用。

图 6-2 所示为中远海能 2019 年 7 月至 2020 年 1 月的 K 线走势。

图 6-2　中远海能 2019 年 7 月至 2020 年 1 月的 K 线走势

从图中可以看到，这段时间股价波动变化较大，对应的 MACD 指标柱状线也出现非常明显的波动。MACD 的波动，柱状线在正负值之间的变换，给股民提供一个买卖股票参考的时间，让股民可以采用灵活的低买高卖的方法，获得一定的利润。

MACD 从负值向正值转变的时间为 8 月 19 日，按照 MACD 柱状线的含义，理论上当日应该是最佳买入时间。

但是，我们通过 MACD 指标的柱状线可以发现，随着时间向 8 月 19 日推进，柱状线的数值逐步开始向水平 0 值靠近，选择一个接近 0 值的时间买入，如 8 月 16 日，获利更为丰厚。

股民按照这种思路，在 MACD 又出现一个从负值向正值转换的时间点买进，例如在 11 月 19 日买进，以后可能会获利，但是，此时股价已经上涨几天时间，如果股民能够结合 K 线图，选择在 11 月 15 日的底部十字星出现后的 18 日买进，那么盈利还将增加不少。

从 MACD 理论来看以上两个时间点，是非常好的，但是，在实际操作中，该理论也有一定的局限性。

所以，在买股票的时候，股民必须结合 K 线图和分时走势图进行综合判断，单独依靠一个指标进行买股，风险还是比较高。

另外，即使股民没有买到最低点，次低价也是不错的买点，毕竟无人能预测股价的最低点。

炒股技巧第 51 招：上穿突破，趁机买入

MACD 指标是最常用的短线买卖股票的指标，股民在使用该指标进行股票买卖操作时，不要过于依赖理论，要综合应用该指标进行判断。

如果股价处于下行通道，股民最好继续等待，在 K 线图、成交量和分时走势图三者均出现明显上涨走势后再进入，这才是比较安全的做法。

特别是在成交量出现明显不利情况下，分时走势图也预示庄家开始撤

离时，即使 MACD 指标强烈暗示股民买入，股民也要以成交量和分时走势图为主要判断依据，切莫盲目相信 MACD 指标。

当然，如果股价处于上涨通道，股民严格按照 MACD 指标的指示买入股票，也能获得一定利润，只是没有能灵活应用该指标的股民盈利多而已。

二、下穿中值，后市危险：MACD 卖股

按照 MACD 理论，当 MACD 柱状线数值从正数向负数穿越时，是短期卖出的信号。正如前面笔者所介绍的，股民最好结合 K 线图和成交量等相关指标综合判断，不能过于相信单个指标，毕竟，MACD 值只是收盘价的一个表现，和盘中走势、开盘价和成交量等关键因素没有任何关系。

这就是 MACD 技术指标的一个局限，而且该技术指标由于注重收盘价，有时候庄家为了引诱散户上当，会在一段时间内利用资金控制收盘价的波动范围，将 MACD 值控制在想要的范围内，这样更能迷惑以技术指标为主的散户投资者。

拓展知识 *技术指标只能作为参考*

大部分技术指标在股市实战中只能作为一个参考，其实道理很简单，如果技术指标能够准确预测后市走势，那么人们就不用自己去分析市场，仅用电脑和固定交易程序进行交易即可。

实例分析

浙江广厦（600052）

图 6-3 所示为浙江广厦在 2019 年 8 月至 11 月的 K 线图走势，从整个

走势图中，我们发现股价波动范围很宽，这就造成 MACD 指标的柱状线也出现多次波动。

其中，在 9 月 24 日出现正值向负值转变，但是，从图上我们发现这里的转变点并不是最佳的卖点。

图 6-3　浙江广厦 2019 年 8 月有至 11 月的 K 线走势

那么，股民应该如何判断最佳的卖出点呢？这个时候我们就要借助其他指标进行判断。

首先我们观察 9 月 24 日之前的 MACD 柱状线，如图 6-4 所示，从 8 月下旬起，MACD 数值就开始进入正值区域，到 9 月 11 日，MACD 指标到达最大值，随后 9 月 12 日出现下降的趋势。

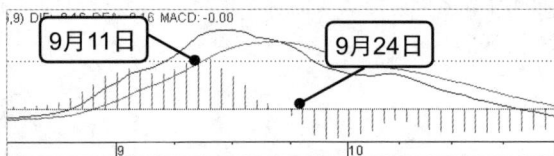

图 6-4　浙江广厦 MACD 走势图

其次，关注 9 月 12 日的分时走势图，如图 6-5 所示，从图中可以发现当日股价低开低走，盘中卖方占据优势，买方虽然小幅反弹想要拉升，但很快便被打压下去，并且全天股价大部分时间都在均价线下方运行，说明后市继续下跌的可能性较大。

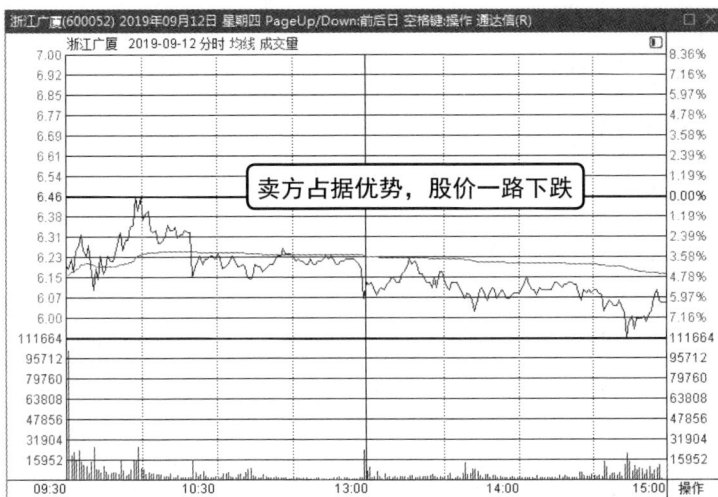

图6-5　浙江广厦2019年9月12日的分时图

所以综合来看，后市下跌的概率非常高。股民可以选择在9月12日股价反弹的时候伺机离场，虽然没有赚到足够多的利润，但落袋为安也是不错的选择。

炒股技巧第52招：下穿中值，后市危险

MACD指标在指导股民卖出股票时，下穿中值是一个非常明显的卖出信号，如果股民不提前卖出，后市走势可能"凶多吉少"。因为无论从市场短期的技术回调还是市场心态来看，股价走高后，获利离场的股民增加，股价下跌的风险也逐步增加，这就是MACD指标的使用价值。

但是，散户投资者在卖出股票时，也必须多观察，不能绝对相信这种技术指标反映的信息，只能作为参考，这是笔者的经验之谈。

三、底部金叉，送金送银：KDJ 指标买股

KDJ（Stochastic Oscillator）是随机摆动指标，简称为随机指标，由乔治·莱恩首创，主要有 %K 线和 %D 线两个关键参数，%K 线是主线，简称 K 线，%D 线是辅线，简称 D 线。两条线的公式如下：

%K=（今日收盘价—N 个交易日的最低价）/（N 个交易日内的最高价—N 个交易日的最低价）×100

%D=M 个交易日内 %K 线值的平均数

在日常股票交易中，增加了一条 J 线，J 线主要是反映 %K 线和 %D 线之间的偏离度，其计算公式为：

J=%K×3−%D×2

常见的随机摆动指标如图 6-6 所示，图中除了 3 条线，还有每条线对应的数值和周期数，左上角的 KDJ（9,3,3）表示 K 线的 N 值为 9，以 3 天为周期计算平均值，D 线以 3 天为周期计算 K 值平均值，J 值无周期定义。

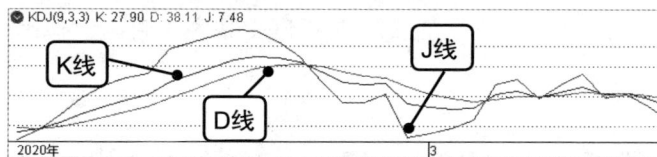

图 6-6　随机摆动指标走势图

随机摆动指标的主要应用技巧如下：

◆ 当随机摆动指标 K 线或者 D 线跌破到 20 以下，开始向上反弹时可以选择买入；如果 K 线和 D 线升至 80 以上，开始出现下穿时，为卖出时机。

◆ 当 K 线升至 D 线之上时俗称金叉，可以买入；如果 K 线从上向下穿越 D 线时，俗称死叉，可以卖出。

◆ 如果价格创出一系列新高，而随机指标未能超过前期高点，这种
情况就是所谓的背离，预示后市可能出现下跌的迹象。反之亦然。

随机摆动指标在国内主要是作为短线操作技巧，正如之前的 MACD
指标，随机摆动指标也只是关注每日收盘价，和全天的走势是完全没有关
联的，这就要求股民必须灵活应用该指标来买卖股票，而不能完全依赖该
指标。

拓展知识 *KDJ 和慢速 KDJ*

大多数炒股软件中都有两个 KDJ 指标，一个是 KDJ 指标，另外一个是慢速
KDJ 指标。顾名思义，慢速 KDJ 的反应速度更为缓慢，对于操作中线的股民，慢
速 KDJ 更加适合用于选择股票的买卖时机，而对于短线操作的股民，KDJ 是比较
合适的。

实例分析

*ST 长投（600119）

图 6-7 所示为 *ST 长投 2019 年 4 月至 7 月的 K 线走势。

图 6-7　*ST 长投 2019 年 4 月至 7 月的 K 线走势

从 K 线图上，我们可以发现 6 月 11 日 KDJ 指标中 K 线拐头上穿 D 线形成金叉后，3 线同时穿越 20 线，此时 K 线收出一根中阳线，与前面的十字星线和中阴线组成早晨之星形态，预示该股的走势将会呈现一个上涨的态势。股民此时可以在早晨之星形态出现后进场。

炒股技巧第 53 招：底部金叉，送金送银

买入信号要结合 K 线图来综合判断，说明 KDJ 和其他技术指标一样，只能作为参考，关键还是要靠 K 线图、成交量等来判断。特别是成交量和 K 线图出现相反信号时，要以成交量为最优先考虑的因素，其次是 K 线图，最后才是技术指标。

俗称的金叉其实是指股票行情指标的短期线向上穿越长期线的交叉，可将 K 线和 D 线相交作为金叉的标识。它具有很好的实用性和较高的准确性。

KDJ 的买入信号还有很多，对于初学者，笔者建议就按照比较稳妥和可靠的20线作为判断买入信号，其余关于KDJ的解释和判断只能作为参考，知道即可，不必过于深究。

四、高位死叉，果断出货：KDJ 指标卖股

KDJ 指标不仅能够提供买股的时间参考，同样也能提供卖股的时间参考，当 K 线和 D 线从上向下穿越 80 线时，可以看成一个卖出时间，具体何时卖出则要结合 K 线图、成交量和分时走势图来综合判断。

实例分析

东风科技（600081）

图6-8所示为东风科技在2019年2月至7月K线走势图，在4月18日，股价创出新高20.08元，此时的K线上下影线均较长，观察同期的KDJ指标，发现K线下穿D线形成死叉后运行到80线的下方，这种下穿80线就是卖出的信号，结合K线图，股民可以放心大胆的卖出该股票。

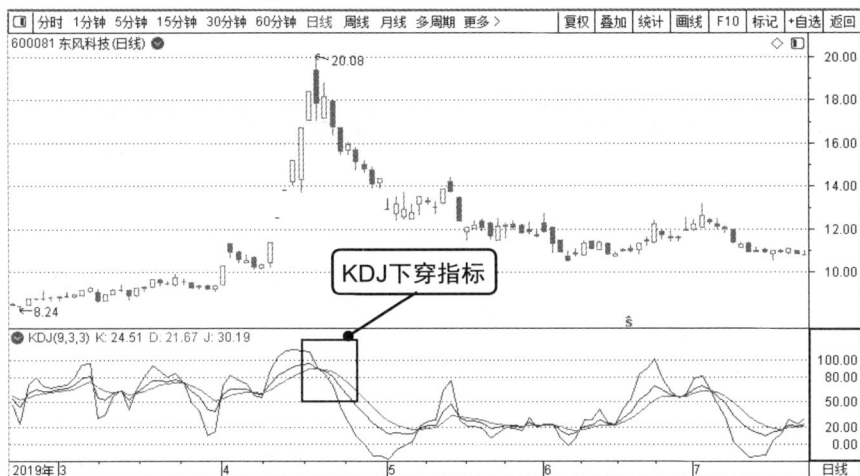

图6-8　东风科技2019年2月至7月的K线走势

炒股技巧第54招：高位死叉，果断出货

KDJ指标在反映买卖股价时非常实用。根据笔者的经验，股价处于高位时，KDJ的卖出信号准确度较高，但是处于较低价格的时候，KDJ卖出信号可能会让股民放走大牛股。

如何避免放走大牛股呢？其实股民在股价较低时，多采用慢速KDJ能够避免不必要的卖出，这样持股时间较长，获得大牛股的机会也相对较高。而股价在高位时，股民可以采用KDJ作为卖出辅助信号，特别是当KDJ出现高位死叉并且K线图中也出现明显的反转信号时，如黄昏星、倒锤形、刺透线等典型信号，应该果断卖出，即使后市可能出现反弹，也不要犹豫。

如果不相信 K 线图和辅助指标的提示，大部分股民都会被自己的贪婪所淹没，最终得不偿失。而且，KDJ 指标也只是一个反映收盘价的波动和偏离的信号，在机构实力强大的情况下，通过控制连续的收盘价，完全可以改变 KDJ 走势，形成诱导信号，这是股民要特别注意的陷阱。

五、底部上升，买入时机：威廉指标买股

威廉指标对技术派股民来说，是一个大名鼎鼎的技术指标。WR 指标全称是威廉姆斯 %R 指标（Williams %R），是度量超买 / 超卖水平的动量指标，由拉里·威廉斯发明。

WR 指标和随机摆动指标非常类似，主要是 %R 指标，其计算公式如下：

$$\%R = （N个交易日内最高价 - 当日收盘价）/（N个交易日内最高价$$
$$-N个交易日内最低价）\times（-100）$$

从公式上可以发现 %R 是一个负数，按照负数的定义，数值越大，其实际反映值越小，但在实际应用中，通常忽略负号，采用正值进行讨论。

在炒股软件中常见的 WR 指标如图 6-9 所示，图中一共两条线，分别表示 10 日和 6 日的两个 %R 线，左上角的 WR（10，6）就是定义两条线的周期，WR1 表示 10 日 %R 线的数值，WR2 表示 6 日 %R 线的数值，两条线只是不同周期的反映，反映两种不同周期的 WR 数值。

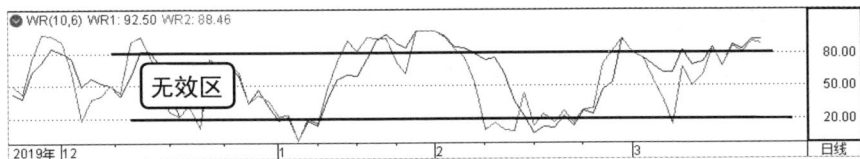

图 6-9　WR 指标示意图

两条线的数值在 80 到 100 之间，反映市场进入超卖状态，是股民可以买入的时机；而数值在 0 到 20 之间，反映市场进入超买状态，是股民可以卖出的时机。

实例分析

ST 明科（600091）

如图 6-10 所示，ST 明科在 2019 年 7 月至 12 月出现大幅波动，股价随着大盘的波动震荡剧烈，这种剧烈震荡的行情虽然不适合牛市中长期持股，但是，股民如果采用短线操作，操作得当也能追上牛市时的收益。

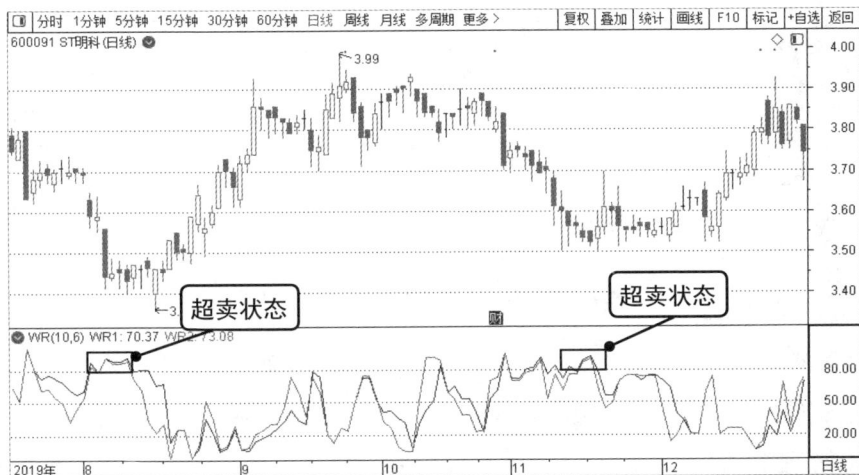

图 6-10　ST 明科 2019 年 7 月至 12 月的 K 线走势

此时，股民可以借助 WR 指标的提示信息，在股价波动过程中，低买高卖，如果再结合 K 线图等关键指标，正确买股还是很有把握的。

依据前述理论，WR 指标在 80 到 100 之间反映市场进入一个超卖区间，从图中我们发现其中两个时间段 WR 指标符合这个条件，分别是 8 月上旬和 11 月上旬。

在 8 月 11 日和 8 月 12 日，K 线出现明显的双针探底形态，说明股价触底，底部平台建立，WR 指标此时处于 80 线上的超卖区域，说明市场已经进入超卖状态，是一个买入的时机。再结合 K 线图，股民可以在股价出现明显上涨时买入。

同样的情况发生在 11 月上旬，K 线连续收出十多根阴线，致使股价下跌至 3.55 元附近，WR 指标又一次反弹到 80 到 100 之间，如图 6-11 所示。

图 6-11 ST 明科 2019 年 10 月至 12 月的 K 线走势

果然，WR 指标下穿 80 线后，虽然不是最佳的 WR 超卖区间，但从 K 线图的波动情况来看，股价在 3.5 元到 3.6 元之间形成一个窄幅震荡区间，在这个区间内，股民都可以伺机买入股票。但根据笔者经验，在成交量出现激增，股价开始冲击上面的阻力线时，才是最佳的买入时机，如果股民再耐心等待一两个交易日，会买到一个比较低的价格。

炒股技巧第 55 招：底部上升，买入时机

WR 指标和 KDJ 指标都是预示市场价格趋势的指标，判断方法几乎一样，两者不同之处主要在于反映的价格变化周期不同。WR 指标由于计算比较简单，周期较 KDJ 指标更短，所以，反映的是一种短期走势，作为短线股价从底部上升时买股的参考比较有用。

WR 指标和 KDJ 指标同样有相同的缺点，就是关键数据都只包括收盘价，无法对整个波动情况进行判断。所以，笔者建议，股民朋友在买股时，还是以 K 线图、成交量和分时走势图为依据，把 WR 指标作为辅助判断，这样才可能获得更高的盈利，同时，也要注意防止高价位 WR 指标失效的风险。

六、顶部下降，卖出时机：威廉指标卖股

WR 指标同样也能在卖股中提供一定的参考信息。按照 WR 指标的应用理论，当指标在 0 到 20 之间，属于市场超买区间，股民此时可以卖出股票，避免后市下跌导致收益缩水。

实例分析
ST 创兴（600193）

图 6-12 所示为 ST 创兴在 2019 年 7 月至 2020 年 2 月的 K 线走势，在这段时间内，股价出现典型的震荡走势，在两轮上涨下跌中，WR 指标两次下跌到 0 到 20 之间，这两个时间段正好给股民提供比较准确的卖股时间参考。

图 6-12　ST 创兴 2019 年 7 月至 2020 年 2 月的 K 线走势

WR 指标在 7 月 23 日至 31 日之间处于 0 至 20，如图 6-13 所示，我们发现该股见顶的高位 K 线为一根长上影线的阳线，并且之前出现过连续两根大阳线急涨态势，这次上涨可能会触顶下行，所以股民可以在 7 月 31 日左右卖出股票是比较理智的。

图 6-13　ST 创兴 2019 年 7 月至 9 月的 K 线走势

同样的情况发生在 11 月 26 日和 12 月 27 日，这段时间 WR 指标一直处于低位状态，股价出现单边上行的走势，随着成交量不断放大，该股缓慢而稳健地走高，此时 WR 指标一直在 0 至 20 徘徊，如图 6-14 所示。

此时，股民就不能单纯依靠 WR 指标进行卖出判断，而要借助 K 线图来判断。从 K 线图上看，到 12 月 25 日出现一根带长上影线的阳线时，股民就要随时注意减持，因为此时已经突破前一段时间的阻力线，下跌概率增加，股民减持时间可以选择当 WR 指标上穿 20 线时，即 12 月 25 日至 27 日这 3 个交易日。

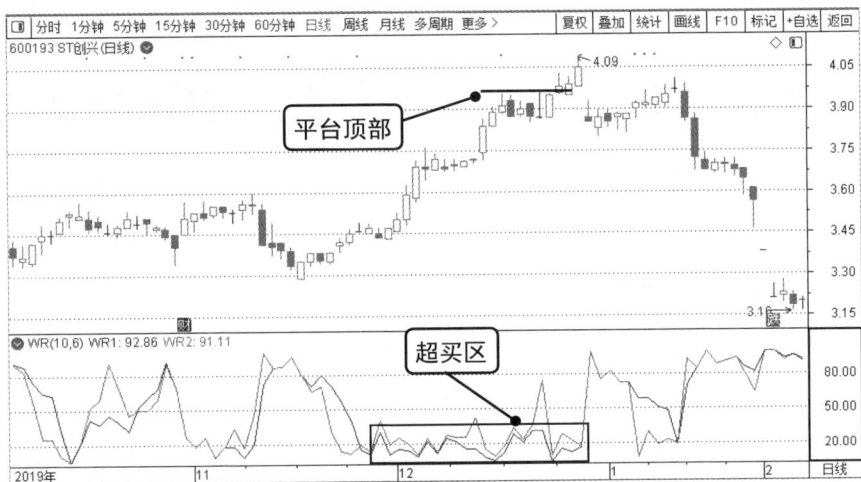

图 6-14　ST 创兴 2019 年 10 月至 2020 年 2 月的 K 线走势

炒股技巧第 56 招：顶部下降，卖出时机

当股价开始创出新高时，且 WR 指标预示股票已经进入一个超买区间，股民就要伺机逃离，至于更精确的时间，股民就要结合 K 线图、成交量和分时走势图进行判断。

WR 指标也有局限性，所以，股民即使没有在最高股价附近卖出股票，也不用怀疑 WR 指标的正确性，这都是该指标允许的差错范围。只要能够帮助股民盈利，保证在股价大幅下跌之前及时逃离，就是一个成功的指标。

拓展知识 *技术指标的局限性*

大多数技术指标都只考虑股价的走势，但是，这种预测的准确性时常难以保证，这不是股民判断失误，而是技术指标的不完善和市场失效性造成的，其中后者是最主要因素。所以，股民在考察买卖股票时机时，具有一定的赌博性，但是，仔细分析和综合应用技术指标还是可以提高股民盈利的胜算的。

七、低位破底，上涨临近：布林指标买股

布林指标也是股民经常使用的一个指标，也称为布林带，由约翰·布林发明。布林指标是按照与移动平均数的标准离差水平，在移动平均线的上面和下面画出的两根轨迹，两根轨迹之间的带状空间就是布林带。布林带随着股价波动幅度增大而变宽，反之则变窄。

在实际使用过程中，布林带由 3 条线构成，中间一条线是一条简单的移动平均线，计算公式为：

$$中间线 = N 天收盘价平均值$$

上面一条线主要反映股票价格偏离中间线的标准离差上限，计算公式为：

$$上线 = N 天中间线 + 2 \times （N 天股价和中间线两者的标准离差）$$

下面一条线主要反映股票价格偏离中间线的标准离差下限，计算公式为：

$$下线 = N 天中间线 - 2 \times （N 天股价和中间线两者的标准离差）$$

常见炒股软件的布林带图形如图 6-15 所示，其中，BOLL（20）表示

布林带计算数据以 20 个交易日为周期计算，UB 表示今日对应的上线价格，LB 表示今日对应的下线价格，中间的短竖线就是每一日的股价。

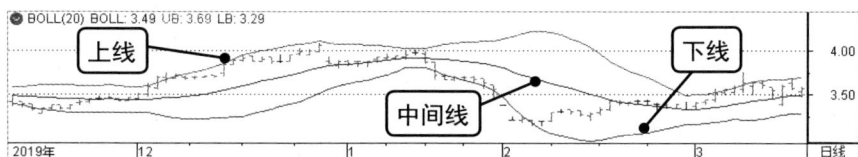

图 6-15　布林带走势图

布林带主要是反映股价波动的剧烈程度，其具体的使用方法如下：

◆　当股价波动减缓，布林带变窄时，股价波动可能发生改变。

◆　当价格突破布林带的区间时，意味着股价单边趋势将持续。

◆　如果股价从布林带内部向外部突破时，意味着股价趋势将要反转。

◆　活跃的股票价格总是趋于波动性，在窄带和宽带之间转换。

从以上几点我们可以发现，如果股价跌破布林带下线，说明单边下跌趋势可能还要继续，直到股价从下边外部向内部转移时，股价下跌的态势才可能停止，重新恢复盘整或者上行的走势，这时才是短线股民进场的好时机。

实例分析

瀚叶股份（600226）

图 6-16 所示为瀚叶股份在 2019 年 7 月至 12 月的 K 线走势。从图中可以看到股价出现上下起伏的状态，波动幅度较大，股民何时买股成为一个比较棘手的问题。此时，利用布林带分析能够得出一个比较准确的买股时间判断。我们发现股价在这段时间中，两次跌破布林带的下线后再上穿下线，每一次上穿都是一个买入的机会，如果把握得当，股民的盈利还是很丰厚的。

图 6-16　瀚叶股份 2019 年 7 月至 12 月的 K 线走势

　　第一次股价跌破布林带下线是在 8 月 6 日。在这之前，股价已经连续下跌一段时间了，股民此时已经感觉股价应该止跌，但具体时间不能确认，直到 8 月 6 日，股价下跌到 2.6 元附近，跌破布林带下线，预示该下跌可能持续，股民当日不能选择购入。8 月 8 日，股价恢复到布林带以内，预示股价下跌态势即将反转，应立即买入。

　　第二次股价跌破布林带下线是在 11 月 28 日，当日股价跳空低开跌停板收出带长上影线的阴线，随后在 12 月 2 日，股价跳空低开后快速拉升，期间出现多次大量买单买进拉升股价的走势，股价全天几乎都在均价线上运行，买方优势明显，说明卖方势能耗尽，后市可能上涨。此时股民可以考虑买进。

炒股技巧第 57 招：低位破底，上涨临近

　　在使用布林带买股票时，主要是看其股价是否跌破布林带下线，当股价跌破布林带下线时，股民即可等待股价重新返回到布林带内部后，再结合 K 线图择机买入。在这种情况下，股民买入股票的价格才是比较便宜和

安全的。

如果遇到大盘整体形式不好，股民也不要过于相信布林带的信号，直到大盘稳定后，股价处于低位时，股民才能依据布林带进行买股操作，否则会陷入技术指标的陷阱中。

八、触及上线，受阻回落：布林指标卖股

上一例我们介绍了布林带买股技巧，本例我们将介绍如何应用布林线进行卖股，按照布林线的应用方法，我们知道布林线的上线对股价有压力作用，在上涨途中出现股价触及上线，行情可能进入阶段性的回调整理；但是在大幅上涨后期，如果股价触及布林线的上线，尤其在股价未穿破上线便回落，就说明上涨行情结束，股民应果断卖出股票。

当然，这种判断也不是完全有效，股民必须结合其他指标进行综合判断，否则会发现自己卖出的股票随后出现大幅拉升，经常后悔不已。

实例分析
号百控股（600640）

图 6-17 所示为号百控股在 2019 年 8 月至 2020 年 1 月之间走出的一段漂亮的单边上涨走势，股价上涨超过 170%，利润十分可观。

股民在这轮上涨过程中，随时都在担心股价会出现下行的趋势，处于高度紧张的状态，但是，如果股民采用布林带分析，就能够较好地判断这轮上涨的卖出点，尽量获得最大利润。

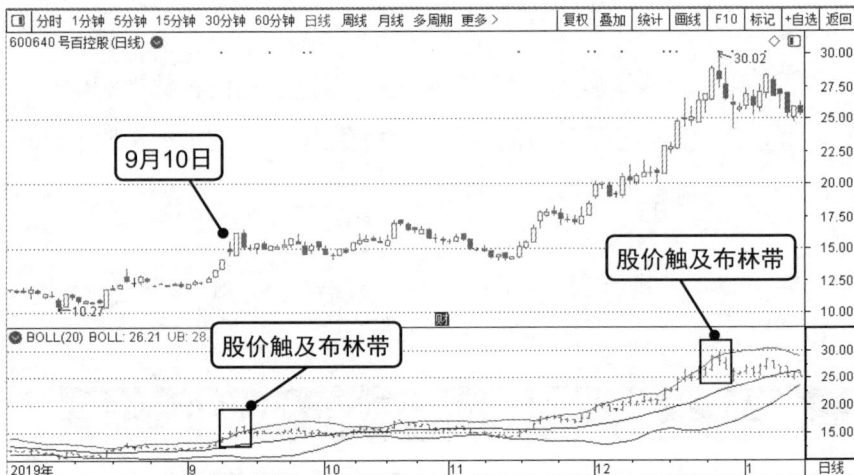

图 6-17　号百控股 2019 年 8 月至 2020 年 1 月的 K 线走势

在布林带的走势图上，我们可以发现在上涨过程中有两次股价明显接触布林带上线并试图上穿但受阻的情况，第一次时间在 9 月 10 日，当日形成一个高开低走之势，形成一个明显的阴线。我们可以看到，9 月 10 日之前股价大幅向上拉升，K 线形成前进三兵形态，说明此时的阴线是为了后期拉升而做的调整，如图 6-18 所示。

图 6-18　号百控股 2019 年 6 月至 9 月的 K 线走势

果然，股价始终受到布林带上线的压制并向下运行，同时期 K 线在高位短期盘整，之后股价又开始逐步上行。

第二次接触布林带时间发生在 12 月 26 日，股价低开高走，随后遭到空头打压一路走低，形成一根带长上影线的阴线，说明上方压力较大，股价上涨受阻，没有有效突破布林带上线。且 12 月 24 日出现上吊线，这是股价见顶的信号，结合布林线信号，可以预判股价后市走跌，如图 6-19 所示。

图 6-19　号百控股 2019 年 10 月至 2020 年 3 月的 K 线走势

炒股技巧第 58 招：触及上线，受阻回落

从上例中，股民能够体会到布林指标只能作为一个辅助指标帮助股民判断股票买卖时间，而更加准确的时间必须依靠 K 线图来综合判断。如果完全依靠该指标进行股票买卖，股民将会损失接近 1/3 的利润。

对于布林带，笔者建议还是持谨慎态度，不能完全相信。当然，股民也不要为提前出局感到懊悔，毕竟盈利的机会还有很多。

九、向下突破，涨势凶猛：顺势指标买股

顺势指标也是一个比较常用的指标，其全称为商品路径指标（Commodity Channel Index，简称 CCI 指标），20 世纪 80 年代由唐纳德·兰伯特发明。

顺势指标主要反映股价与其平均价格的偏离度，如果股价高于之前平均价格过多，顺势指标数值就会很高；反之，如果股价低于之前的平均价格，顺势指标会较小。

顺势指标公式如下：

当日基准值＝（当日最高价＋当日最低价＋当日收盘价）/3

顺势指标＝（当日基准值－N 日内基准值平均数）／ 0.015×N 日内基准值标准离差

常见的炒股软件中，顺势指标的图形如图 6-20 所示，是一根简单的曲线，其中 CCI（14）表示当前选择的周期为 14 个交易日，CCI:-94.94，说明今日 CCI 指数为 -94.94。

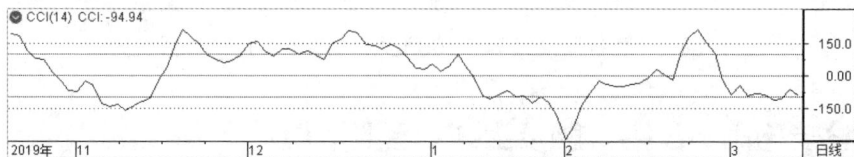

图 6-20　顺势指标示意图

顺势指标的使用方法如下：

◆　如果顺势指标逐步走高,超过100时,说明股价已经偏离均值较远,股民要考虑下跌的风险，随时准备逃离。

◆　如果顺势指标逐步下跌到负值，低于 -100 时，说明股价已经偏离均值，低于平均价格，此时是一个比较合理的买入时机。

◆ 如果股价创出新高，而 CCI 未能超过前期高点的时候，说明股价可能引来一个回调的下跌，即所谓的背离情况。

◆ 如果股价出现连续下跌，大盘受到消息面影响，此时 CCI 就会失去预测功能，当大盘止跌、底部盘整时，才能运用 CCI 进行预测。

实例分析

中国长城（000066）

如图 6-21 所示，中国长城的股价在 2019 年 8 月下跌至 8.2 元后止跌企稳，随后一路向上拉升，涨至 16.5 元附近。

这种波动虽然不会像牛股一样陡升陡降，但是该股的波动已经超过 100%，如果股民能够抓住其中的波动态势，低买高卖，盈利也是非常可观的。

图 6-21　中国长城 2019 年 7 月至 12 月的 K 线走势

8 月初，顺势指标跌入到 −100 以下，按照顺势指标的应用方法，此时是一个比较合理的买入阶段，股民可以在 8 元附近买入该股。

拓展知识 *全年收益和交易次数的关系*

　　许多股市的常胜将军在谈及收益和交易次数的关系这个问题时，都说自己的盈利同全年交易次数成反向关系，有些股民一年只作几次交易，但是利润往往是非常高的。原因很简单，交易次数越少，持股时间越久，盈利的机会将会提高。当然，前提必须是持有优质的股票。

炒股技巧第 59 招：向下突破，涨势凶猛

　　顺势指标在股票偏离平均价格的一定范围内，能够很好地预测买入价格。其实原理很简单，当股价低于平均价格时，按照股价波动的原则，股票一定会回归到均线附近，加上市场的反弹和可能受到的市场追捧，股价会高于均线一定范围，这一高一低之间的差距就是股民的利润。

　　但是，正如笔者之前所说，当遭遇不可预测的政策影响或者受到上市公司本身严重亏损等不利消息影响时，股价会严重下跌，而顺势指标也会明显下挫，这种情况就不是购入的最佳时机。

　　还有一种情况就是股价过高，严重偏离其合理的价位时，庄家在高位控制股价来回波动，只要跌破盘整平台底部，顺势指标也会明显低于 −100，股民此时也不要贸然买入，因为后市的风险非常大，买入可能会被深套。

十、向上突破，跌势不远：顺势指标卖股

　　顺势指标当然也能指导股民在何时卖出股票，按照顺势指标的应用方法，如果顺势指标的数值高于 100，那么说明股价已经高于均价，这时股民要做好卖出的准备。更进一步，如果顺势指标的数值高于 200，说明股价已经非常高了，底部获利的股民已经开始逐步离场，此时持股的股民应

该坚决卖出股票，落袋为安。

实例分析

紫光学大（000526）

如图 6-22 所示，紫光学大在 2019 年 6 月至 11 月之间，股价出现单边上涨走势，在这次上涨过程中，股民何时卖出股票，是一个比较头疼的问题。

在 10 月 15 日，股价跳空上涨，此时股价较前期上涨幅度超过 50%，已经明显偏离均价，此时股民可以适当卖出股票。在 10 月 28 日，顺势指标又一次上涨到 200 以上，此时是该指标在短期内第二次预示卖出，股民应该毫不犹豫地卖出该股票，空仓等待。

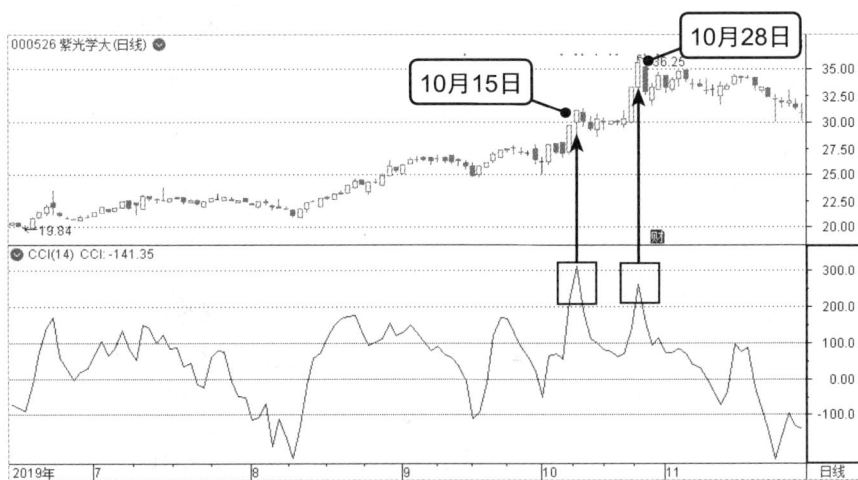

图 6-22　紫光学大 2019 年 6 月至 11 月的 K 线走势

为什么第一次顺势指标上冲到 200 点附近卖出后，股价还会继续上涨？按照该指标的定义，只能通过其判断出股价是否偏离之前一段时间的平均价，无法对后市的走势进行准确判断，但我们可以结合其他指标进行判断，如 K 线图。在 10 月 15 日后，股价出现小幅下挫，但是并没有明显跌破 15 日的开盘价，从这一点来看，股民可以继续持有剩下的股票，等待后面上冲的机会。

拓展知识 *顺势指标失效的情况*

　　顺势指标同之前介绍的大部分技术指标一样，对于市场的长期牛市和熊市无法做
到100%的判断，这种情况不仅仅是指标自身的问题，也是市场失效造成的。所以，
股民不用过于相信指标的判断，最重要的判断依据仍是股民自身心态和历史经验。

炒股技巧第 60 招：向上突破，跌势不远

　　通过本例的介绍，股民可以感觉到顺势指标在判断卖股的时间上是比
较准确的，但是，也会出现失效的情况。结合自身在股市的实践，笔者认
为该指标对于选择合适的低价位股票卖股时间和价格上有一定的帮助，成
功的次数较多。

　　同样，顺势指标在牛市单边上涨的过程中，容易让股民提前卖出股票。
根据笔者的经验，对于低价位股票，在顺势指标上冲到 100 时，股民不要
慌张"出逃"，可以伺机等待一两个交易日，待情况稳定后再作决定，这
样也不会过早抛售股票。而对于高价位股票，在顺势指标发出卖股信号时，
股民可以完全按照指标的指示进行卖股。

　　在股价处于盘整过程中时，如果股民不擅长运用 K 线图的支撑线和阻
力线，顺势指标可以作为一个辅助判断。当股价低于支撑线，顺势指标一
般都低于 –100，是一个买入信号；反之，股价突破阻力线，顺势指标大多
数时候都高于 100，是一个卖出信号。股民简单地根据顺势指标进行买卖，
也能获小利。

十一、向上穿越，潜龙升天：动量指标买股

　　前面多个指标都是按照固定参数值判断股票的买卖点，这种方法

的好处是比较简单。本例我们将介绍比较复杂的一个指标——动量指标（Momentum Inder），该指标的使用比较复杂，但是更为灵活，对于短线操作者，实用性更大。

动量指标主要度量在给定时间内证券价格的变化量。国内大部分动量指标主要是通过当日收盘价和 N 个周期内收盘价的平均值之差计算而得，其具体公式如下：

动量指标＝当天收盘价 － N 日内收盘价平均值

国内的炒股软件中动量指标常常以动量线（MTM）表示，如图 6-23 所示，图中"MTM（12,6）"表示两根动量线的周期分别为 12 日和 6 日；"MTM:0.31"表示该日的收盘价和 12 日内收盘价平均值相差 0.31 元；"MTMMA:0.33"表示 6 日内 MTM 的平均值。

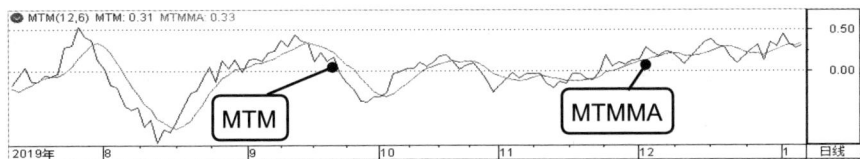

图 6-23　动量线示意图

动量指标的使用方法如下：

◆ MTM 线到达底部，并开始大幅度上突破 MTMMA 线时，是买入信号；如果 MTM 线到达顶部，并开始大幅度向下跌破 MTMMA 线时，是卖出信号。

◆ 当股价持续走高，而 MTM 线并没有继续向上，说明市场力量不足，可能出现反转走势；当股价持续走低，而 MTM 线并没有继续向下，说明市场卖空力量减弱，后市上涨的机会较大。

◆ 股价与 MTM 线在低位同步上升将有反弹行情；股价与 MTM 线在高位同步下降将有回落走势。

◆ 如果成交量和 K 线图预示的情况同 MTM 指标出现矛盾，以 K 线图
和成交量为主。

动量指标主要关注收盘价短期和长期相互变化的关系，股民利用这种
短期和长期交错变化的过程，即 MTM 线和 MTMMA 线多次出现上下穿
越的情况来买卖股票，在震荡走势中采用波段操作，也是一种盈利的方法。

实例分析

莱茵体育（000558）

如图 6-24 所示，莱茵体育在 2019 年 4 月出现一波大幅下跌的走势，
在这个过程中，MTM 线开始逐步偏离 MTMMA 线，两者一直没有相交。
随着股价下跌到 4 元附近，即在 4 月 19 日时，MTM 线上穿 MTMMA
线，但仅仅 4 个交易日，MTM 线便向下穿越 MTMMA 线并逐步偏离
MTMMA 线。且在 4 月 19 日 MTM 线上穿 MTMMA 线期间，股价继续下跌，
说明跌势并没有结束，而上穿也没有大幅穿越，按照动量指标的使用方法，
这一次上穿不是合理的买入点。

图 6-24　莱茵体育 2019 年 3 月至 8 月的 K 线走势

果然，股价继续下挫，当股价跌至 3.5 元附近时止跌，此时 MTM 线再次上穿 MTMMA 线，并大幅度向上突破 MTMMA 线。这种情况表示股价开始在底部出现平台，股民可以持续关注该股的走势。

从 5 月 14 日开始，该股结束底部盘整过程，出现一根低开高走的中阳线。从市场面分析，买方已经开始进场，而 MTM 线上穿 MTMMA 线后也开始出现偏离 MTMMA 线的走势，14 日中阳线拉升股价，MTM 线逐步走高，明显高于 MTMMA 线，这时才是股民进场的最佳时机。股民可以选择在 5 月 14 日，在 3.6 元附近买入一部分，尽管股价随后上涨达 14%，由于此时的上涨是下跌途中的一次反弹，行情仍然处于下跌通道中，股民应短线操作，见好就收，锁定利益。

炒股技巧第 61 招：向上穿越，潜龙升天

动量线买股方法较之前的方法，最大的一个不同就在于需要寻找合适的交叉点。由于动量线在股价剧烈波动时会多次出现交叉，如何判断哪些交叉是真正的买点是比较头疼的，因为这没有一个明确的标准。如果仅仅按照 MTM 线上穿 MTMMA 线就买入，股民无疑会多交些印花税，盈利反而不多。

根据笔者的经验，只有当 MTM 线长期偏离 MTMMA 线，出现触底反弹时才可买入，由于此时股价也处于一个较低位置，这时上穿发生，才是买入的最佳时机。而且为了提高准确性，股民要结合 K 线图和成交量综合判断。

拓展知识 *金叉由来*

金叉是反映两种不同周期线的交叉，如 MACD 指标中的 DIF 线和 DEA 线，KDJ 指标中的 D 线和 K 线，只要能够预示后市上涨的交叉都可以称为金叉，而不是固定指标所特有的称谓。

十二、跌破均线，亢龙有悔：动量指标卖股

前面我们介绍了动量指标的金叉，而事物都有对立的一面，在动量指标中，如果出现让股民亏欠的交叉，这个就是死叉。死叉出现后，股民要择机逃离。

实例分析

国城矿业（000688）

如图 6-25 所示，国城矿业在 2019 年 4 月中旬至 5 月出现了一波小幅上扬。4 月下旬时，股价上涨到 13 元附近后横盘，但是动量指标 MTM 线并没有和 MTMMA 线相交。

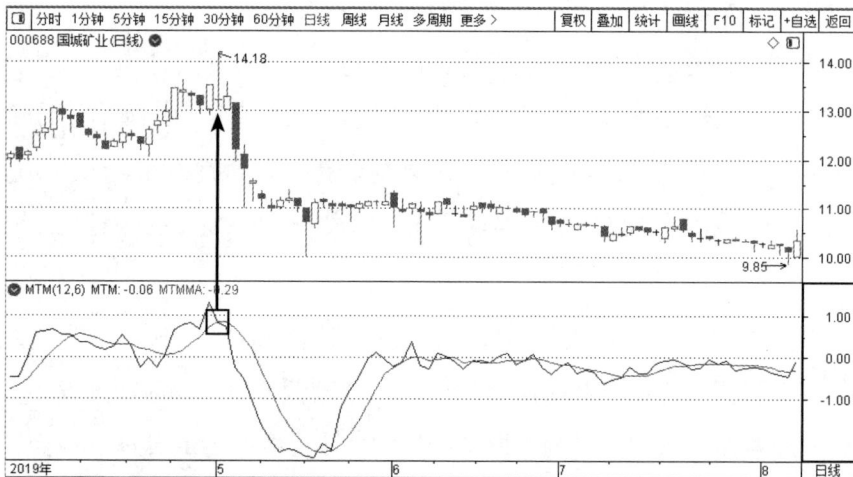

图 6-25　国城矿业 2019 年 4 月至 8 月的 K 线走势

5 月 6 日，MTM 线终于在高位出现下跌，和 MTMMA 线相交，形成死叉，此时我们发现 K 线图是一个十字星形状，上影线明显长于下影线，再加上前一日的大阳线，形成一个阳孕阴的组合。综上所述，可以判断距该股出现新一轮下跌的时间已经不远，股民应该坚决卖出股票。

炒股技巧第 62 招：跌破均线，亢龙有悔

在上例中，股民能够感觉到通过动量线卖股比买股更具有挑战性，在动量指标的 MTM 线跌破 MTMMA 线形成死叉时，不一定是卖股的最佳时机，此时必须结合成交量进行综合判断。

在动量线卖股过程中，股民如果提前卖出股票，也不要为自己的操作而后悔，可以通过选择其他的股票来弥补自己的损失，毕竟股市中机会每天都存在。

拓展知识 *股市不仅要止损，也要止盈*

股市中，任何股民都清楚下跌行情中及时卖出股票，保住本金的道理，同样股民也要熟悉止盈的理念。有时候，股价会出现连续拉升的态势，在短期内能够突破多日阻力线，甚至一举突破半年阻力线。这些情况发生后，股民应该立刻进行止盈操作，因为股价在飞速上涨的过程中，必然出现大量的卖单，此时，买方势力已经逐渐消耗，股价随时都可能出现技术性回调，股民此时已经盈利丰厚，可以适当地规避风险，落袋为安。这样不仅能够降低风险，也有多余资金投资其他股票，一举两得。

十三、向线抬头，蓄势待发：动向指标买股

在介绍完动量指标后，我们再来学习一个更复杂的指标——动向指标（Directional Movement Index）。

动向指标的作用是帮助股民确定某些股票是否处于上涨趋势或者下跌趋势中，由威尔斯·威尔德发明。该指标计算公式过于复杂，本处就不详细说明。下面为构成该指标的 5 个不同部分：

- ◆ 正向指标（"＋DI"）

- ◆ 负向指标（"－DI"）

- ◆ 动向指标（"DX"）

- ◆ 平均动向指标（"ADX"）

- ◆ 平均动向指标等级（"ADXR"）

国内大部分炒股软件中都有该指标（当然各种曲线都有自己的颜色，本书无法体现其效果，请读者借助软件进行区分），如图 6-26 所示。其中 DMI（14，6）表示计算动向指标的周期为 14 日，平均动向指标的平均周期为 6 日；PDI:16.89 表示 14 个交易日的正向指标为 16.89；MDI:15.85 表示 14 个交易日负向指标为 15.85；ADX:25.28 表示 6 日内动向指数的平均数为 25.28；ADXR:44.72 表示 6 日内平均动向指数（ADX）的指数等级为 44.72。

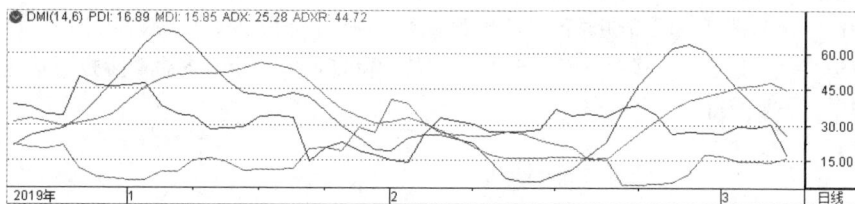

图 6-26　动向指标示意图

在市场行情趋于明显时，才能使用动向指标，具体使用方法如下。

- ◆ PDI 线从下向上突破 MDI 线时，表示新多头进场，股民可以伺机买入；反之，当 PDI 从上向下跌破 MDI 线时，空头开始发力，应该作为卖出信号。

- ◆ ADX 线持续向上运行，说明市场行情可能继续保持原样；如果 ADX 线下跌明显，说明市场转换趋势的可能性增强。

- ◆ ADX 线下跌到 20 以下，且开始横向运行时，说明市场多半将进入盘整阶段。

◆ 当 ADXR 线在 20 以下时，不要再根据动向指标进行买卖判断，因
为该指标已经失效，直到 ADXR 线上穿到 25 以上时，动向指标恢
复判断效力，股民才可继续依据该指标进行买卖判断。

实例分析

老板电器（002508）

图 6-27 所示为老板电器 2018 年 9 月至 2019 年 4 月的 K 线走势。

图 6-27　老板电器 2018 年 9 月至 2019 年 4 月的 K 线走势

从图中可以看到，该股在 2018 年 10 月至 2019 年 1 月期间，股价在
20 元价位线上横盘调整。2019 年 1 月初，K 线连续 5 连阴下挫股价，随后
K 线收出一根大阳线止跌，1 月 9 日，该股出现高开高走强势拉升股价的
走势。

观察 DMI 指标发现，PDI 线从下向上突破 MDI 线，并持续向上运行，
说明市场内有新主力进场，投资者可以伺机买入。当然，对于稳健的投资者，
可以耐心等待，待股价向上运行突破 22 元阻力位时再入场。

果然，该股股价在 20 元短暂整理后向上运行，股价毫不犹豫，一鼓
作气上涨到 35 元，购买该股的任何股民都会为之欢呼。

炒股技巧第 63 招：向线抬头，蓄势待发

动向指标是一个非常复杂的判断指标，该指标中也有类似动量指标的金叉和死叉的定义，股民在应用过程中，必须注意一个关键的前提：ADXR 值必须在 20 以上，最好在 25 以上时，才能信赖动向指标的买入和卖出信号，否则可能会被不准确的指标误导，过早买入股票。

十四、向线低头，大势已去：动向指标卖股

同样道理，当 PDI 线下穿 MDI 线时，只要价格已经较大偏离之前价格，结合 K 线图的判断，股民就可以选择适当的机会卖出股票，而且，动向指标通常能提前预示股价下跌的时间，股民可以趁机离场，以免股价下跌时来不及逃离。

实例分析
天汽模（002510）

如图 6-28 所示，天汽模在 2019 年 1 月初，股价从 3.5 元逐步走高，到 3 月 12 日，股价上冲到 5 元附近，随后一直在 4.8 元到 5 元之间调整，虽然期间跌破 4.8 元支撑线，但是买方努力将股价维持在 4.8 元上方，这预示后市还有继续上冲的可能。

事实上，该股在 4 月 1 日后确实有过一波小幅上涨，但是，这种情况到 4 月 25 日发生突变，动向指标的 PDI 线开始跌破 MDI 线，而且此时 ADXR 在 20 以上，这种 PDI 线和 MDI 线相交是有效的。

当日 K 线图形成一个低开低走的大阴线，跌破支撑线，将买方这段时间的努力消耗殆尽，说明卖方占据优势，后市看跌。

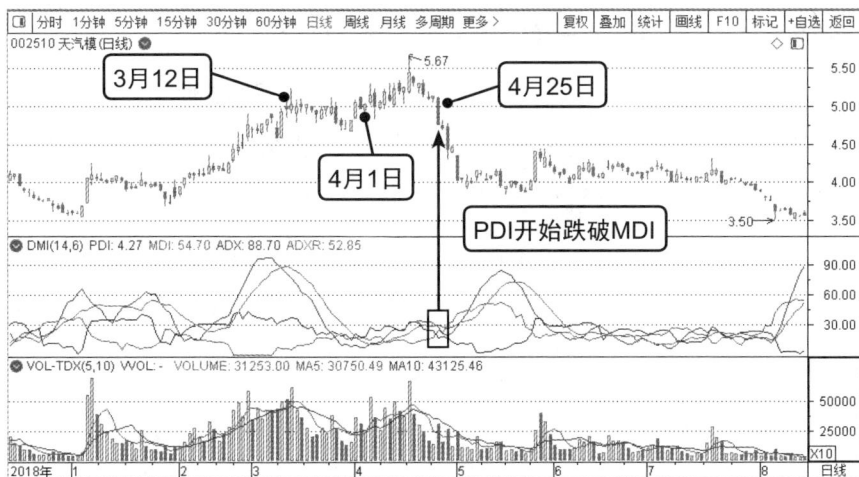

图 6-28　天汽模 2018 年 12 月到 2019 年 8 月的 K 线走势

　　除了动向指标预示后市不妙，股民还可以通过分时走势图来提高自己判断的准确性，4 月 25 日的分时走势图如图 6-29 所示，从图中可以发现股价临近早盘结束时就开始一路下跌，走势比较疲软，股价运行在均价线下方，分时成交量明显集中在尾盘，说明卖方控场，后市看跌。

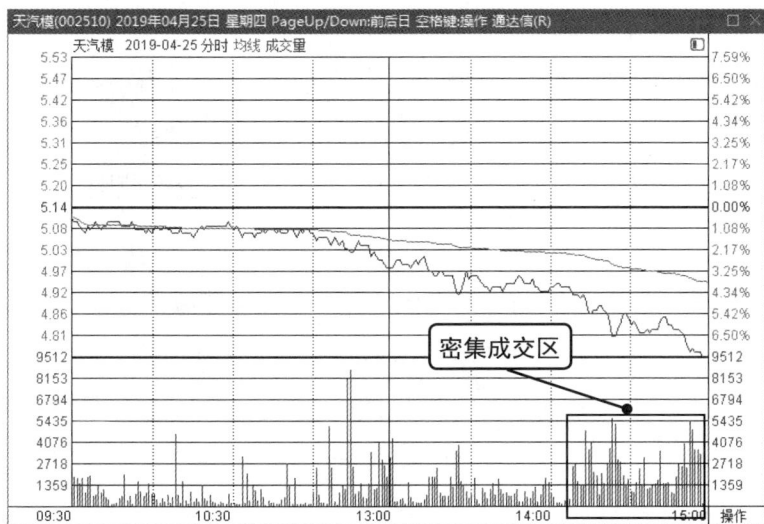

图 6-29　天汽模 2019 年 4 月 25 日的分时走势

炒股技巧第 64 招：向线低头，大势已去

当 PDI 线跌穿 MDI 线时，股民就要开始计算逃离时间，因为这种情况通常预示股价可能要出现一波下跌的走势，此时，股民最好卖出持有的股，等跌势结束后再伺机进场。

特别是股价长期在高位盘整，当出现大幅下挫时，PDI 线时常都会出现跌破 MDI 线的死叉，结合 K 线图和分时走势图，若两者均出现典型反转信号，股民就要坚决离场，直到跌势已经明显转为盘整或者上涨时，再根据情况伺机进场。

十五、短线上穿，股价上行：相对强弱指标买股

相对强弱指标（Relative Strength Index，简称 RSI）在股市中应用也是很普遍的，该指标在 1978 年 6 月由威尔士·威尔德首次提出。

相对强弱指标并不是在比较两个不同证券，而是在比较同一个指标在不同时间的走势强弱，所以，股民不要被其名称所误导。

相对强弱指标是一个追随价格的摇摆性指标，变化范围在 0 ~ 100，其具体公式如下：

相对强弱指标＝（收盘价 -LC 和 0 的较大值的 N 日移动平均）/（收盘价 -LC 的绝对值的 N 日移动平均）×100

在常用的炒股软件中，相对强弱指标如图 6-30 所示，图中 RSI（6,12,24）表示分别有 3 个不同周期的相对强弱指标线，采样时间分别为 6、12、24 日；RSI1:17.60 表示以 6 日为周期的相对强弱指标值为 17.60；RSI2 和 RSI3 分别表示 12 日和 24 日的相对强弱指标。

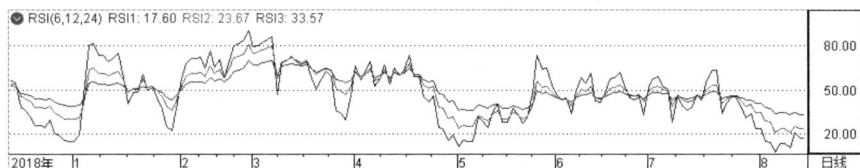

图 6-30　相对强弱指标

相对强弱指标的使用方法如下：

◆ RSI 指标大于 70（有些软件定义为 80），说明股价已经在高位筑顶，处于危险顶部，如果 RSI 开始出现下跌趋势，股民可以适当卖出；反之，当 RSI 指标小于 30（有些软件定义为 20），说明股价已经触底；当 RSI 指标出现反弹向上时，股民可以适当买入，因为股价已经在超跌区域。

◆ 当股价创出新高，而 RSI 指标并没有突破前一次的最高值，这就是所谓的背离，股民应该考虑随时离场；反之，如果股价创出新低，而 RSI 指标并没有低于前一次最低值，股民可以考虑适时入场。

◆ 当 RSI 指标同 K 线图和成交量出现明显矛盾时，以 K 线图和成交量为主要判断依据，RSI 指标可以忽略。

实例分析

天顺风能（002531）

天顺风能的股价在 2019 年 3 月中旬从 7 元的高价一路下跌到 5 月初 4.76 元的低点，跌幅达到了 32%，如图 6-31 所示。

这种大跌经常是入场的好机会，股民不仅能够通过 K 线图来判断何时入场，还能够借助 RSI 指标来选择进场的时间。

我们观察 RSI 指标可以发现，从 2019 年 4 月 15 日开始，该指标就已经跌落到 20 线以下，这种情况表示该股已经出现底部，股民可以适当关注。

到 5 月 6 日和 7 日，K 线图出现一个阴孕阳形态，阴孕阳是强烈的反转形态，表明卖方实力在前一个交易日已经消失殆尽，买方开始浮出水面。

如果股民不熟悉 K 线图，可以借助 RSI 指标进行判断。5 月 7 日的 RSI 指标出现抬头的迹象，可能反弹到 20 以上，按照 RSI 指标的使用原则，20 以下都是可以买入的区间，因此按照 RSI 指标的指示，股民也能在 5 月 6 日买入股票。

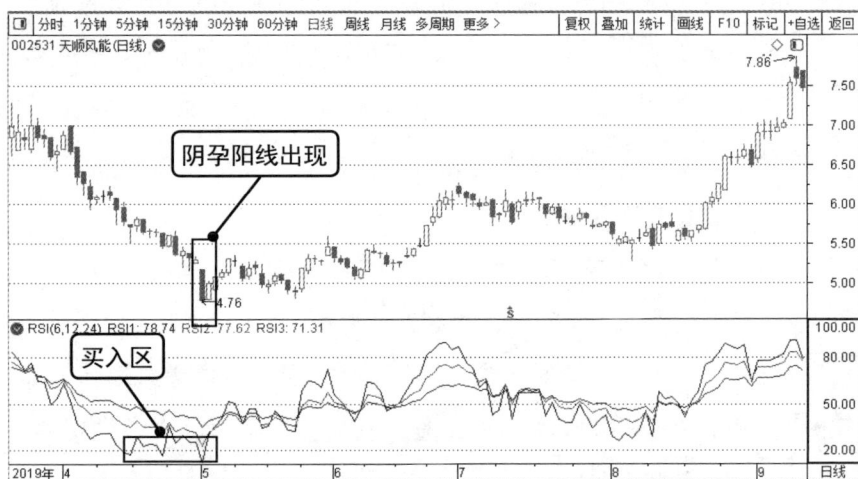

图 6-31　天顺风能 2019 年 3 月至 9 月的 K 线走势

炒股技巧第 65 招：短线上穿，股价上行

通过上例，读者可以发现这种相对强弱指标同之前所述的威廉指标类似，都是以固定的界限提示买股时间。相对于威廉指标，相对强弱指标应用更为简单，几乎能够照本宣科地使用。

然而，相对强弱指标在应用过程中，必须配合其他指标综合应用，不能过于相信该指标单独发出的指示功能，股民朋友要谨慎地看待相对强弱指标包含的内容。

十六、短线下穿，跌势难免：相对强弱指标卖股

相对强弱指标不仅能够指示买股时间，同样能指示卖股时间。按照其使用方法，可通过利用背离现象和高位筑顶现象来决定卖出的时间。

实例分析

海南瑞泽（002596）

如图 6-32 所示，海南瑞泽在 2019 年 3 月初股价上涨到 10 元附近后出现震荡上涨行情，同时期的 RSI 指标上冲到 70 以上后却不断走低。

按照 RSI 指标背离的定义，如果股价创出新高，而 RSI 指标并没有创新高，说明股价创出的新高不稳定，通过 RSI 指标的波动，可以发现 4 月 9 日是一个不错的卖出时点。

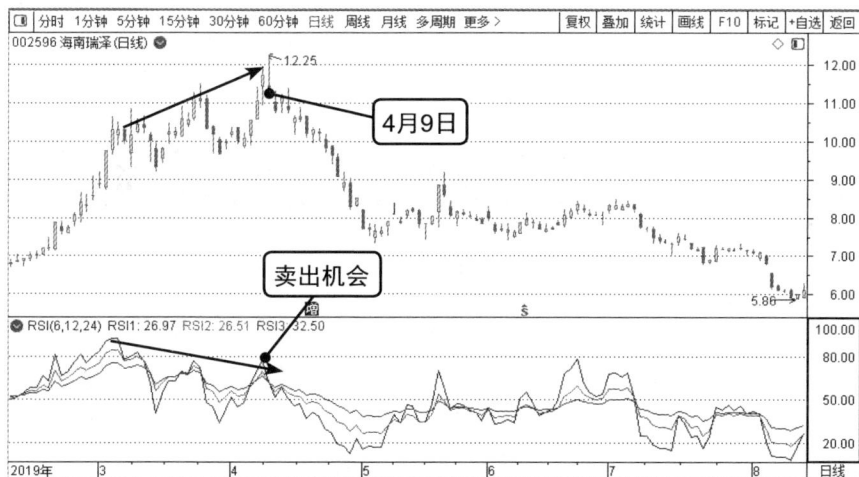

图 6-32　海南瑞泽 2019 年 2 月至 8 月的 K 线走势

炒股技巧第 66 招：短线下穿，跌势难免

通过上例，股民可以发现一种新的判断卖股时点的方法，就是利用背离

现象。其实背离现象不是 RSI 指标的特有现象，在很多类似指标中都存在。

当股价创出短期新高，而 RSI 指标并没有创出新高时，说明买方实力并没有强大到能够维持这种高价的地步，所以，股民趁机离场是不错的选择。

除了背离现象，当 RSI 指标上冲到 70 以上，也是股价过高的表现，如果买方无力支撑，股民也应该立刻离场，等待下一次机会。

拓展知识 *为什么证券分析师错误如此多*

没有一个证券分析师能够给股民带来稳定和可靠的收益，无论在新兴国家，还是在发达国家，这都是一个共识。按照常理，证券分析师经过长期学习（至少 4 年学习经验）和长期实践（至少 15 年的从业经验），应该比大部分股民优秀，然而证券分析师的分析仍是错误不断。至于原因，我们可以从美国前证交会主席所说的"分析师和公司的利益是交织在一起的""正如投资者看到的，每个人都公平地参加比赛，除了个人投资者。"这两句话中窥见一二。

十七、转折出现，鸡犬升天：能量潮指标买股

前面介绍的所有指标都只和股价有关，而和成交量没有任何关系。但是，股民都知道，在股市中，成交量也是一个非常重要的因素。那么有没有一个指标将成交量和股价联系起来，用于买卖时机判断呢？这就是本节将要介绍的能量潮指标。

能量潮指标是乔伊·葛兰维特发明的，全称为平衡交易量（On Balance Volume，OBV 简称 OBV 指标）。该指标将成交量和价格变化联系起来，作为一个预测买卖时机的新方法，其具体计算公式过于复杂，本书就不详细叙述。

能量潮是把"量"这个要素作为突破口，显示成交量是流入还是流出

某股票。当股票的收盘价高于前期收盘价，那么该日成交量为流入；反之，如果该日收盘价低于前期开盘价，当日成交量视为流出。

能量潮（OBV）的分析基础是市场价格的变化必须有成交量的配合，股价的波动与成交量的变化有密切关系。当每一个 OBV 的新顶都高于前一个顶，每一个新价格低谷都高于前期价格低谷，则 OBV 处于上升趋势。反之，如果每一次 OBV 的新顶都低于前一个顶，新价格低谷都低于前一次低谷，那么 OBV 处于下跌趋势。如果顶部和低谷开始出现水平走势，那么此时 OBV 处于可疑趋势，不能作为判断依据。

在炒股软件中，OBV 指标如图 6-33 所示，OBV（30）表示该 OBV 指标以 30 个交易日为周期计算；OBV 表示当日 OBV 数值；MAOBV 表示 30 日 OBV 平均值。股民主要关注 OBV 值，其形成的多个山峰和山谷才是关键因素。

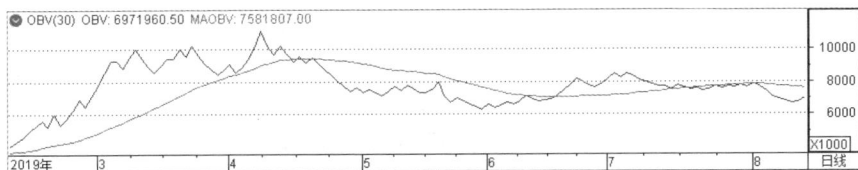

图 6-33　能量潮指标示意图

能量潮指标的使用方法如下：

◆ 一个上升趋势或者下跌趋势确定后，会继续维持下去，直到出现能量潮反转迹象，才是买卖股票的最佳时机。从涨势转为跌势是卖出时机，反之则是买入时机。

◆ 当上升趋势转变为可疑趋势，并且维持该趋势 3 天以上，随后继续保持之前的上升趋势时，应该继续持有股票，直到转为下跌趋势才是卖出的最佳时机。反之，如果出现下跌趋势，在可疑趋势维持几日后继续下跌，应该保持关注，直到出现反转迹象，股民才能买入。

◆ 如果投资者想从短期 OBV 趋势变化中获利，必须迅速行动。

◆ 根据笔者的经验，当 OBV 趋势出现反转时，要结合 K 线图、当日
分时走势和成交量进行综合判断。

实例分析

金螳螂（002081）

图 6-34 所示为金螳螂在 2019 年 9 月至 2020 年 1 月的 K 线走势。

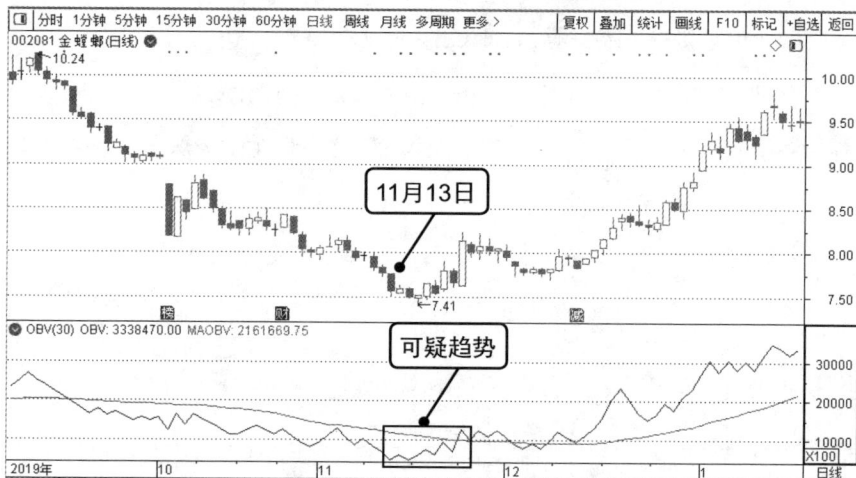

图 6-34　金螳螂 2019 年 9 月至 2020 年 1 月的 K 线走势

从图中可以看到，9 月至 11 月中旬，能量潮指标每一次波动产生的波
峰都低于前一次波峰，波谷都低于前一次波谷，一个下降趋势已经建立，
股民此时不适合买入。

但是，从 11 月 13 日开始，能量潮指标开始逐渐升高，结合 K 线图，
我们发现股价此时在 7.5 元附近波动，并没有出现迅速反弹的迹象，这就
是所谓的可疑趋势，即股价无明显上涨或下跌走势。但是，股价多次在 7.5
元附近触底，说明股价在该处筑底，股民可以在 7.5 元附近买入该股。

随着股市买方力量聚集，这种可疑趋势逐渐发生反转，转换成上涨趋
势，股民开始盈利。

炒股技巧第 67 招：转折出现，鸡犬升天

能量潮在股价严重下跌过程中，一定会出现逐步走低的态势，这种情况不是买入的最佳时机，股民要等待出现能量潮可疑趋势，能量潮长期在狭长区间波动并出现上涨转折时，买入股票。

同时，能量潮是一个比较难以准确判断的指标，没有固定的数值用于指导股民何时买股，所以股民必须结合 K 线图等指标进行综合判断，这样才能提高盈利的概率。

十八、盘整下跌，后市不妙：能量潮指标卖股

能量潮指标同样也能为股民提供卖股时机的指示。在上涨趋势，特别是在上涨趋势结束时，能量潮指标若此时出现可疑趋势，并开始逐步下行，则说明此时买方市场对于这种高价位不感兴趣，开始逐步离场，股民此时就要结合 K 线图，判断最佳的卖出时间。

实例分析

鲁阳节能（002088）

如图 6-35 所示，鲁阳节能经过一轮上涨后转入下跌行情。从 3 月到 4 月中旬，股价上涨迅速，能量潮指标也跟着上涨，每一次都高于前一次高峰，这就是上涨趋势能够持续的暗示。

直到 4 月 22 日，能量潮上涨过程中开始出现了一个波峰等高的时间区间，这就是可疑趋势，随后能量潮进入下跌的过程，上吊线也在高位出现，股民此时最好伺机卖出。

图 6-35　鲁阳节能 2019 年 3 月至 11 月的 K 线走势

果然，股价在 14 元的高位区域盘整一段时间后，能量潮转为下跌趋势且股价也同步转入下跌行情中，并且展开一波深幅下跌行情。

炒股技巧第 68 招：盘整下跌，后市不妙

能量潮在卖股过程中，主要是按照可疑趋势向下跌趋势转变的时间点发出卖股指示。如果 K 线图出现明显的上吊线、黄昏星等形态，股民卖股的决心应更加坚定。在两者综合作用下的判断，通常对市场心理有非常大的影响，从而使看空的股民远远多于看多的股民。从这一点，股民也要顺势而为，该卖就卖，决不可逆势而为。

第 **7** 章

短线综合买卖技巧

本章主要从K线、成交量和各种技术指标综合应用的角度，来帮助股民找到股票的买卖点。吸取众家之言，将关键部分融会贯通，读者才能灵活运用短线操作技巧在股市中获利。

一、随波逐流，连环涨势：蓄能图示买股

下面笔者将介绍常见的捕捉个股涨跌的技巧，纯属技术性炒股范围，基本上不涉及基本面的操作，属于一种投机性的买卖，通常是短期收益比较高，但是风险也相对较高，对于无法承受这种高风险的股民，笔者建议可以跳过相关章节。

当然，股市中毕竟还是有部分敢于冒险的股民，这些股民为了在短期内获得最大利润，对涨跌变化较急的个股情有独钟。那么这些风险追逐者需要具备哪些技巧？本章笔者将从蜡烛线、成交量和分钟走势图三个方面对这些技巧进行讲解。这三者都非常关键，是所有短线股民必须学习的知识。当然，其他的技术指标，例如 MACD、KDJ、布林线等，也都将在适当的实例中，进行适当讲解。

本章的技巧主要应用于发现可能大涨的股票，如何在大涨之前买进，又如何在合适的时候卖出，这就是学习本章的目的。当然，股民买卖股票时需要灵活对待书中的规律，因为在股市中，没有一个人能完全掌握下一秒走势，只能在运气和分析的基础上，减少失误的操作而已。

俗话说"选股不如选时，选时不如选势"，这句话的意思是，选择一只好的股票，不如选择合适时机买入，而选择合适的时机买入，不如选择在整体走势为上涨时期买入，因为处于上涨时期，绝大部分股民都会顺势而为，无论何时买入，获利大概率都会很大。

向上而行的大盘走势会给我们股民带来好处，同理，我们在个股上，也能这样顺势而为。

庄家当然也明白这个道理，所以会来回打压股价，将其压缩在一个区间中，此时个股走势和大盘走势完全不一样，这就是我们追涨的第一个组

合图示，如图 7-1 所示，这种水波不断的波动，其实是由众多庄家推动的结果。

图 7-1　随波逐流 K 线示意图

这种走势表示庄家正在不断洗牌，不断吸筹。因为拉升股价，容易让短期获利的股民离场，庄家此时虽然能够获得筹码，但是需要大量的资金进行铺垫，然后不断洗盘，打压股价，让众多股民恐慌性抛盘，从而达到让庄家在低位接盘，降低成本的目的。

这种随波逐流图示，有时候需要和成交量和分时走势图进行同步分析。因为庄家容易操作股价，形成理想中的走势，但是庄家如果要在成交量上弄虚作假，需要大量资金和多个大庄的配合，这种难度较大，所以，我们要密切关注成交量。

分时走势图也是一种较为有用的工具，主要用于观察庄家进场的蛛丝马迹，同时也能给我们提供买卖股票的时机参考。

实例分析

通富微电（002156）

随波逐流当然不是任意波动的，其关键的走势就是让股价的波动在一个可以控制的范围内，并且上涨和下跌的两条关键线——阻力线和支撑线都非常明显。

如图 7-2 所示，通富微电在 2019 年 5 月下旬到 8 月底之间的股价波动异常猛烈，而且这种波动非常有规律，形成了一条阻力线和一条明显的支撑线，阻力线位于 10 元价格线附近，而支撑线在 8 元价格线附近，从 K

线图上可以清楚地发现，这种走势就是典型的随波逐流走势。

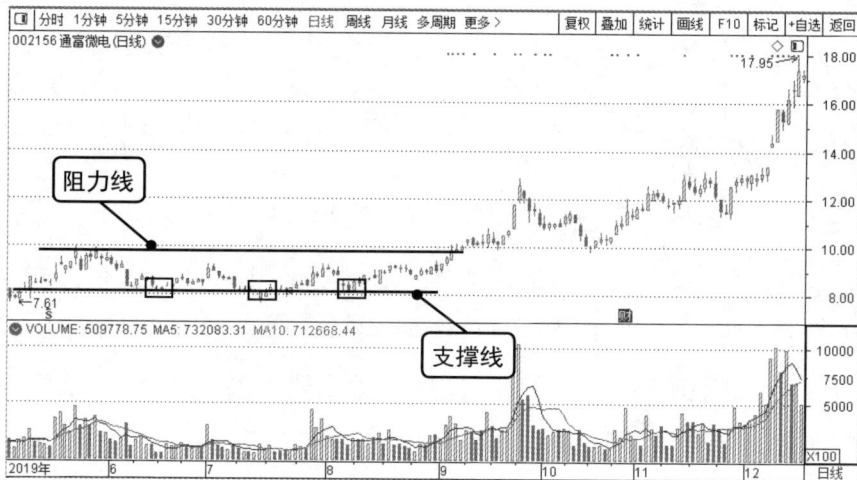

图 7-2　通富微电 2019 年 5 月至 12 月的 K 线走势

同时，可以发现底部的成交量也出现相应的波动，5 日均量线和 10 日均量线不断形成交叉，说明短期成交量变化非常明显。而且在底部时，成交量通常都会出现一定的放大，下面选择其中 3 个底部分时走势图进行详细分析。

如图 7-3 所示，左侧是 6 月 18 日第一个底部的分时走势图，右侧是 7 月 15 日第二个底部的分时走势图。从两个分时走势图上都可发现，在密集成交区，随着横盘时间的递增，交易的时间反而提前了。6 月 18 日和 7 月 15 日的交易密集区都集中在上午开盘后 9：30 到 10：30 之间，但是两者之间存在明显的差异。

7 月 15 日开盘后不久，买单就开始涌入，这说明庄家和市场对后市明显看好，当然，庄家之前也可能在买入，只是这次买入更加迫切，因为留给庄家建仓的时间已经不多了。

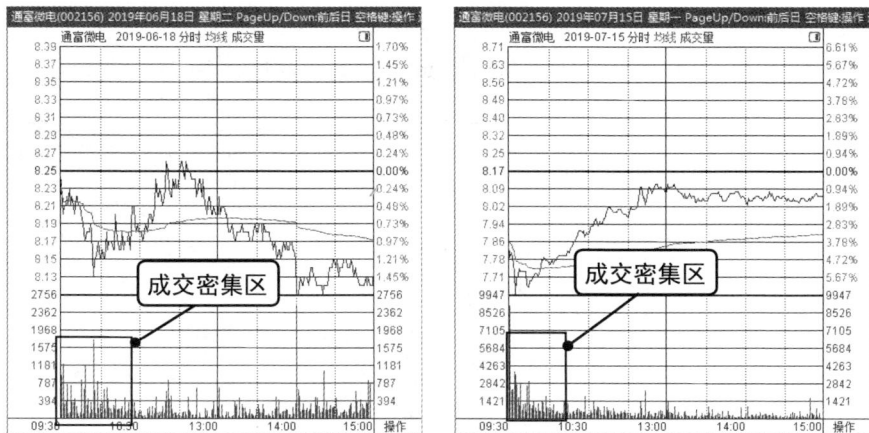

图 7-3　通富微电 6 月 18 日和 7 月 15 日的分时走势

果然，在 8 月 7 日大跌后，8 月 8 日股价出现明显的反弹，这种反弹走势在分时图上比较容易查看，当天股价高开高走，说明买方已经按捺不住，密集进场，股价随着买方的进入，走出一根稳重的阳线，将前一日的下跌补回，如图 7-4 所示。

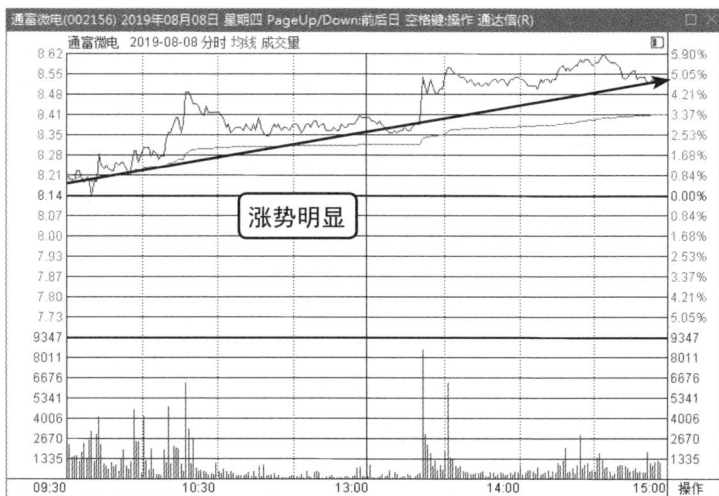

图 7-4　通富微电 8 月 8 日的分时走势

这种走势下的 K 线图，呈现出典型的齐头平底形态，如图 7-5 所示，齐头平底是一个行情反转信号，所以股民可以选择在 8 月 8 日后的适当价位买入。随着后市庄家的拉升和消息面的刺激，该股将展开一轮上涨行情。

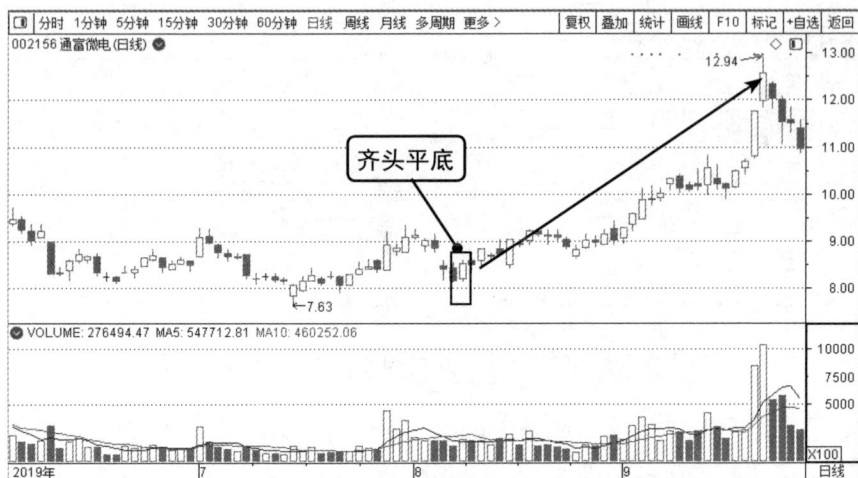

图 7-5　通富微电 2019 年 6 月至 9 月的 K 线走势

炒股技巧第 69 招：随波逐流，连环涨势

随波逐流，连环涨势，这在牛市初期能够有助于有效地发现潜力股，这种股票通常业绩良好，流通盘不是特别大。其 K 线图走势就像水波一样不断上涨，当然这需要股民细心发现庄家入场的蛛丝马迹，在较高的低谷处进入，才能够在短时间内获得非常丰厚的利润，这也是短线股民喜欢的手法之一。

如果这种股票开始放量大涨，股民就要做好随时逃离的准备，因为放量大涨后，如果庄家获利已经足够，他就会在一两天内离场，随后该股就会进入股价下跌或者长期盘整的过程。

之后，我们将根据这种走势，向股民讲解何时撤离最佳。

二、上涨乏力，跌势明显：蓄能图示卖股

股民已经知道如何随波逐流买进股票，但每次上涨的时候，如何控制好自己的卖出时机，也是一个难题。因为每一次股票上涨，股民都希望自己能够卖一个好价格，并且这种卖出的欲望会随着价格的上涨而逐渐减弱，这就是股民的逐利心理在作祟。

在股价上涨的过程中，让股民选择合适的时机卖出股票，这同让一个被利益冲昏头脑的人保持清醒一样困难。加上股市中追涨的股民如此多，此时要保持清醒的头脑很不容易。

但是，K 线图和成交量依然能够给我们提供一个可以选择的机会。

实例分析

鱼跃医疗（002223）

如图 7-6 所示，鱼跃医疗在 2018 年 10 月下旬至 2019 年 4 月走出一波上涨行情，尤其是 3 月 29 日和 4 月 1 日，股价连续两天上涨涨幅超 10%。

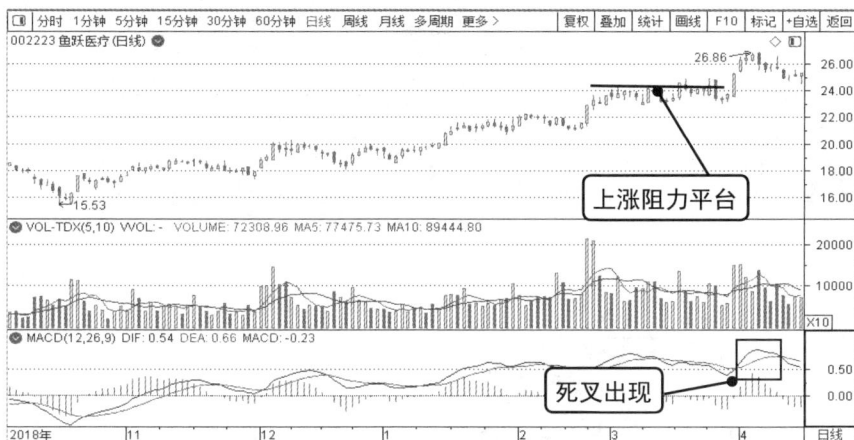

图 7-6　鱼跃医疗 2018 年 10 月至 2019 年 4 月的 K 线走势

那么，股民如何判断这种上涨态势是否结束呢？是在 26 元附近卖出

股票，还是该继续等待？

首先，从长期走势来看，如图 7-6 所示，该股在 2019 年 4 月已经创出阶段性高点，在这个位置，出现了一根很长的大阳线。除了观察到这个新高，我们还发现下部平台几乎都有一个明显的特点，就是上影线很长，这说明阻力已经明显增强。

其次，成交量也比较异常。前期的成交量非常明显，交易非常频繁，而在 26 元附近，成交量出现缩减迹象，缩量时间超过放量时间，这说明在高位盘整过程中，拥有大量资金的机构并没有进入这只股票，市场也对该股的后市充满疑问，比较谨慎地持观望态度。

最后，我们发现 MACD 指标中 DIF 线下穿 DEA 线形成死叉，说明该股涨势已尽。

图 7-7 所示为鱼跃医疗 2019 年 3 月至 6 月的 K 线走势。

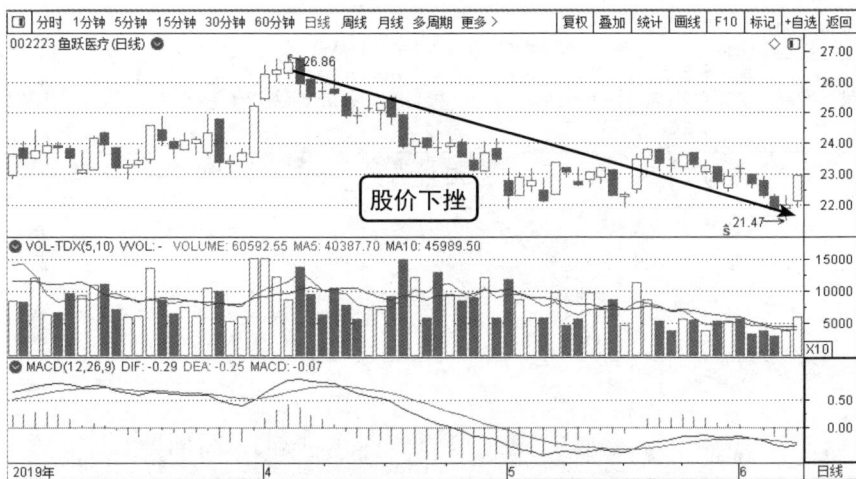

图 7-7　鱼跃医疗 2019 年 3 月至 6 月的 K 线走势

我们如果在 26 元附近卖出股票，比较幸运，因为随后的走势让股民大跌眼镜。股价在受到市场利空消息的打压下，连续下挫超过 20%，如果不及时逃离，股民的辛苦会付诸东流。

炒股技巧第70招：上涨乏力，跌势明显

在买入突然发力上涨的股票后，随之而来的不仅仅是利润，还有一种担忧，这种担忧就像前期股价在低位小幅震荡时的忧虑一样，给股民带来如坐针毡的感觉。股票不涨，股民的担心在于不知何时上涨；股票突然疯长，股民又会操心何时卖出。

笔者建议，上涨时不应该对后市过于乐观，要见好就收，这样可以从一定程度上保护自己的收益，而且，股民如果能结合 K 线图和成交量综合分析，就不会感到茫然，大致也能发现自己卖出的价格区间。

需要注意的是，卖出的参考价，不能参考过远时间的价格，比如2007年上证在 6 000 点时的价格，对于现在判断 3 000 点附近的价格，就没有任何参考价值。而且，新股上市初期的价格也不是一个理想的参考价值。

三、小底发力，跟进涨势：底部发力买股

前一节讲述的是在逐步上涨的波浪形势中，股民如何买卖股票，本节将介绍在大幅下跌后，如何发现和追击可能大幅上涨的股票。在大跌之后，有些股票会在底部形成两次以上的触底走势，即所谓的双重底走势，如图 7-8 所示。

图 7-8　双重底示意图

实例分析

天健集团（000090）

如图 7-9 所示，天健集团从 2018 年 9 月下旬开始，股价下跌，跌至 4.8 元价位线附近时向上反弹拉升，但此轮的反弹幅度较小，11 月中旬便又转入之前的下跌行情中了。

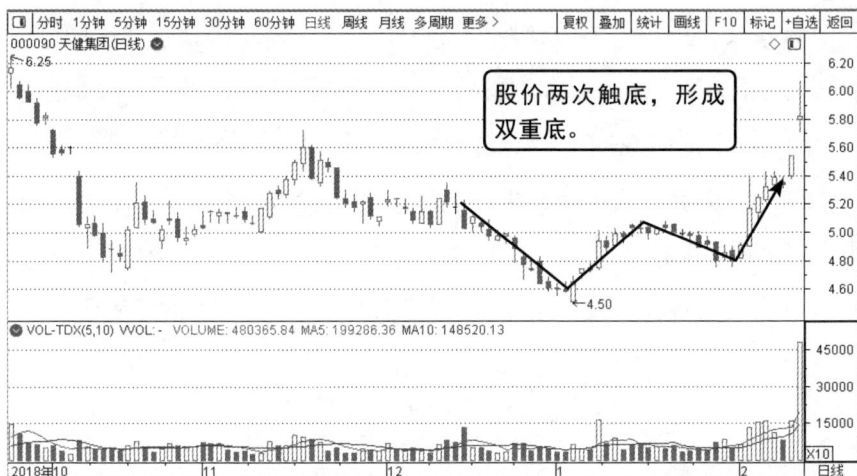

图 7-9　天健集团 2018 年 9 月至 2019 年 2 月的 K 线走势

2018 年 12 月下旬 K 线七连阴，股价下跌至 4.6 元附近后止跌短暂横盘，且 1 月 3 日 K 线收出十字星线，说明空方力量接近衰竭，多方力量正在逐渐增强。1 月 4 日 K 线收出大阳线，成交量放大，并与前一日的阴线形成阳包阴形态，这是股价见底后市反弹信号，说明庄家正在逢低大举介入，此时跟进风险不大。

但是稳健的投资者不会贸然入场，会等待更明确的上涨信号出现，确认了底部的可靠性之后，才是最佳的入场时机。

随后，股价上涨至 5 元时止涨回调，跌至 4.7 元后止跌短暂横盘，此时投资者发现，第二次下跌的低点没有跌破第一次的低点，而且成交量也没有明显的放量，这两次的触底给了投资者一个明确的底部信号，后市看涨。投资者可以在第二次底部形成后积极买入股票。

图 7-10 所示为天健集团 2018 年 11 月至 2019 年 4 月的 K 线走势。

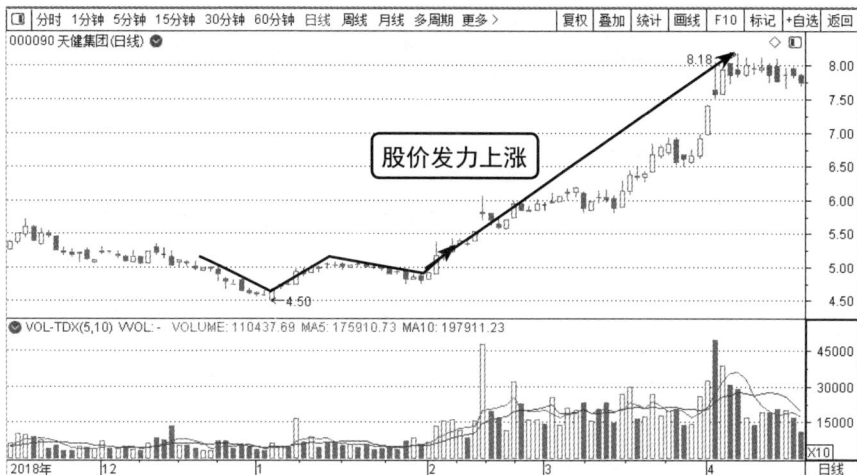

图 7-10　天健集团 2018 年 11 月至 2019 年 4 月的 K 线走势

从图中可以看到，两次触底后 K 线呈现 W 底形态，形成了股价底部，股价从 2 月上旬开始转入上涨行情。如果投资者在股价突破 W 底形态颈线时买入，可以获得 60% 的收益。

炒股技巧第 71 招：小底发力，跟进涨势

小底发力，是指在短线中，特别是股价下跌已经超过 30% 左右时，股民可以考虑在二次触底时进场。当然，必须关注成交量的差异。如果底部依然有大量资金没有出来，股民可怀疑这可能是机构潜伏的一种迹象。

运用小底发力技巧还与考虑市场心理的因素，因为投资者和股民都不是超人，只能从过去短期走势中发现能够短炒的机会，这种做法能够让股民赚上一笔，如果短期利润超过一定幅度，股民就要注意随时离场，这就是我们下一节讲解的，在小底发力过程卖出股票的技巧。

四、底部缺力，股价回落：底部发力卖股

上一节讲解了如何利用双重底来发现庄家异动的迹象，并让股民知道何时能够买入股票。但买入股票后，股民所做的就是等待机会"出逃"。运气较好的股民能够在庄家拉升股价之前进入，利用庄家第二次拉升出货的时候卖出股票，最终实现盈利。

如何才能发现庄家已经开始离场，何时应该卖出股票，是股民最关心的问题。当然，这种卖出股票的时机不仅要受到心理因素影响，同时也要受到技术指标的影响，股民综合考虑以上影响因素后，才可能选择到一个较好离场的机会，虽然，股民不一定能够在最高位置卖出，但是能够在一个合适的价位卖出，也是非常不错的。

本例将通过技术和心理这两方面来介绍这种卖出技巧。

实例分析

三峡水利（600116）

如图 7-11 所示，三峡水利在 2018 年 11 月下旬到 1 月的走势形成了双重底形态，筑底完成后 2 月下旬股价开始向上攀升，在 2 月 25 日到 3 月 5 日这 7 个交易日内，股价从 8 元附近上涨到 10 元附近，涨幅接近 25%，如果股民买入这只股票，在这几天将会非常紧张。

因为在高开高涨的过程中，股民一般更为担心的是何时能够卖出股票，这比股票不涨还令人焦虑。

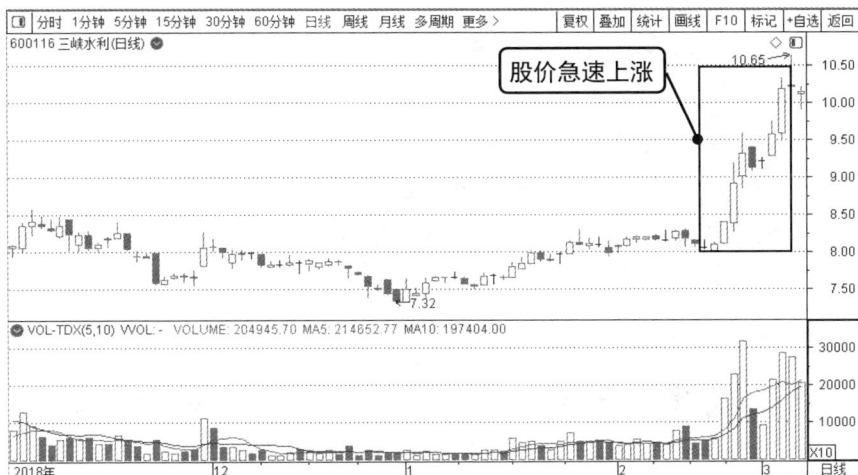

图 7-11　三峡水利 2018 年 11 月至 2019 年 3 月的 K 线走势

若要分析何时是卖出的最佳时机，可结合 3 月 4 日和 5 日的分时走势图来考虑具体的卖出时间点，如图 7-12 所示。

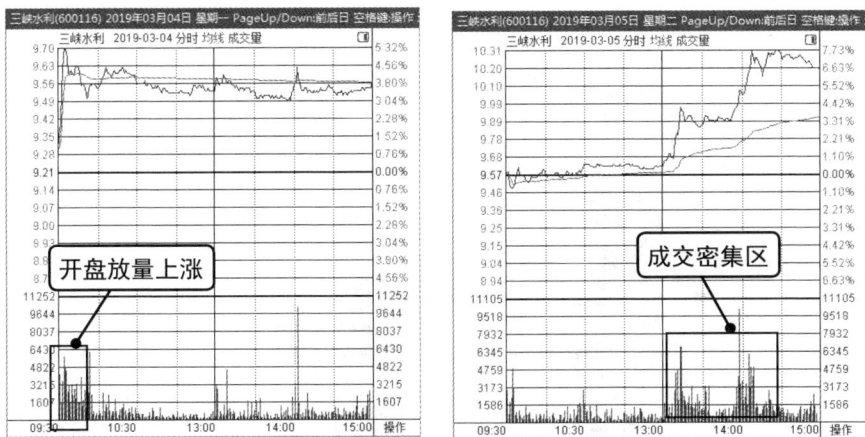

图 7-12　3 月 4 日和 5 日的分时图

在 3 月 4 日的分时走势图中，可以发现该股开盘就出现放量拉升的情况，随后下跌稳定运行，盘中出现小幅放量，当股价逐渐远离均价线时，一个大买单将股价拉回至线上，最后股票在 3.8% 的涨幅处结束当时交易。

从盘中的成交量可以看出，此时场内已经有庄家进场，但是拉动力稍显不足。

既然庄家已经开始显现其庐山真面目，股民也要紧密监视庄家动向。3 月 5 日股价开盘稳定，随后横盘运行，但是进入午盘后，成交量上显示市场上突然密集放量，股价被直线拉升，随后维持横盘运行一段时间后再次放量，股价再次直线拉升至 7.73% 涨幅附近。

连续上涨两个交易日后，股价开盘便出现密集成交区，股价被直线拉升，但这种拉升仅在开盘 3 分钟就结束了，股价开始放量下跌，随后多空激烈博弈，股价收于开盘价附近，在 K 线上形成十字星线，如图 7-13 所示。

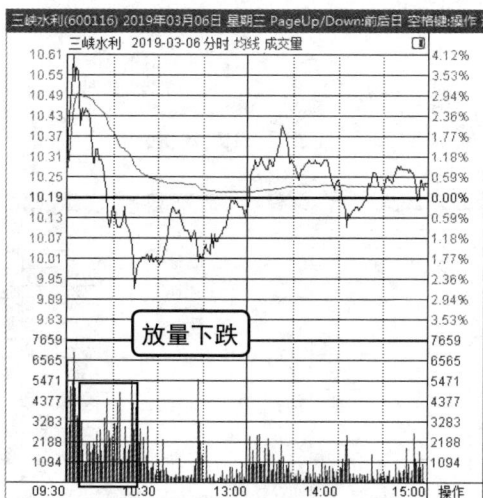

图 7-13　3 月 6 日的分时图

十字星在大幅上涨后的相对高位区域出现，说明多方的做多动能在逐渐减弱，无力将股价继续推高，而空方力量此时在逐渐转强，预示着股价即将见顶回落。此时短线投资者应高度警惕，一旦空方占据优势，股价将很容易产生调整或者下跌的走势，局势便会呈现出一面倒的态势。

因此，股民应该在十字星出现后的第二天及时卖出股票，避免被套牢。

炒股技巧第 72 招：底部缺力，股价回落

经历两次或多次底部调整后，股价开始进入急速上升的过程，股民要注意分时走势图中的大单动向，因为这时我们能够在众多成交量中发现庄家进场和离场的痕迹。特别是数量相近的成交量区域，通常是股民最应该注意的区域。

庄家进场是非常有计划的，但是离场时，由于受到市场变化的影响，有时候会打乱之前的计划，一鼓作气地把所有筹码卖出。因为此时股价已经在高位，庄家也不知道市场会如何变化，尽量在高价位卖出更多的筹码，就可以提前锁住收益。这时候，股民可以利用庄家的恐惧心理，发现其离场的迹象，然后在当日伺机卖出。虽然没有在最高价卖出，但是也能获得较高的利润。股民能够见好就收，其实就是赢家。

五、连绵波浪，浪浪递进：波浪涨势买股

前面我们介绍随波逐流的股票走势，股民可以通过底部支撑线和 K 线图，来发现买股的时间。但是，股价不一定在一个平台区间振动，可能会出现一定的上扬趋势，而且非常明显，那么我们如何从这种走势中，发现可能大涨的股票？

本例将介绍如何在这种走势逐步走高的股票中，发现升值潜力巨大的股票。连绵波浪，层层递进的走势如图 7-14 所示。其中 K 线处在是一个明显上升的过程中，和之前的随波逐流不一样，这种波浪的能量在逐渐放大，个股正处于上涨形势中，这就是所谓的股性比较活跃的股票，这种股票特别受追涨的股民喜爱。

从市场方面来讲,股价逐渐走高,市场对该股的未来看好,这种股票在将来的一段时间内一定会出现一种突然爆发的行情,这也是股民必须把握的获利机会。

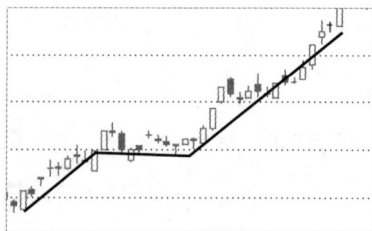

图 7-14　波浪涨势示意图

实例分析

三元股份（600429）

如图 7-15 所示,三元股份在 2018 年 7 月下旬到 10 月初,走势都非常凄惨,股价一路下挫,虽然期间有几次反弹,但是都疲软无力,股价一路从 6.23 元下挫到 4.75 元附近,跌幅接近 23%。

图 7-15　三元股份 2018 年 7 月至 2019 年 1 月的 K 线走势

但是，10 月 19 日股价在 K 线图上形成一个下影线较长的探底针，随后股价止跌反弹，从最低 4.46 元附近上涨到最高 5.28 元，涨幅超过 10%，这种快速上涨行情引起了股民的关注。

随后，从 11 月 19 日到 11 月 30 日，该股进入一轮下跌的行情，但是这次下跌并没有像 7 月那样大跌，跌幅只有 5% 左右，并且在 11 月 30 日形成一个典型的探底针形态，下影线非常长，说明底部反弹势力强劲。

股民不能放弃这个明显的走势反转信号，我们仔细观察这一天的分时走势图，可以发现很多有趣的东西。如图 7-16 所示。

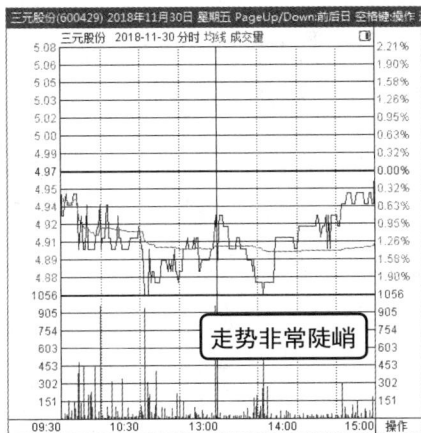

图 7-16　11 月 30 日分时图

从图可以看到，股价开盘之后出现了一个典型的打压盘，将股价快速压低，但是随后股价短期横盘后便开始快速上涨，反向拉升，随后又被打压向下，到前期低点位置时，又被拉升。

在当天的走势中，分时走势图呈现一个典型的波动状态。股价出现一种直上直下的波动走势，这种走势非常典型，结合下部对应的成交量分析，可以发现在大部分直上拉升时，都对应一个大的成交量，这种大的成交量在整日的走势中都是非常突兀的。

再来看图 7-15，发现股价在 5 元价位线短暂横盘后，K 线开始收出连续上涨的阳线拉升股价。且后续几日的成交量都出现放量的现象，无论是卖方还是买方，都必须有较大的实力才能产生如此明显的大成交量。因此我们可以推测，庄家已经在这个平台附近下手了。此时，股民可以考虑在适当的位置再次入场加码。

随后，从 12 月 11 日开始，股价开始大幅上涨，到达 5.4 元上方，此时股民的投资收益也将接近 10%。

炒股技巧第 73 招：连绵波浪，浪浪递进

连绵波浪递进上涨时，股民可以在出现一定回调的时候进场，但可以保持一定的空仓数量，等待出现明显庄家入场迹象的时候再伺机补充。

发现庄家是否有进场的迹象，主要通过分时图的异常大量和拉升程度来判断，同时也要结合 K 线图和成交量这两个关键指标来进行判断。如果 K 线图出现一个缓慢上涨的高位窄带，且出现多次大量，股民就要提高警惕，股价可能出现短暂的上冲走势。

那么如何通过波浪涨势选择合适的机会卖出股票？下面将介绍具体的卖出技巧。

六、波浪递减，上涨趋缓：波浪涨势卖股

在波浪上升的过程中，大部分情况下都会出现波折，股价可能上升几日，然后下跌几日，不会一路上涨到最高点后再下跌。所以，这种连绵波段上涨的过程，就是股民分批卖出股票的过程。

此时，股民应该结合 K 线图、当日成交量和分时走势图进行综合判断，虽然不能在最高点卖出，但是能够尽量接近最高点卖出，也是不错的选择。

实例分析

西部资源（600139）

西部资源在 2019 年 1 月到 3 月下旬期间的股价走势就像递增的波浪一样，逐步上扬。股价从 1 月初的 3 元附近一路上扬到的 5 元左右，涨幅超过 66%。

其中，1 月 22 日到 23 日两日涨幅超过 10%，3 月 7 日和 8 日的涨幅也超过 20%，如图 7-17 所示。

图 7-17　西部资源 2018 年 12 月至 2019 年 3 月的 K 线走势

首先分析第一次上涨时合适的卖出时机，如图 7-18 所示，1 月 22 日当日低开高走，股价一开盘就直线上扬至涨停，成交量密集区也出现在 9:30 到 10:00 之间，随后全天的交易量明显缩量，说明无论是机构还是庄家，都已经在 10:00 前完成当日的交易。

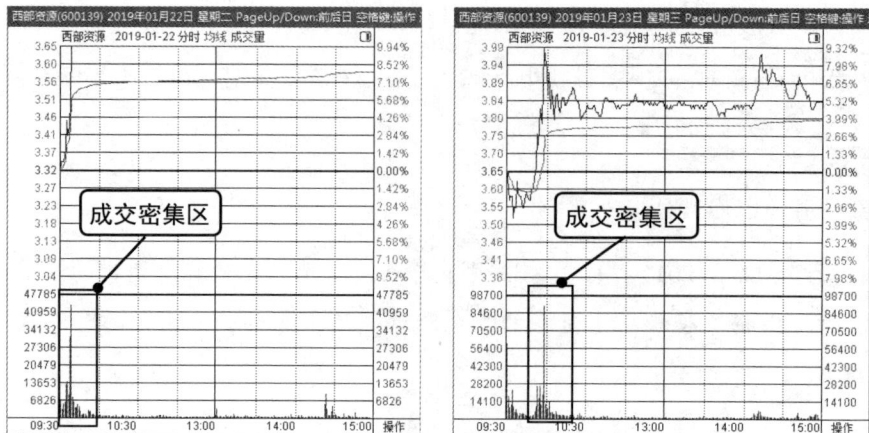

图 7-18　1 月 22 日和 23 日的分时图

　　1 月 23 日，虽然开盘时股价高开低走，下跌至 3.56% 附近，但是我们发现在 10:00 左右有一个明显的上拉走势，此时交易量开始逐步放大，随后股价稳定在 3.84 元附近运行，成交量也没有明显的上涨。

　　随后，在 23 日的下午的股价走势中，股价直线拉升后缓慢下跌，但是成交量没有明显的放量，只有零星的成交量出现，这时，股民可意识到庄家已经离场，上午的上冲只是掩护庄家离场的烟雾弹。股民这时也应该离场。

　　同样道理，3 月 7 日的上冲过程其实也是掩护庄家离场的一个烟雾弹，因此股民也要顺势而为，既然庄家都已离场，股民也要见好就收，等待回调。

　　我们再看第二次拉升上涨的卖出时间，第二次上涨发生在 3 月 7 到 8 日两个交易日。

　　特别是 7 日，从该日的分时走势图上可以发现最后出现的大单集中在上午 10:30 到 11:00 之间，此时股价在 4.25 元到 4.37 元之间窄幅震荡，说明空头和多头在这个区间竞争激烈，但随后股价直线拉升至涨停，并被封在涨停板上，可以证明多头占据优势，如图 7-19 所示。

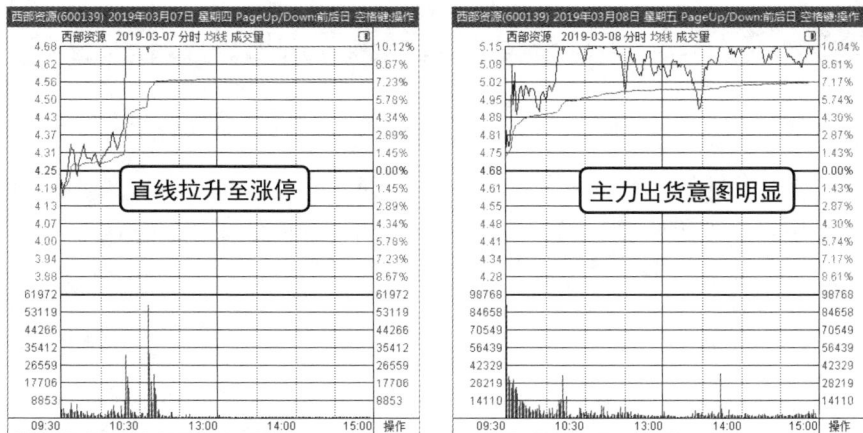

图7-19　3月7日和8日的分时图

3月8日，当日开盘后股价放量拉升至5.08元，随后在4.88元至5.02元之间做窄幅震荡运动，多空竞争激烈，成交量密集。在10:30时股价快速拉升至涨停，但之后涨停板被多次打开，说明主力在利用涨停板吸引散户接盘。股民发现主力出货迹象后也要及时离场。

炒股技巧第74招：波浪递减，上涨趋缓

连绵波浪递进上涨时，每一次上涨都是一次突破，都要承受买家获利后出逃的压力，涨势越高，持股者卖出的欲望就越强烈。

同样，庄家也是这样考虑的，他们也不希望自己成为高位被套牢者。所以，在适当的时候庄家就要逃离出来，这个也是散户必须警惕的。如果庄家在上午匆忙地进行交易，大部分情况都是为了逃离。但如果庄家在下午收市时，进行交易，这种情况就要考虑是否是庄家还有其他的计划。

从前面几例中，我们都能发现这种好处。分时走势图，特别是底部的分时成交量，有时候能够提供很多有用的信息。

七、突然上涨，趁火打劫：瞬间上涨买股

有时候，股价会出现一个阶段性的反弹走势，这种反弹走势中通常会连续出现几个阳线，喜欢短线的股民当然不会错过这种机会，那么如何估计后市是否会上涨？又如何选择适当的时机进场？本例中，笔者将详细介绍这种短线进场的最佳时间段。

突然上涨的走势大部分发生在股价下跌过程向上涨过程转折的时候，如图 7-20 所示，因为股价下跌已经接近一个平台底部，市场开始对这种过度下跌的个股表现出浓厚的兴趣，股价可能会出现一个陡然上涨的走势。

图 7-20　股价突然上涨示意图

突然上涨的走势，也会引起更多的市场投资者的关注，此时股民要结合 K 线图、分时图和成交量等方面，综合考虑，选择合适的时机进场，便完全可能在短期获得一定利润。

当然，大部分股民不会在股价最低点买入该股票，这种情况大部分都靠运气。但是，股民能够在上涨确认后的走势中，选择适当的时机买入，在上涨快结束时，选择适当的时机卖出，这样操作多次，也能获得可观利润。

实例分析

艾华集团（603989）

如图 7-21 所示，艾华集团在 2019 年 9 月到 11 月中旬，出现非常疲

软的单边下跌走势，股价一路跌至 18 元附近。

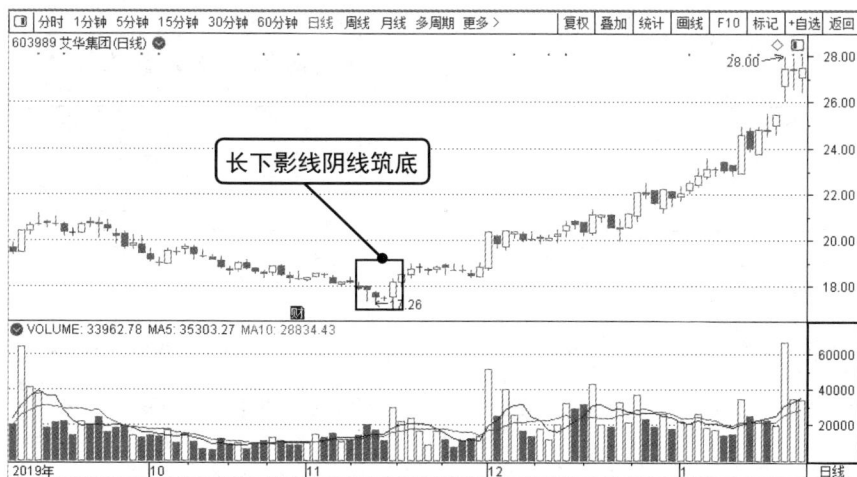

图 7-21　艾华集团 2019 年 9 月至 1 月的 K 线走势

但是，在 11 月 12 日、13 日和 14 日，K 线连续收出 3 根长下影线阴线，一步步将股价压低到底部，同时，因为三根阴线都具有长下影线，说明底部支撑在逐步增加。并且 13 日和 14 日的阴线长下影线生成的最低价大致相同，形成双针探底形态，说明底部已经开始建立。此时，大胆的股民可以开始关注这只股票。

双针探底出现后，15 日股价开盘时没有明显的波动，但进入 10:00 之后，成交量突然放量，股价向上拉升。这一波密集成交量反映出庄家已经开始进场大幅向上拉升股价。股民此时可以选择股价下跌接近收盘时入场，如图 7-22 所示。

再看 11 月 18 日的分时走势图，进入 11:00 以后，股价缓慢上涨，并没有出现什么明显的阻力，此时，股民可以趁股价横盘稳定时买入一部分股票，因为这时股价在均线附近，也在前一个交易日的收盘价附近，属于比较安全的区域，连续两日都可以按照一定比例买入股票。

图 7-22　11 月 15 日和 18 日的分时图

　　这两次买入虽然没有在最低点，但是股民等待上涨的态势确定后再买入，是比较安全的一种选择，而且采用分批买入的策略，也能降低一定风险。后市，该股以较短时间从 18 元一路上涨到 28 元附近，股民的盈利已经超过 55%。

炒股技巧第 75 招：突然上涨，趁火打劫

　　类似的触底反弹的股票，股民首先应从 K 线图上判断是否已经触底，如果 K 线图已经明显出现触底的迹象，股民可以开始重点关注，等待上涨反弹迹象确认后，再分批进入。当然，如果反弹迹象不明显，股民也不要勉强进入，一定要等待反弹迹象确定，成交量开始逐步放大的时候，确定安全才能买入，否则可能被技术性反弹所迷惑。

八、后市发力，上涨有限：瞬间上涨卖股

　　股价发力上涨的过程非常迅速，如果股民在上升时间进入，庄家在察

觉到股民进场的节奏后，可能会在适当的时候放出烟雾弹，掩护自己逃离，所以股民必须时刻关注庄家的异动，特别是在这种追涨的过程中，每一步都很危险。

实例分析

深康佳 A（000016）

如图 7-23 所示，深康佳 A 经过了长时间的横盘整理，在 2020 年 2 月初开始出现拉升，股价表现出放量上涨的强势走势。

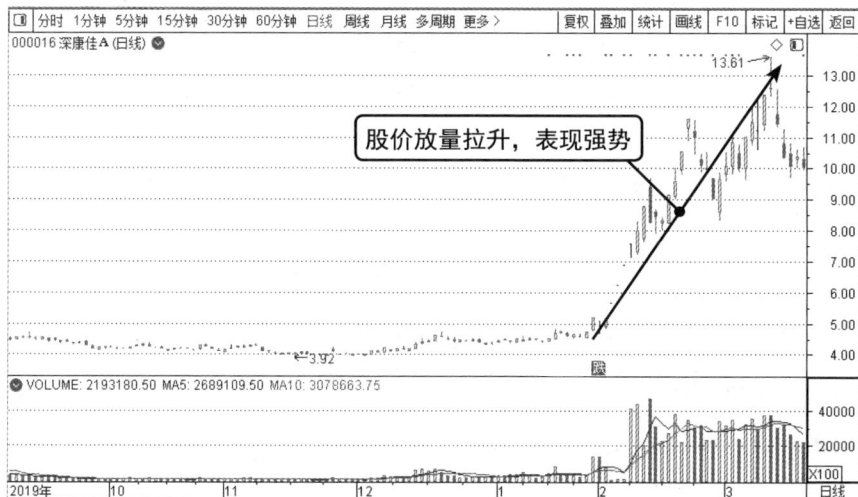

图 7-23　深康佳 A 在 2019 年 9 月至 2020 年 3 月的 K 线走势

从 2 月初的上涨过程中，股民可以选择在 5 元附近上涨走势确认的情况下买入。当然，大胆的股民也可以在 2019 年 11 月中旬股价创出最低价之后在 4 元价位线上横盘整理阶段买入，随后股价开始进入加速上涨的通道，从 5 元附近一路狂飙到 12 元附近，并在 3 月 11 日创出 13.61 的最高价。

下面来看 3 月 10 日和 11 日这两天的分时图，如图 7-24 所示。

3 月 10 日，该股高开后出现大幅震荡变化，多空双方进行了激烈的博弈，在午后开盘，股价突然直线拉升至涨停，随后打开涨停，成交量放量，但是当日仍然是以涨停板收出大阳线。而 3 月 11 日，该股高开后也是出现震荡拉升走势，多空双方同样进行激烈角逐，但是在午后，该股股价出现逐渐下跌，空方势力不断加强，当日最终收盘于开盘价附近，形成一根十字阴线，说明行情已经发生变化，后市看跌。

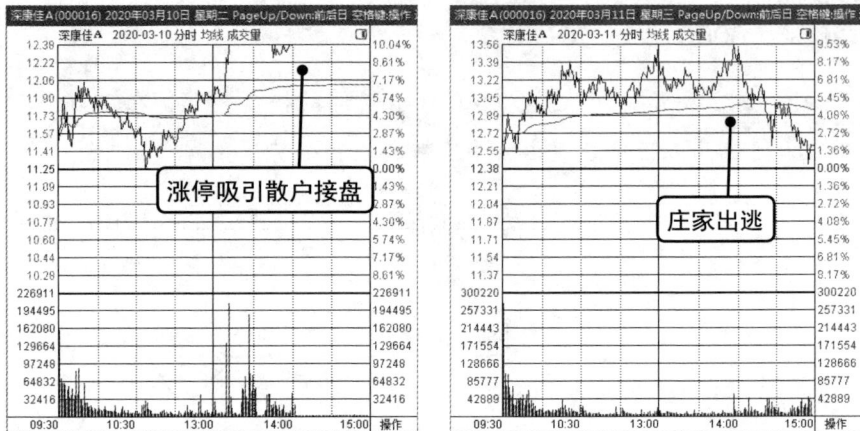

图 7-24　深康佳 A 在 2020 年 3 月 10 日和 11 日的分时图

这两天走势已经能够让股民发现问题了。10 日庄家已经开始掩护出逃，11 日一开盘就出现的大量其实是 10 日庄家出逃的延续。既然庄家的烟雾弹已经放出，股民也应该见好就收，跟随庄家出逃。

炒股技巧第 76 招：后市发力，上涨有限

急速上涨的股票，如果股民把握得当，见好就收，那么感觉就像过山车看风景一样刺激，但如果不及时离场，后果就是虽然看了风景，但是最后还是会下落到地面，有时候发现下落到地面的速度比上升的速度还快。

把握尺度是最重要的。投资者需要紧盯大单和密集成交区，在庄家离场的时候，也随之离场，这样还是能够收获大部分利润。但是，往往有一部分投资者，既是因为贪心，更多的是无法从技术或者市场上发现庄家离场的迹象，最终的结果是在股市中失利。希望通过这一个实例，让股民

知道，急速上涨的股票，随着价格的上涨，力量将会越来越弱，逃离才是最好的方法。股民只要把握住庄家的心态，发现庄家的踪迹，就能逢凶化吉。

九、大牛显现，成交大增：成交量形态买股

在股市中，除了上面讲解的分时图和 K 线图，成交量也是一个非常重要的指标。通过成交量我们能够发现很多具有大涨潜力的股票，如果能够提前进入，短线操作也能盈利丰厚。

成交量的可靠性可以说是整个技术指标中最高，也正因为如此，笔者将在后面第十二节中详细讲解。笔者将从成交量的方面讲解这种买卖技巧，同时结合 K 线图、分时图和多种辅助技术指标将买股和卖股的时机和价格等方面介绍给股民朋友，希望能够起到抛砖引玉的作用。

第一个预示后市上涨的形态是山峰型，如图 7-25 所示。

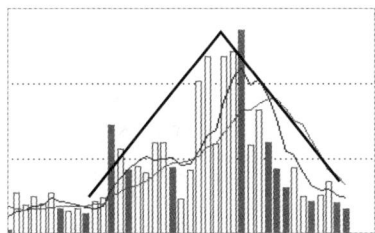

图 7-25 山峰形态示意图

成交量出现山峰一样的走势，特别是在后期成交量逐步缩量，而股价继续上涨时，这说明卖出的股票数量开始减少，而买家为了买进股票，不惜抬高股价买入，说明市场对这只股票看好。而这种股票，通常伴随的是

牛市，在一段时间内，大部分都会出现飙升的走势，股民当然不会错过这个机会。

实例分析

星湖科技（600866）

如图 7-26 所示，星湖科技在 2019 年 3 月至 4 月的成交量呈现一个山峰形态，且股价在成交量缩量的情况下继续上涨。这就是典型的山峰状态。

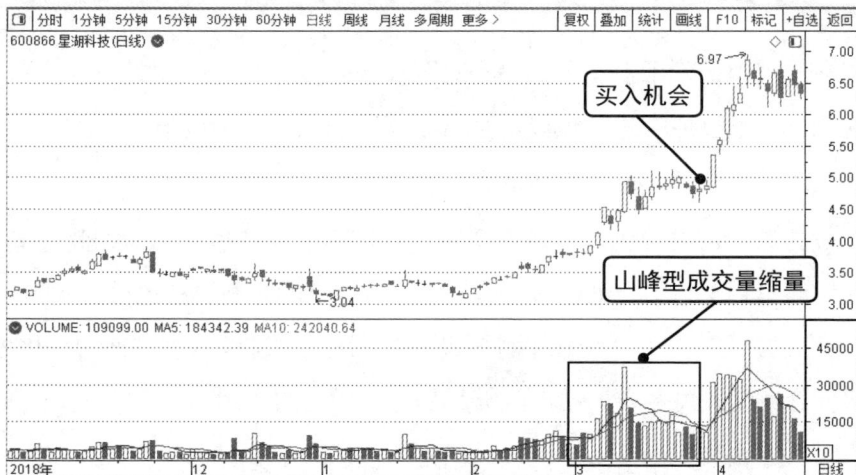

图 7-26　星湖科技 2018 年 11 月至 2019 年 4 月的 K 线走势

这种量跌价涨的走势，说明多方对这种股票看好，不惜抬高股价吸收筹码。股民可以选择在平台震荡的时候买入，当然，等待技术性回调的时候买入是最理想的，如在几个大阴线出现的第二日买入，就比较理想。因为大阴线下跌后，市场有可能受到恐慌心态的影响，继续下跌，等待第二日的走势明朗再进入，风险会小很多，而且利润也不会减少多少。

果然，从 3 月 29 日的大阳线开始，股价出现一路疯涨的走势，从 5 元附近上冲到 6.5 元附近，股民的平均获利在 30% 以上。这就是山峰型走势给我们带来的机会。

炒股技巧第 77 招：大牛显现，成交大增

山峰型成交量的现象在股市中比较少见，但是这种成交量背后的寓意是丰富的。量跌价涨的走势，说明庄家看好这种股票，如果再加上消息面的影响，这种股票一定会给股民带来丰厚的短期利润。

但是，这种山峰型成交量也有自己的缺陷，如果股价处于历史高位，已经上涨了很长时间，此时出现这种量跌价涨的迹象，股民最好三思而行。那么，这种山峰型成交量出现且股价出现疯涨的走势后，股民如何卖出股票？笔者将在下一节介绍这种技巧。

十、短暂大增，大牛不在：成交量形态卖股

山峰型成交量当然能够给股民带来丰厚的收益，但是股票上涨后，如何卖出，这也是一个比较烦人的问题。既然我们能够从山峰型成交量中发现上涨的可能，也能够从山峰型成交量中发现出货的时机。

实例分析

尔康制药（300267）

图 7-27 所示为尔康制药 2018 年 8 月至 2019 年 4 月的 K 线走势。

从图中可以看到，尔康制药在 2018 年 9 月走出山峰型成交量走势，这个量跌价涨形势在 2019 年 3 月也出现过，这两次山峰型成交量，说明有主力机构入场，预示后市的暴涨行情。

图 7-27　尔康制药 2018 年 8 月至 2019 年 4 月的 K 线走势

　　果然股价从 2 月开始向上拉升，尤其是 3 月底，股价突然大幅向上拉升，股价连续涨停，涨幅达到 66%。在 K 线图上形成多根高开高走的大阳线，如图 7-28 所示。这种涨幅让股民很担心，如果发生回调，股民很担心这种回调将会更加猛烈，盈利会减少很多。

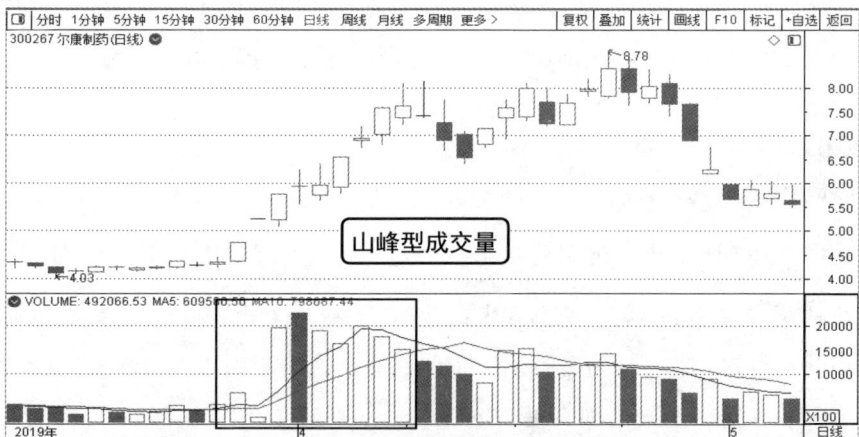

图 7-28　尔康制药 2019 年 3 月至 5 月的 K 线走势

　　但是，我们从成交量上发现，4 月 2 日至 9 日，股价虽然上涨迅速，但成交量却相差不大，这让股民担心是否是庄家出逃。

4 月 10 日股价在高位收出十字星，从当日分时走势图中我们发现密集成交区在上午，说明庄家可能出逃，如图 7-29 所示。

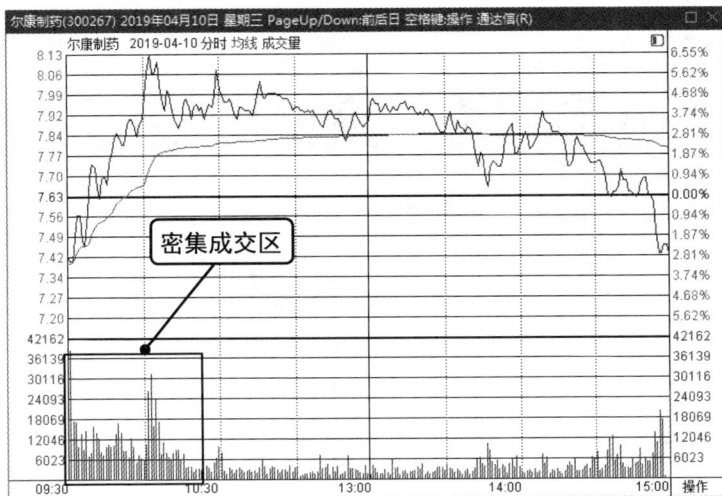

图 7-29　4 月 10 日分时走势

按照我们前面的烟雾弹理论，股民应该知道此时是离场的时机，因为庄家已经开始逐步撤离了。从底部的成交量我们也能隐约感觉到一丝寒意。

因为随后两日的成交量出现了下跌的迹象，而股价却在高位盘整，这时，由于股价已经创出短期新高，任何获利的股民都想离场保住已有的利润，而庄家也是这样考虑的。所以，股民在这个盘整的过程中，伺机离场也是不错的选择，因为落袋为安最为保险。

炒股技巧第 78 招：短暂大增，大牛不在

成交量出现山峰型时，如果股价没有大涨，可能预示着市场对该股的期望很高，是一种买入的信号。但是，如果股价上涨后，出现这种山峰型成交量就不是买入信号，而是一个卖出信号。

正所谓"成也萧何，败也萧何"，这种走势虽然是一种明显有利的信号，但在不同的环境下，其预示的方向不同，这一点股民应该牢记。

十一、双塔出现，牛股长存：成交量形态买股

在《指环王》系列中，《双塔奇兵》是一部不错的续集，同样，在成交量中，我们也有自己的"双塔奇兵"。在成交量中，如果不时出现天量，而且天量的时间差距比较小，这就是双塔，如图 7-30 所示。

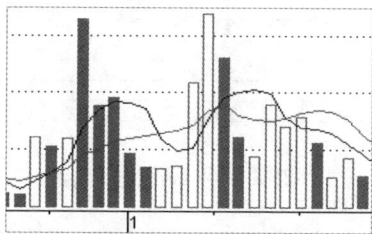

图 7-30　双塔形态示意图

成交量出现异动，大部分情况都是受到机构的拉动，因为机构不会持续不断的买股，而是等待一个适当的时机分批次地买入。当然机构不能控制市场，有时为了完成足够的买入计划，必然会大批量地买入，这种买入在成交量上就会表现出天量，而当机构频繁地短期内买入时，双塔就会出现，此时，股民就要做好进场的准备。

机构开始频繁地建仓，而且股价也在不断地上涨，正如我们前面所说，出现这种天量后，成交量萎缩，股价反而逐步上涨的，大多数是多头市场的前兆。

实例分析

浩云科技（300448）

图 7-31 所示为浩云科技 2019 年 10 月至 2020 年 1 月的 K 线走势。

浩云科技在 2019 年 10 月至 2020 年 1 月期间，成交量两次出现天量，形成一个典型的双塔形态，在 2019 年 10 月 29 日形成第一个天量，随后成交量一路下探，股价也出现一定的波动。后续成交量虽然比天量减少很多，但平均成交量依然逐步走高，说明买方还在不断买入。

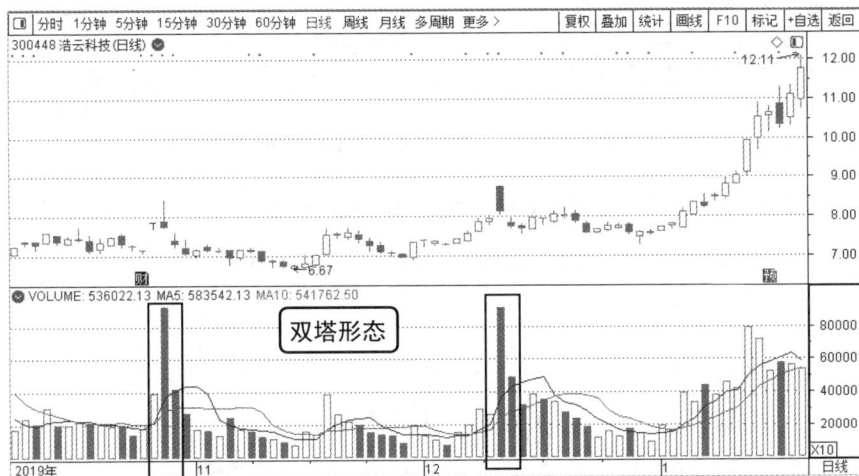

图 7-31 浩云科技 2019 年 10 月至 2020 年 1 月的 K 线走势

在 2019 年 12 月 11 日，同样形成一个天量成交量，此时股价比 10 月 29 日上涨了 4% 左右。

12 月 11 日的分时走势图如图 7-32 所示。

从该日的分时走势图上可以发现，庄家在上午开盘交易时就出手了，随后股价一路下跌。但想要知道庄家真正的动态，还是需要结合后面几日的走势来判断。

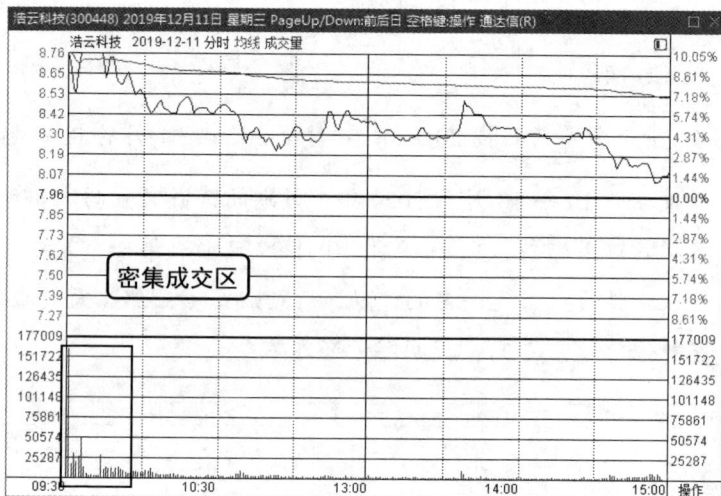

图 7-32　12 月 11 日的分时走势

成交量出现天量后，股价和成交量都出现了明显的下跌趋势，当然持股者对此一定感到比较郁闷，但却是空仓股民的入场机会。两次天量出现，部分机构是否获利逃离？

细心的股民会发现，两次天量之间的平均成交量在逐步缓慢增加，而此时股价并没有上涨多少，反而和前期平台价位几乎一样，这说明在机构买入股票后并没有离场，第二次天量可能只是一个烟雾弹。

所以，在 12 月 31 日的小阳线中，股民可以发现，交易量明显出现两个密集成交区，特别是下午尾盘时的密集成交区，股价随着交易量逐步上涨，这种情况是买方在主动买入，买方已经进场，加上之前的机构并没有完全逃离，股民可以据此判断距离股价拉升的时间越来越近了。

1 月 3 日，开盘后股价高开低走，进入午盘后股价一改颓势一路上扬，尤其是尾盘时候大单入场，股价直线拉升，按照我们之前的判断，这种密集成交区一般都是庄家进场的典型标志，所以股民可以在下午机构入场的最后时刻买入该股，如图 7-33 所示。

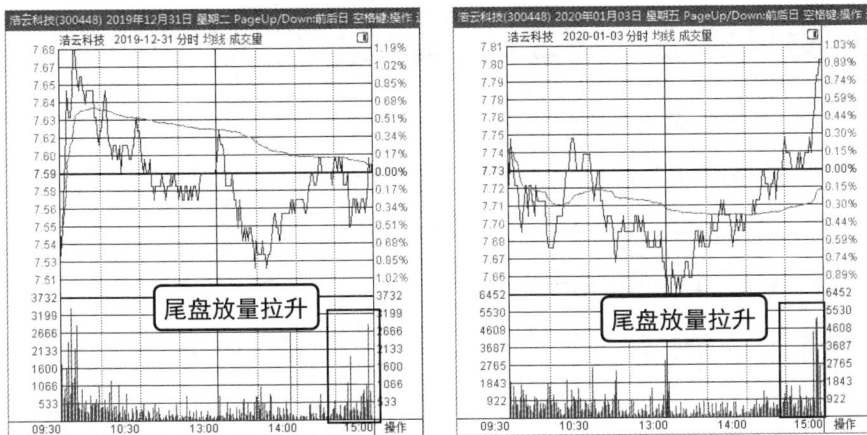

图 7-33　12 月 31 日和 1 月 3 日的分时图

当然，即使在 1 月 3 日没有买入的股民，也可以在第二天继续买入，盈利也是很丰厚的。因为从 1 月 3 日开始，该股出现连续上涨走势，股价从 7.7 元附近上涨到 12 元附近，涨幅超过 55%。

炒股技巧第 79 招：双塔出现，牛股长存

当双塔成交量出现的时候，股价大部分已经上涨了，这种成交量会给投资者带来一个明确的信号，就是该股的走势可能出现一定的变化，无论是在心理上还是市场表现上，这种双塔成交量的影响都是非常巨大的。

这种影响会从另一个方面被市场再次放大，股民和机构都会再次青睐这种天量频出的股票。所以股民可以在双塔出现的时候，选择适当的下跌机会进入，也可以结合 K 线图，等待反转迹象明显后再进入，后者都是比较安全和稳妥的做法。

当然，双塔不仅能够给我们提供买股的时机参考，也能给我们提供卖股的时机参考。

十二、虚实双塔，短暂牛股：成交量形态卖股

正如山峰形态的成交量，双塔形态的成交量在股价平稳盘整的过程中能够预示大涨临近，反之，在股价大涨的时候，也能预测股价可能到顶，要进入一轮反转下跌的走势。

我们既然能够利用山峰形态发现卖出股票的时间，同样也可以利用双塔形态在合适的时间卖出股票。因为双塔成交量是由两根及以上的天量组成，那么在上涨过程中出现天量，预示着机构有可能已经开始逃离，但是机构有时候也会留一手，等待第二次市场机会再卖出。这样多次地卖出，必然会在成交量上形成一个双塔形态，这就是我们的机会。

实例分析

麦格米特（002851）

图 7-34 所示为麦格米特 2018 年 10 月至 2019 年 3 月的 K 线走势。

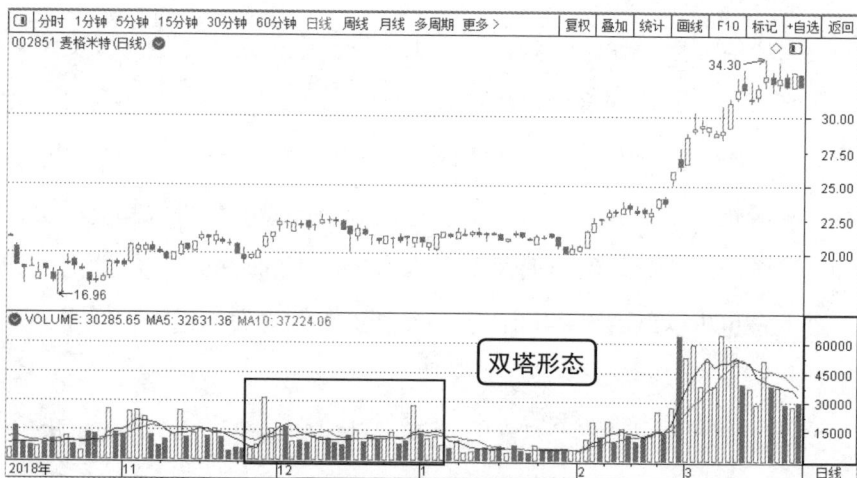

图 7-34　麦格米特 2018 年 10 月至 2019 年 3 月的 K 线走势

从图可以看到，麦格米特在 2018 年 11 月到 2019 年 1 月之间成交量多

次出现双塔形态，双塔形态对后市行情的预兆终于在 2019 年 2 月初开始灵验，股价开始大幅拉升。

3 月 29 日，股价跳空高开高走，形成一个明显的放天量的光头大阳线，似乎预示着后市将会继续上涨。4 月 1 日股价果然继续高开高走，保持之前的上升涨势。但是 4 月 2 日股价出现低开高走，K 线形成以一个倒锤线，这说明买方已经无力维持前一日的高价，股价可能会转入一个下行的趋势，如图 7-35 所示。

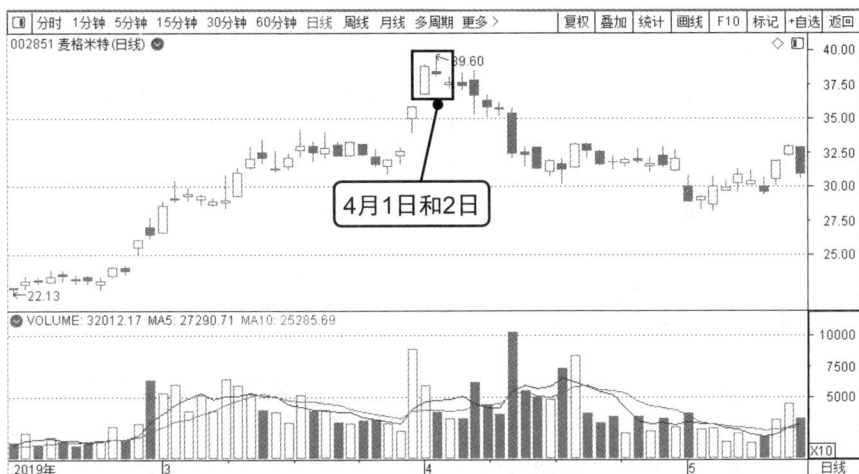

图 7-35　麦格米特 2019 年 2 月至 5 月的 K 线走势

此时我们查看 4 月 1 日和 4 月 2 日的分时走势，如图 7-36 所示。

4 月 1 日，股价开盘后放量下跌，密集成交区出现在早盘，随后全天成交量表现为缩量，说明主力有出逃迹象。

4 月 2 日，股价开盘后不久便直线拉升，创下 39.6 元的新高后迅速下跌，密集成交区也集中在早盘，进一步证实有主力出逃迹象。

此时细心一些的投资者可以在察觉出主力出逃意图之后就及时出逃，落袋为安。

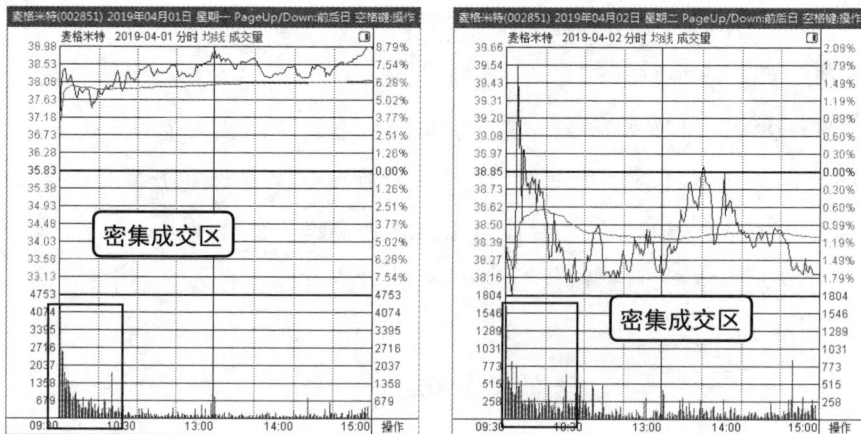

图 7-36　4 月 1 日和 4 月 2 日的分时图

随后股价在 37.5 元附近短暂调整之后进入缓慢下跌走势中，4 月 11 日 K 线收出一根低开低走的放量阴线，与之前的天量形成高位双塔成交量形态。前期没有出逃的股民，此时不要再抱有任何的幻想了。经过一轮上涨过后，高位区出现双塔成交量，预示后市行情转跌。

炒股技巧第 80 招：虚实双塔，短暂牛股

双塔成交量在股价高涨后再次出现，一般情况下，除非消息面刺激，股价通常都会出现一定的下跌，因为多次天量成交量在高位出现，不一定是机构进场，反而是机构离场的可能性较大。这时，股民就可以利用这种天量频现的情况，同时结合分时走势图和 K 线图，大概判断离场的时间择机离场。

十三、陡峭变化，黑马现世：成交量形态买股

在哲学中，我们都知道量变最终会导致质变，成交量如果出现典型的

异常增加，通常就是股价出现突变的前兆，如果这种异常增加的成交量连续出现，股价走势出现质变就可以确定，这种变化我们通常称为一柱擎天，如图 7-37 所示。

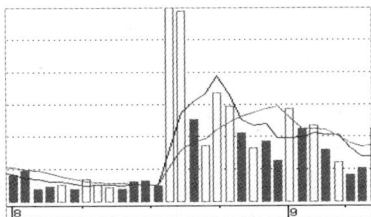

图 7-37　一柱擎天形态示意图

成交量异常放大，通常是受到消息面的突然刺激，提前知道消息的庄家和机构投资者，由于剩下的建仓时间很短，只有一种方法吸收足够的筹码——拉高股价，大量买进。股民也可以趁着这个机会进场，等待庄家再次拉升时出货。

实例分析

TCL 科技（000100）

图 7-38 所示为 TCL 科技 2019 年 10 月至 2020 年 2 月的 K 线走势。

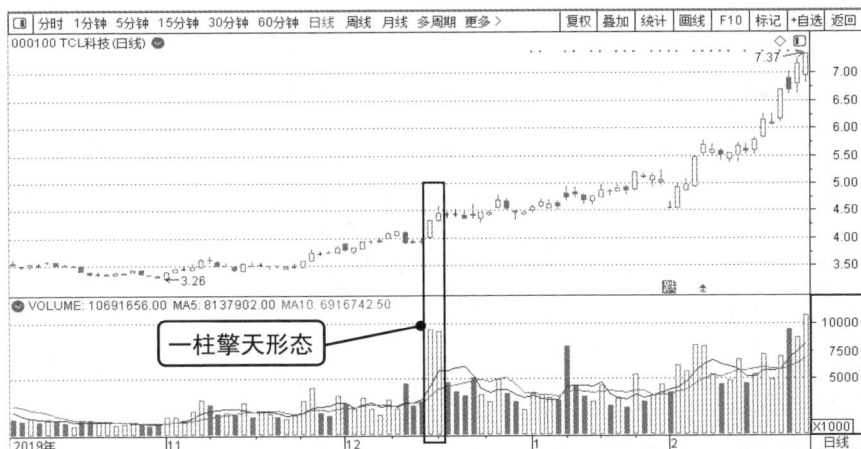

图 7-38　TCL 科技 2019 年 10 月至 2020 年 2 月的 K 线走势

从图中可以看到，该股前期经历了很长一段时间的横盘整理走势，股价在 3.5 元价位线上波动运行。11 月下旬，股价开始向上攀升，但上涨幅度并不大，涨至 4 元附近止涨横盘。

随后，在 12 月 16 日和 17 日，该股连续两天 K 线收出放量阳线，拉升股价结束横盘。此时观察成交量发现，16 日和 17 日两日的成交量出现并列的天量，形成一柱擎天的成交量组合。

我们发现，12 月 16 日和 17 日的两根天量，两日的股价差距并不明显，而且从两日的分钟走势图，也可以查看出端倪。

图 7-39 所示为 TCL 科技在 2019 年 12 月 16 日与 17 日的分时走势图。

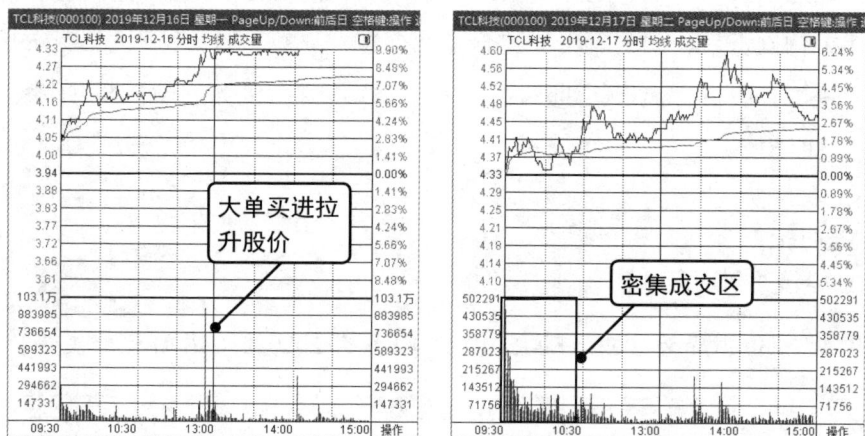

图 7-39　TCL 科技在 2019 年 12 月 16 日与 17 日的分时走势图

从 12 月 16 日的分时走势图可以看出，该股当日开盘之后股价向上攀升，随后在 4.16 元至 4.22 元区间横盘波动变化。临近早盘结束时，该股突然出现大单拉升股价至涨停板的走势，说明有主力介入。

观察 12 月 17 日的分时走势可以看到，该股当日整体上表现出先涨后跌的走势，且多方占据优势，最终收出带长上影线的阳线。且成交量主要集中在早盘的 4.37 元附近。

因为 12 月 16 日出现大单买入时的价位为 4.33 元附近，而 17 日的成交密集区在 4.37 元附近，虽然有一定的涨幅，但涨幅过小，由此判断主力并没有出货逃离。因为，如果此时主力出逃，盈利会非常微弱，甚至可能出现亏损，所以此时的出现的天量为主力追加建仓的表现，后市可能会出现大涨。

从图 7-38 也可以看到，成交量出现一柱擎天组合之后股价短暂整理后开始大幅向上拉升，最高涨至 7.37 元，涨幅达到 63%。

成交量出现陡峭的天量变化时，很可能是股价行情即将发生变化的预兆，此时投资者可以重点关注。因为这类的股票往往为黑马，常常会给人带来意想不到的收获。

如果在股价下跌后的低位区域，或者是长期横盘整理的低位区域出现天量，则是主力大规模建仓的结果，说明此时有主力在激进吃货，后市的上涨空间广阔。因此，低位区域出现一柱擎天的成交量组合上涨信号更为准确。

炒股技巧第 81 招：陡峭变化，黑马现世

成交量类似一柱擎天的陡峭变化，不仅是庄家买入筹码的时机，也是股民开始关注股票的时机。当然，股民可以选择在庄家买入的时候一并入场，但是这个并不是最佳买入时机，最佳时机还需要等待一些时间。最好是结合 K 线图来选择合适的买入时机，这样可以让股民的买入成本比庄家的更低，卖出股票时，选择的价格空间也就更大。

十四、黑马不再，趁机出货：成交量形态卖股

一柱擎天的成交量形态不仅能够用来预测后市大涨的概率，也能在股

价大涨发力时，告诉我们何时是卖出的机会。当然，这次我们利用的不是上升的通道，而是成交量从天量下跌的时间区域来选择卖出的时机。

实例分析

金融街（000402）

如图 7-40 所示，在金融街 2018 年 12 月至 2019 年 6 月的 K 线走势中，成交量多次出现了一柱擎天的现象，且每一次成交量都刺激着股价不断上冲。

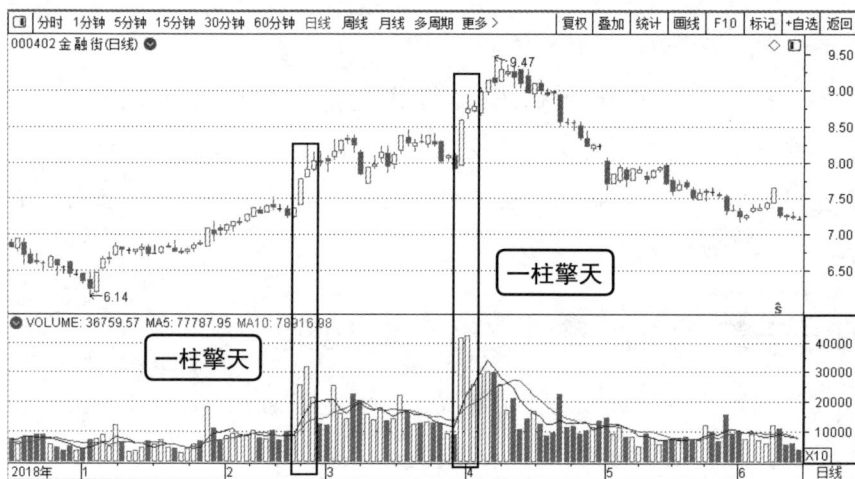

图 7-40　金融街 2018 年 12 月至 2019 年 6 月的 K 线走势

第一次出现成交量暴增的时间是 2 月 25 日到 27 日，这次股价上涨的幅度接近 10%，成交量也出现陡升陡降的局面。

从图中可以看到，成交量在 2 月 25 日至 27 日这三天的成交量相比前一段时间的平均成交量偏高，从 10 日均量线上可以反映出来。但是到28 日，成交量降幅超过 50%，随后的交易量也维持在这个低水平。

成交量出现陡升陡降的态势，说明之前的庄家已经无力继续维持股价上行，这种情况股民最好择机离场。同样道理，在 2019 年 3 月 29 日到

4月1日之间的成交量异常变化的情况下，股民也最好选择陡降的时候离场，虽然这样的盈利并不是最大的，但是也能够做到安全离场。

在以上选定时间段的成交量走势中，整体走势完全是陡升陡降，在成交量如此巨大的变化中，必然有部分机构已经逃离，在这种情况下，股民可依据成交量缩量的情况，见好就收。

在随后的走势中，股民会为自己提前离场感到欣慰，股价从高位单边下跌，从9.5元一路下跌到7.5元下方，股民虽然没有在最高点卖出股票，但是，避免了被深度套牢的风险，这正是"留得青山在，不怕没柴烧"。

炒股技巧第82招：黑马不再，趁机出货

成交量突然放大，通常意味着后市可能出现一轮反弹走势，这对于股民来说是一个买入的信号，相对地，如果成交量从天量变为一个较低的量，这种突变说明买方已经开始谨慎，股民从这种变化开始，也要小心谨慎。

大部分情况下，当股价拉升到一个新平台后，成交量放量通常是因为机构或庄家离场，如果股民不能趁着这种机会逃离，后市没有庄家继续进场，仅仅靠散户买入，是无法维持这种高位走势的。所以既然庄家已经卖出，股民此时也可以按照成交量和K线图的走势卖出股票，等待下一次机会。

十五、上蹿下跳，躁动不安：成交量形态买股

每当自然界发生大事情之前，动物都会焦躁不安，这是因为动物有敏锐的感觉，能够察觉到自然界中的微小变化。同样，在股市中也有这种能够预知股价变化的依据，这就是成交量的频繁波动，这时候成交量的交易

不一定很大，但是上下波动集中在一个短暂的时间段中。如图 7-41 所示。

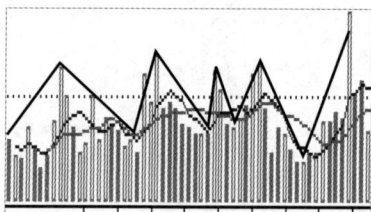

图 7-41　上破下坡的形态示意图

这种波动非常明显，如果配合 K 线图的走势，就能够发现其中一些异常的地方，这种集中波动，一定是买卖双方强烈对抗的结果，市场上能够发动如此频繁攻势的只能是机构投资者或者庄家。既然我们已经发现庄家的异动，就要擦亮双眼，找到适当的机会进场，利用庄家拉升的时候离场，也是非常不错的选择。

实例分析

梦网集团（002123）

图 7-42 所示为梦网集团 2018 年 10 月至 2019 年 4 月的 K 线走势。

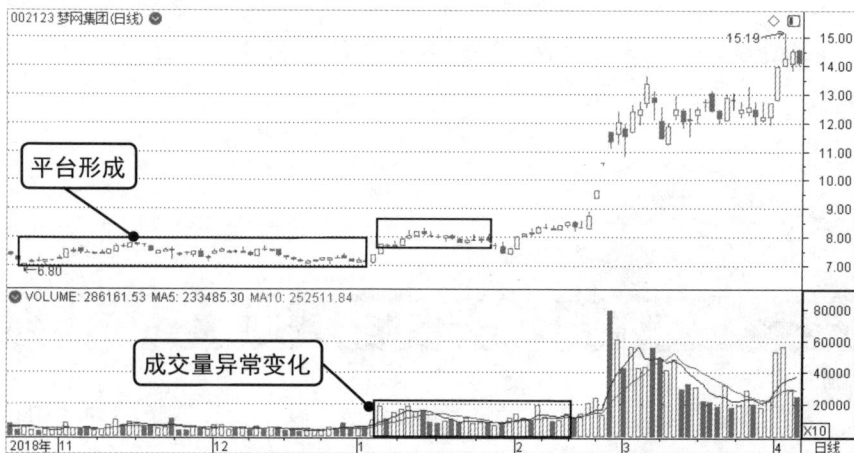

图 7-42　梦网集团 2018 年 10 月至 2019 年 4 月的 K 线走势

梦网集团在 2018 年 10 月至 2019 年 1 月期间，股价以 7 元价位线做支撑，在 7 元至 8 元区间内做窄幅运动，形成一个平台整理的走势，对应的成交量变化也较小。

到了 2019 年 1 月至 2 月之间，成交量出现了上蹿下跳的走势，成交量的波动明显高于前一个时间段，此时，股价上冲到 8 元价位线，在 8 元价位线上做调整，原本 8 元价位线的阻力转为支撑，形成一个新的高位平台。

我们仔细观察其中两个波动明显的时间段——1 月 11 日和 14 日的分时走势图，如图 7-43 所示。这两日的成交量都明显增加，并且尾盘成交量都有逐渐密集的迹象，同时成交量密集区的时间也逐渐增加，这说明无论是庄家或市场，都对该股的将来看好。

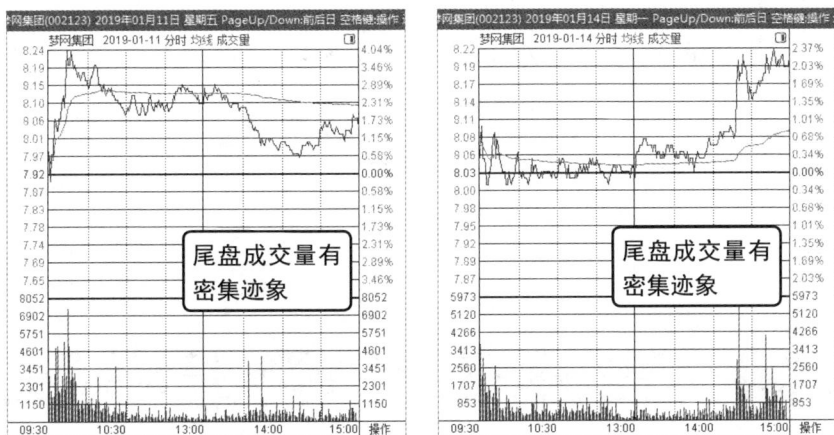

图 7-43　1 月 11 日和 1 月 14 日的分时图

在这种走势中，市场开始买入的时候，就是我们跟进的时候，当然股民最好在股价下跌回调的时候，低于大单的买入价格买入，比如在本例中，在 8 元下方就可以大胆买入。

炒股技巧第 83 招：上蹿下跳，躁动不安

上蹿下跳的成交量走势虽然在股市中比较常见，但是同 K 线图不断上移的组合还是比较难发现。特别是从一个平台上涨到更高的平台，成交量的变化异常活跃，从另外一个方面也证实场内有大资金在成交量中兴风作浪。

当然，这种成交量波动超过之前的平均波动也可能是和大盘的走势有密切关系，如果股民能够结合大盘走势和股票的分时走势图等做综合判断，相信股票中的任何异常都逃不过股民的眼睛。

这种成交量的异常波动有时候预示后面的走势变化明显，特别是在整体走势不太明朗的时候，乱中取胜是短线盈利的法宝之一。

成交量异常波动既可能是庄家进场的迹象，也可能是庄家在高位出逃的迹象，下面一节我们将对这种上蹿下跳的成交量异常现象的解读应用于卖股的过程中，让股民减少损失，最终和庄家一起，胜利大"逃亡"。

十六、高位放量，隐藏其中：成交量形态卖股

上一例中，介绍了通过异常波动成交量买入股票，那么本例中，我们将介绍如何通过这种异常波动的成交量来判断出货的时机。因为根据统计学的观点，成交量应该维持在一个合理的范围内，比如股市低迷的时候，股民都不会贸然进场，成交量此时保持在一个低位，如果出现异常，那么多半是由于机构或庄家进入。

同样，在股价上涨到一个高位后，盈利的股民都会纷纷离场，但是这种离场的股民卖出股票的数量和庄家卖出的数量相比是比较小的。如果此

时庄家有离场的举动，那么成交量的变化就比较明显了。即使庄家采用分批出货的方式离场，这种迹象也会造成成交量上下波动，相比之前的成交量走势，这种上下波动还是比较明显。

实例分析

南玻 A（000012）

图 7-44 所示为南玻 A 2018 年 10 月至 2019 年 4 月的 K 线走势。

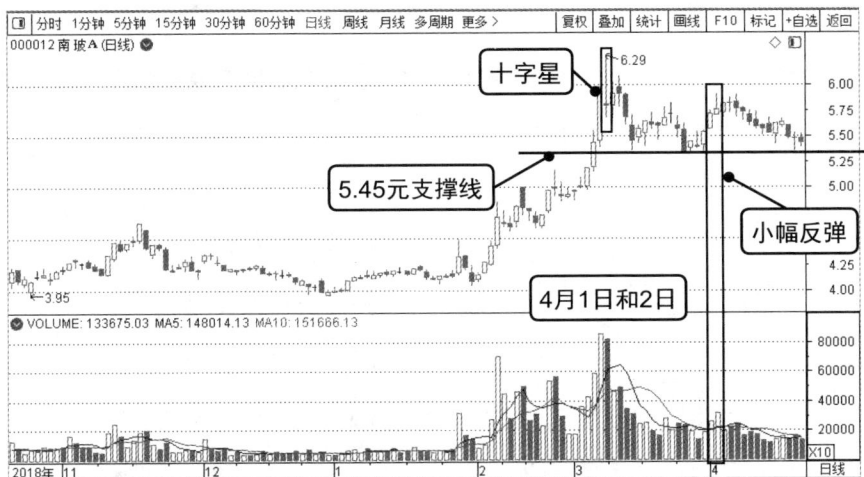

图 7-44　南玻 A2018 年 10 月至 2019 年 4 月的 K 线走势

从图中可以看到，南玻 A 在 2019 年 2 月初 K 线连续放阳，向上突破 4.5 元阻力线，开启了上涨行情，成交量随股价稳步上涨。

股价涨至 6.29 元时止涨，在 5.5 元价位线上调整，并在 5.5 元至 6 元区间内窄幅运动，形成一个高位整理平台。股价在盘整过程中，底部成交量出现了明显的波动，从天量下探到地量。

正如前面介绍的，成交量在高位开始缩小，股价出现横盘调整这种现象时我们就要开始关注。从横盘中，我们还发现出现了一个高位十字星，这不是一个好的兆头。同时，成交量自高位十字星之后并没有更大的成交量接着出现，反而接近地量，股价也在不断下跌，不断临近支撑线。虽然随后股价出现一定反弹，成交量也开始逐步恢复，但是依然不足以改变成交量缩量严重的局面。此时，我们就需要关注更细微的线索。

当然，本节不是关注十字星，我们要把注意力集中在成交量高的两个交易日——4 月 1 日和 2 日。这两个交易日成交量不是最大，但是也高于平均线不少，所以，我们可以从这两个时间来分析一些异常的波动。从图 7-45 所示的 4 月 1 日和 2 日的分时走势图中，我们发现成交都集中在当日的上午。

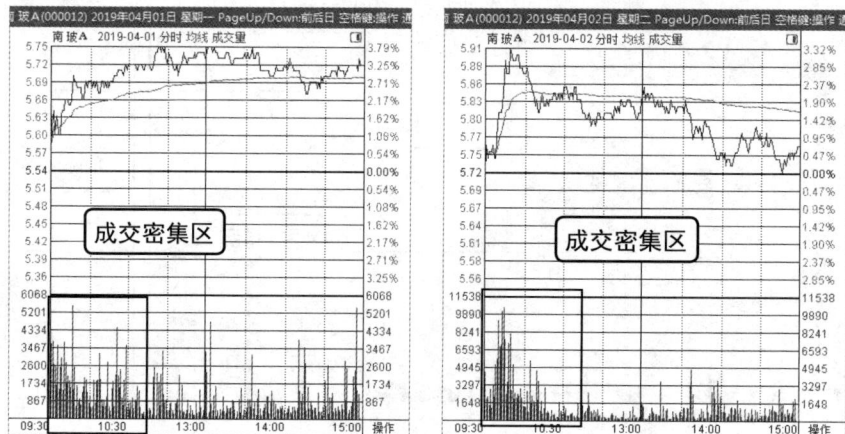

图 7-45　4 月 1 日和 2 日的分时图

特别是 4 月 2 日，成交密集区出现在上午开市后不久。这种密集出货的手法股民应该非常熟悉，从庄家的心理分析，我们也能察觉到一丝不安，如果庄家是买入，那么何必匆忙在上午交易时间就买入，而且股价也接近平台的上部，虽然庄家此时买入不太稳妥。

随后几日的成交量又减少很多，并且此时 K 线 7 连阴，股价下跌，有跌破 5.45 元支撑线的趋势。这种情况下，股民都能明白该趁机逃离。

图 7-46 所示为南玻 A 2019 年 3 月至 8 月的 K 线走势。

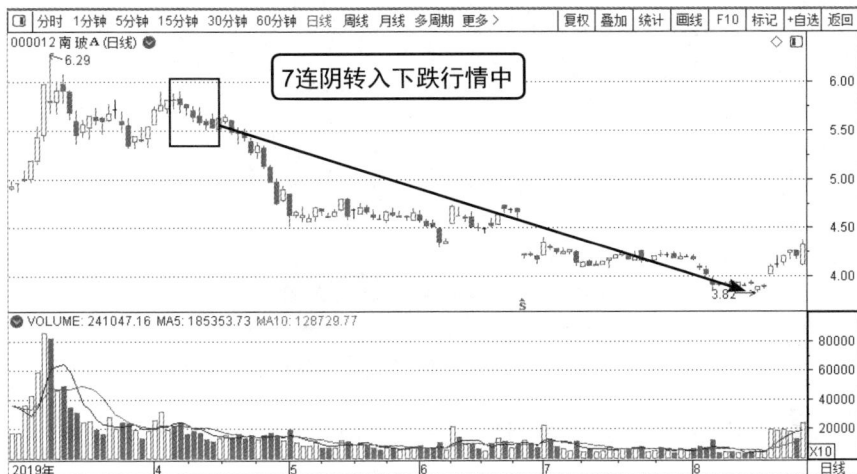

图 7-46　南玻 A 2019 年 3 月至 8 月的 K 线走势

炒股技巧第 84 招：高位放量，隐藏其中

随着股价的上涨，站稳一个高位平台后，按常理会出现一定的成交量放量支撑这个平台。这也是非常正确的想法，但有时候这种想法也会被庄家利用。

正如本例中，高位平台建立时，成交量出现了一定的放量后，就会逐步恢复到一个低迷状态，此时再出现放量的情况，股民就可以通过分时走势图发现一些庄家逃离的迹象。多数情况下，庄家会趁着最后的拉升逃离，在这种情况下，股民就要结合 K 线图和成交量来综合判断，最佳的卖出时间就是跌破平台的那个时间。

十七、平稳建仓，涨势凶猛：平稳形态买股

有时候，成交量表面上是风平浪静的走势，但是股价却慢慢地上移，

当庄家有足够的筹码后会给股民惊喜。这就是本节将讲解的平稳走势成交量组合图，如图 7-47 所示。

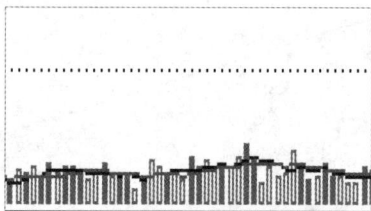

图 7-47　平稳走势成交量的组合形态图

这种平稳走势的成交量，特别是在股价缓慢上涨的情况下出现时，股民最好不要大意，因为这种平稳的成交量，通常会被忽视，大部分股民都会关注那种变化特别大的股票，比如大幅上涨或大幅下跌的股票。然而，庄家或是实力不够强大，或是为了降低成本，也会采用悄悄建仓的计划，不动声色地把成交量控制在一个范围内，这种控制全天成交量的做法，就是为了不引起股民的怀疑。

当然，这种控制成交量的做法，也会造成一些异常的现象，例如成交量的过于平均和稳定就是异常之处。理论上，随着股价的上涨，成交量会出现增长，若股价上涨过多，会出现大量，原因是收益的股民会卖出这种股票。此时如果成交量依然保持低位，那么只能说明股民已经不是主要持股，股票已经集中在庄家的手中。

既然庄家已经控制了市场，那么股民也可以暗度陈仓，潜伏在其中，赚点儿小钱。

实例分析
深科技（000021）

如图 7-48 所示，深科技股价 2018 年 10 月至 11 月中旬处于连续上涨过程中，涨幅超过 29%，而成交量却保持在低位的水平，一直处于低迷状态，这种情况比较蹊跷。

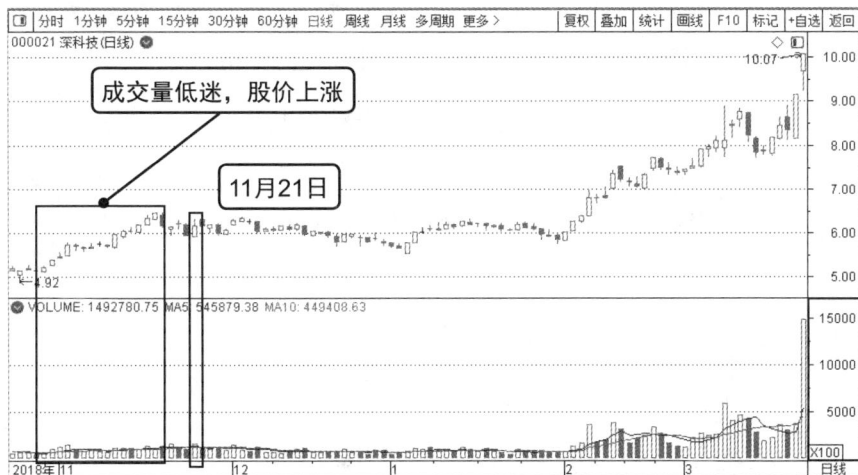

图 7-48　深科技 2018 年 10 月至 2019 年 3 月的 K 线走势

随后，成交量终于在 11 月 21 日出现一定的放量现象，但此时的 K 线图非常奇怪，在十字星附近出现放量，同时股价的分时走势也异常奇怪，表现在上午股价快速下跌探底后又马上被拉升到均线附近，如图 7-49 所示。

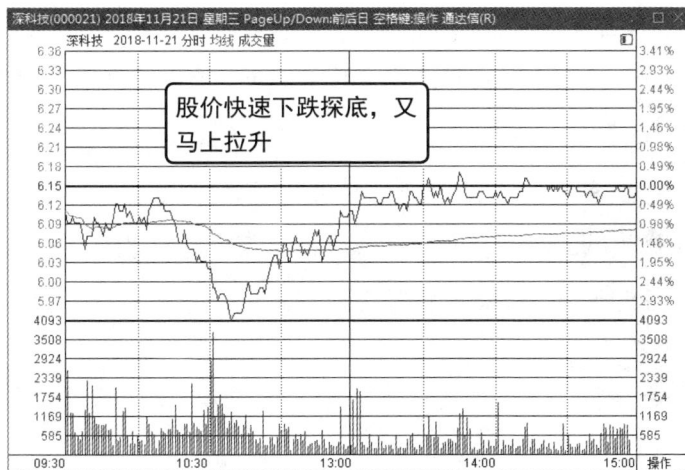

图 7-49　11 月 21 日分时图

从图中可以看到，在该股急速下跌后，又出现大量成交量将其迅速拉起，使股价回到均线之上，从这一点，我们可以发现庄家似乎在试探下部的支撑位置。庄家的这次行为其实是为了试探底部价格。

随后，成交量又出现一路缓慢下行的走势，股价波动比较小，在这种情况下，我们可以判断此时市场已经被庄家控制在了一个窄空间中，除非上行突破，否则股价会在这个位置继续盘整，此时庄家也在继续建仓中，股民也不要放弃这个机会，伺机买入。

随后的走势，股民会非常吃惊，股价在短期内从 6 元上涨到 10 元附近，涨幅超过 66%，这就是平稳建仓的厉害之处。

炒股技巧第 85 招：平稳建仓，涨势凶猛

在庄家建仓的过程中，这种平稳建仓的做法是比较隐秘的。为什么机构能够平稳建仓，而股价又不会出现大幅波动，有以下两个原因。

◆ 市场处于低迷的时候，机构悄然进入，此时，利用消息面，机构可以散布后市看淡的预测信息，当然，这种预测信息主要是为了掩护机构在低价位买入的行为。

◆ 股价处于非常小的波动中，说明此时股票已经比较集中，大部分筹码已经被机构控制，在这种情况下，散户卖出的股票将不会对整体走势起到任何作用。

当然，在这种情况下，特别是股价处于底部的时候，股民就要大胆买入，若选择下跌的时候再买入，或分批买入也是不错的。等待后市庄家的拉高出货时再卖出，股民盈利将会很丰厚。

十八、高位出货，稳当收益：平稳形态卖股

庄家既然能够在低位进行平稳建仓，同样也会在高位平稳出货，这种出货的手法如果散户能够掌握，将会减少高位被套的风险。

这种高位出货的手法有时候可能被股民认为是上冲过程的一次盘整，急于搏一次短炒的股民，如果受到某些别有用心的股评家的煽动，就很容易上当受骗。

本例将介绍这种庄家高位平稳出货时的迹象，股民如果能够提前出逃，虽然不能获得最高利润，但是如果建仓比较低，短期获得 10% 以上的利润，也是可能的。

实例分析

泛海控股（000046）

图 7-50 所示为泛海控股 2019 年 1 月至 6 月的 K 线走势。

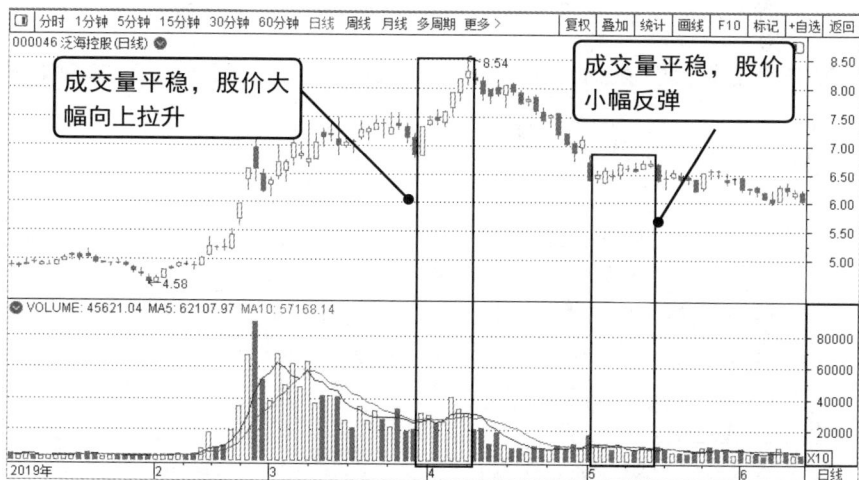

图 7-50　泛海控股 2019 年 1 月至 6 月的 K 线走势

从图中可以看到，泛海控股在 2019 年 2 月初出现一波连续上涨行情，

股价受到利好消息面刺激，从 4.58 元上涨到 7 元附近止涨横盘调整，期间成交量随着股价的上涨而放大，下跌而缩小，这种成交量波动和股价的波动，几乎是成正比的，表明买卖双方拼抢激烈，属于正常的走势。

但是，股价横盘调整一段时间后，于 3 月 29 日开始继续向上拉升，K线连续收出多根大阳线，股价最高涨至 8.54 元，涨幅超过 10%，但是此时成交量却逐渐减少，表现平稳，说明买方不太愿意进场，因为其前期利润已经锁定。对于股民来说，这不是一个好的兆头，庄家不看好的股票，股民也不能继续持有。

随后股价下跌，从 8.54 元跌至 6.5 元后止跌，5 月 7 日至 16 日，股价出现小幅反弹，但此时成交量处于一种平稳状态，波动非常小，说明庄家和市场上的投资者都不愿买入该股票，前期还抱有幻想的股民此时可以放弃了。

同时，成交量的波动不能够完全证明庄家的异常，我们选择其中两个成交量较大的交易日观察庄家的异动。例如 4 月 4 日和 8 日，这两日的成交量都在均量线之上，如图 7-51 所示。

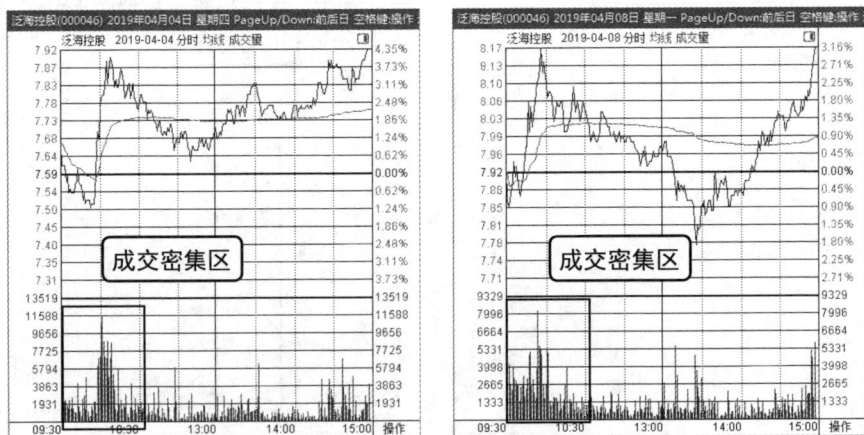

图 7-51　4 月 4 日和 8 日的分时图

4 月 4 日，该日交易量比前一个交易日的成交量增长了 50% 以上，在该日的分时走势图上，成交密集区出现在上午的交易时间，此时既是大量的买单涌入的时候，同时也是大量卖单涌出的时候，当然，股民此时无法判断庄家的动向，所以我们必须结合 8 日的分时走势图和 K 线图来判断。

在 4 月 8 日的分时走势图上我们再一次发现成交密集区在上午出现，两日都出现这种上午卖出的现象，股民此时可以选择卖出，卖出时间可以选择在下午收盘之前。

图 7-52 所示为泛海控股后市走势图，股价呈现出一个典型的单边下跌走势，没有及时离场的股民损失非常惨重。

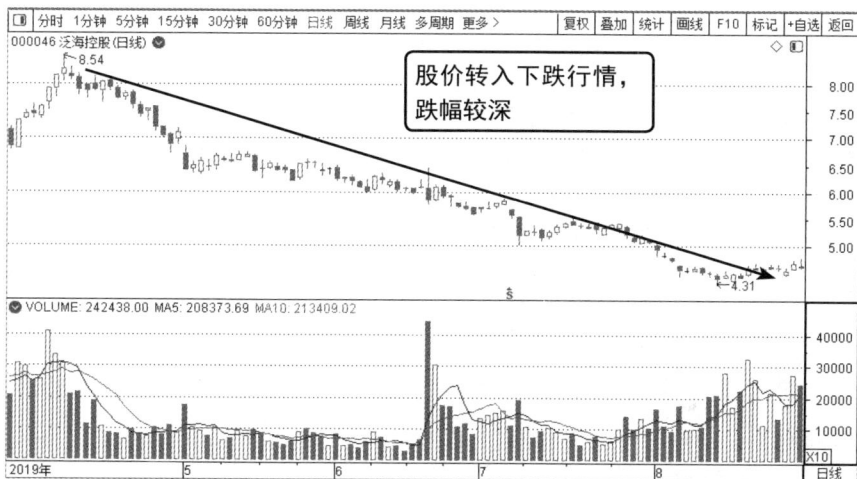

图 7-52　泛海控股 2019 年 4 月至 8 月的 K 线走势

炒股技巧第 86 招：高位出货，稳当收益

股民朋友在持股的过程中，必须密切注意交易量的变化，特别是在股价高位波动过程中，如果股价波动明显，但是成交量却异常平稳，在这种情况下要注意庄家动向，因为庄家不是在利用这种波动买入股票，就是在利用这种价格波动卖出股票。

由于这种成交量平稳走势与剧烈震荡走势相比，经常被股民忽视，所以这种过于平稳的走势常常会被庄家利用，掩盖其真实的目的。股民此时最好利用庄家拉高出货的时机离场，获得一个稳定的收益，比冒大风险搏一把要明智。

当然，这种平稳的成交量也可能蕴藏了后市继续上涨的可能，股民如果要继续追涨，必须明白其中的风险，如果不能承受这种高位被套的风险，笔者建议还是等待大跌的机会或者购买其他更加安全和优质的股票，这才是逐步增加利润的最佳方法。

十九、缓慢减量，涨幅有限：圆底形态买股

前面介绍了控制成交量平稳建仓的手法，股民可以通过这种平稳建仓的方式发现有潜力的股票。本节中，笔者将介绍一种更为特殊的成交量形态——圆底成交量形态，这种成交量的整体形态类似于一个圆的形状，其中两侧的交易量出现明显放大的迹象，中间交易量反而缩小，其他交易量按比例增长，形成一个比较规则的圆弧形状，如图 7-53 所示。

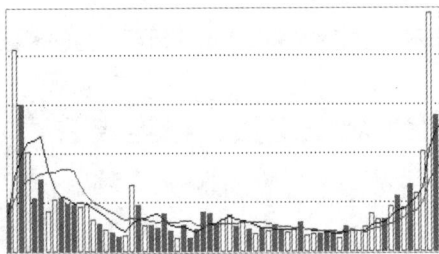

图 7-53　圆底形态示意图

这种成交量圆底形态有点类似于双塔组合，但是圆底的成交量变化与双塔不一样，走势较双塔更加平稳，没有多处出现成交量暴增的现象，

同时，这种圆底成交量也具备前面平稳成交量的优点，非常利于庄家在股价低位获得筹码。

圆底形态由于结合了双塔组合的优势，其左边的天量成交量有时候可能给股民一个不详的暗示——庄家开始逃离，股价只有下跌。如果股民不仔细加以判断，这种暗示常常让股民提前离场，这当然是庄家最喜欢的局面。

这种圆底形态的成交量通常发生在庄家准备拉升股价之前。圆底形两侧的天量功能各不相同，第一个是试盘，往往第二个才是真正的上拉过程的开始。

第一个天量是庄家在行动之前对于市场压力的一次试探，如果能够上冲突破阻力线，庄家就可以一鼓作气卖出筹码；如果庄家上冲失败，股价会在一个范围内波动，成交量出现缓慢平稳放量，并逐步减少至地量水平。此时由于庄家已经控制住了大部分流通股票，散户已经不能让成交量出现大幅上涨，因此成交量在第一个天量后会下跌，出现有规律的减少。

第二个天量才是庄家拉升的开始时间，此时，有了第一次上冲的经验，庄家能够轻易地化解阻力线阻力，为后面上冲铺平道路。

如果股民能够合理利用圆底形成交量的特点，在适当的时候建仓，然后在庄家拉升中期离场，盈利也是比较丰厚的。

实例分析

横店东磁（002056）

图 7-54 所示为横店东磁 2019 年 9 月至 2020 年 1 月的 K 线走势。

横店东磁在 2019 年 9 月至 12 月下旬之间的成交量形成一个典型的圆弧底形态，在圆底形态中我们最主要是观察左侧的成交量，横店东磁在 9 月 20 日和 23 日 K 线图收出两根大阳线，成交量出现天量。

图 7-54　横店东磁 2019 年 9 月至 2020 年 1 月的 K 线走势

　　从当日的分时走势图上，我们可以发现 9 月 20 日下午 14:00 之后有大量买单入场，进一步推高股价，这是典型的庄家入场方式，如图 7-55 所示。

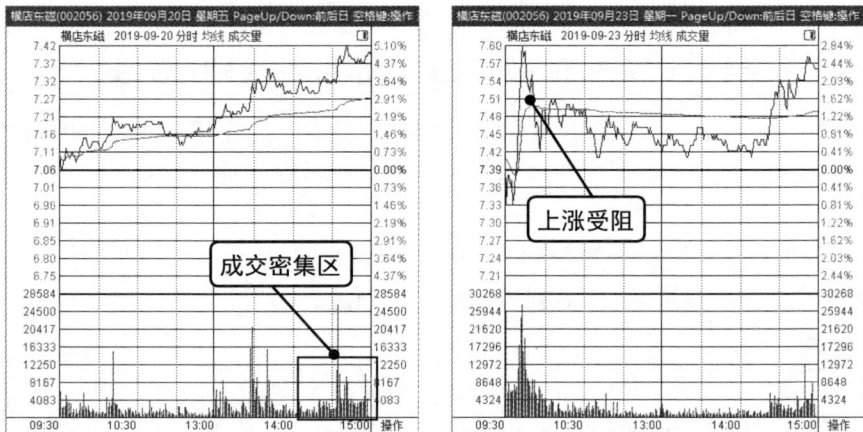

图 7-55　9 月 20 日和 23 日的分时图

　　同样的，我们在 23 日的分时走势图上也发现了这种大单进场的迹象，但是，当日的走势与 20 日的走势有很大的不同，成交量密集成交区出现在早盘，股价向上拔高，但马上遭到打压跌落至均价线下方，尾盘时成交量放量拉升股价，大单入场才将股价拉升至均价线上方。由此，在 K 线上形成一个不长的带有上影线的阳线，这说明买方实力被削弱，股价继续上行的难度较大。

随后，股价一路下跌，成交量也出现大幅缩量，但是在成交量缩量过程中，成交量并没有出现较大幅度的变化，类似于平稳成交量走势中出现小幅波动，并且保持一个低位走势。即使在股价出现大幅上涨时，成交量也很平稳，说明庄家无明显出逃的迹象。

既然庄家不出逃，说明庄家有可能已经被套，或者是庄家无进一步增持计划，但是在之前的天量出现时我们已经发现庄家进场，结合以上情况，此时就是股民选择进场的机会，这时股民可以以低于庄家的价格买入股票，享受较多的利润。

当然股民可以选择在 11 月初这期间的交易时间进场，因为此时已经比庄家的建仓价格低了 10%，即使庄家要割肉离场，我们也能获得一定的利润。随后，在 12 月，庄家终于露出其狐狸尾巴，开始拉升出货。

炒股技巧第 87 招：缓慢减量，涨幅有限

由于庄家急于建仓，短期内大量买盘涌入，将股价大幅推高，但很快受到市场打压，股价迅速下跌，庄家也不能避免被套。

庄家被套后，市场失去庄家的参与，成交量必然会出现显著缩量，价格也随之出现明显下跌，即使两者均出现一定比例的减少，成交量也不会出现明显变化。原因在于庄家无力抽出资金购买股票，这种时候就是我们散户的市场，以低于庄家进场的价格买入，后面能做的就是等待股价被拉升，伺机分批卖出股票盈利。

当然，在这种情况下股民也要防止陷入庄家的拉高出货，让股民接盘的陷阱，股民须密切关注成交量的变化，如果成交量在高位放量，庄家离场的概率就比较大，股民也应该见好就收，因为保本是关键。

二十、高位减量，好聚好散：成交量形态卖股

既然我们能够从圆形成交量形态中发现庄家被套的迹象，也能从中发现庄家离场的迹象，这就是利用圆形形态卖股的技巧。庄家建仓的时间能够通过圆形形态发现，同样当庄家盈利的时候，必然会以这种买入价格作为参考，股民在低于庄家的买入价买入是安全的，如果高于庄家的买入价，那么我们就要随时注意庄家离场的迹象，能够提前逃离也会安全。

实例分析

鲁阳节能（002088）

图 7-56 所示为鲁阳节能 2018 年 10 月至 2019 年 4 月的 K 线走势。

鲁阳节能在 2018 年 10 月和 2019 年 2 月之间形成一个大弧度的圆形成交量。其时间跨度比较长，历时 3 个多月。随后在 3 月，股价飙升也是非常明显的，最大涨幅超过 50%。

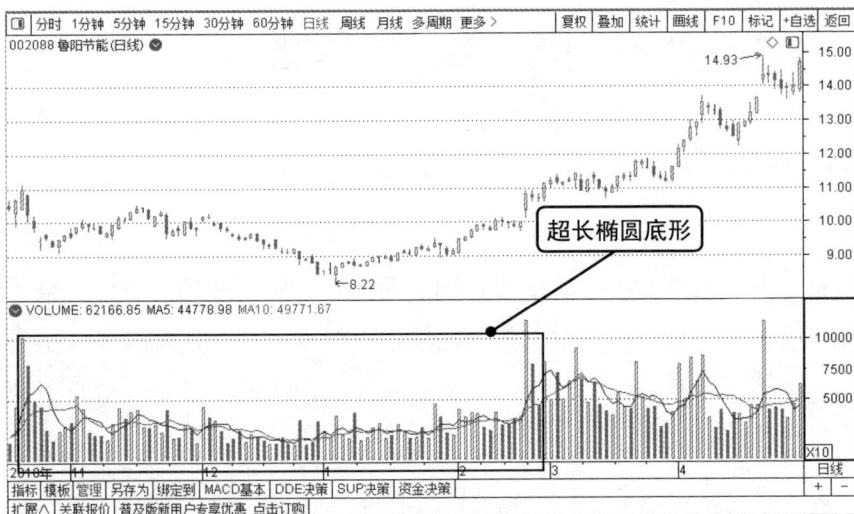

图 7-56　鲁阳节能 2018 年 10 月至 2019 年 4 月的 K 线走势

当然，这种收益不是每一个股民都能获得。因为大部分股民经过长期的低位盘整，都会放弃这种低价盘整的股票，去追寻涨势更好的股票。即使有股民能够坚持三个月持有该股票，在股票出现放量上涨的过程中，一般会选择在第一个突破阻力线日时，即 2 月 25 日就结算离场，这是非常保险的做法。

本例中，如果在第一个突破日卖出，其实只能盈利 15% 左右，错过了其后接近 25% 的利润。那么什么时候是最佳的卖出时间？以圆形形态成交量的第一个天量形成的时间 10 月 22 日为例，该股在当日上冲到 11 元附近，这个才是我们认为的第一个阻力线，所以 2 月 25 日实际上并真正突破阻力线，股民大可不必提前离场，如图 7-57 所示。

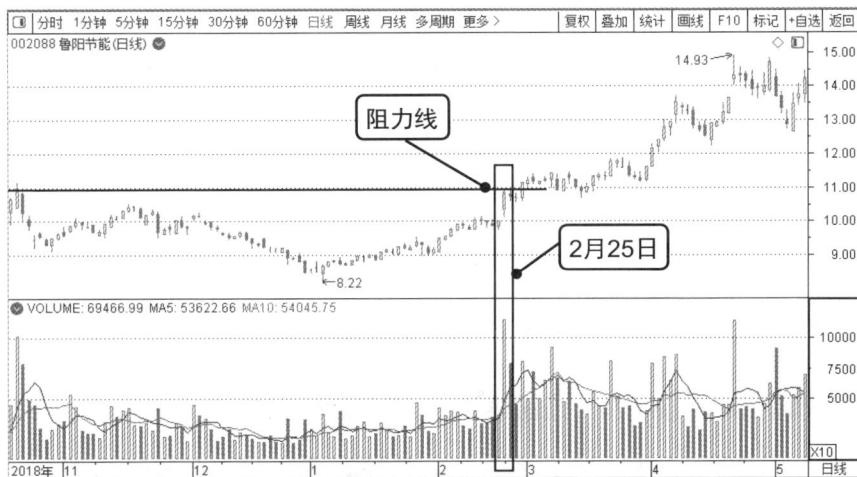

图 7-57　鲁阳节能 2018 年 10 月至 2019 年 4 月的 K 线走势

2 月 25 日之后股价一直在 11 元价位线上横盘调整，成交量没有明显的缩量，我们查看横盘时 3 月 7 日的分时走势，3 月 7 日成交量有明显增大迹象，且在均量线之上。

图 7-58 所示为 3 月 7 日和 4 月 25 日的分时图。

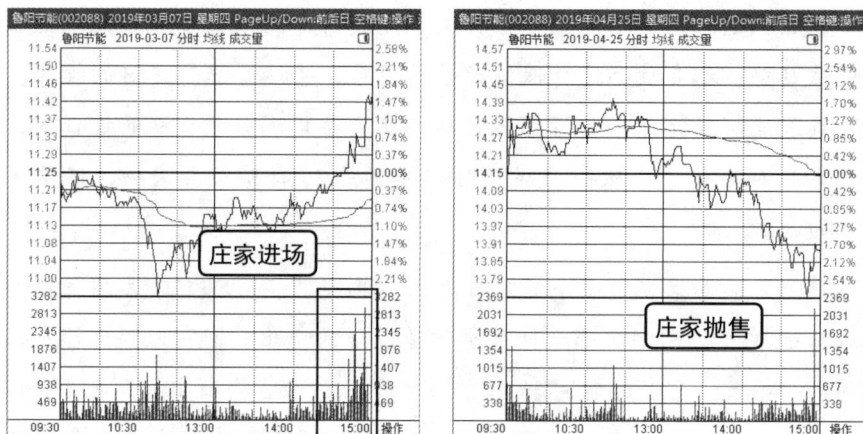

图 7-58　3 月 7 日和 4 月 25 日的分时图

从图中可以看到，成交量密集区出现在下午，大量买单在 14:00 以后进入市场，将股价进一步拉升，说明有庄家入场。所以股民可以继续持股安心等待。

随后，股价一直上涨到 14 元上方，在上方 K 线多为长上影线，说明股价上涨压力大。观察 4 月 25 日的分时走势，可以发现股价开盘受到急剧拉升，半小时后转入下跌，一直到收盘，期间成交量没有间断，此时投资者为保证收益，可以进行出货。

炒股技巧第 88 招：高位减量，好聚好散

股民最担心的就是庄家高位出货后，没有及时出货，但是这种担心是由于股民不知道合适的卖出价位造成的。这种情况下，如果出现类似圆形成交量的走势，股民就能够有一个明确的判断，获得尽量多的安全的利润，这就是圆形形态成交量给我们的提示。

当然，这种圆形形态成交量卖出时间点的判断也必须结合 K 线图来进行综合判断，其他技术指标只是一个参考，不能盲目相信技术指标，这是笔者多年从事股票交易的经验之谈。

二十一、长期横盘，潜龙在野：长期横盘股买股

有些股票在股市中股价变动很慢，股价长期在一个位置盘整，涨幅集中在 10% 的区间内，不仅股价涨幅空间有限，而在盘整过程中，成交量也处于一种低迷状态，让股民有时候会失去耐心。这种长期横盘的股票，K 线图的典型走势如图 7-59 所示，股价的每日涨跌幅度都很小，图中的实体短小就是一个证据。

图 7-59　长期横盘的 K 线形态

这种短小的实体波动只是长期横盘的一个表现，还有一个就是成交量的低迷，如图 7-60 所示。在 K 线图走势疲软低迷的时候，成交量也对应出现地量，而且，地量也是连绵不断地出现。这才是真正的长期横盘的组合。

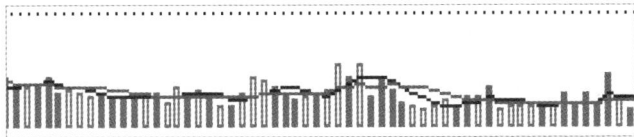

图 7-60　长期横盘成交量示意图

这两个方面其实向股民传递了一个消息，即该股有可能是一只垃圾股，无人问津，或者该股缺少操作题材，机构不愿意进场。

然而，正是这种低迷的走势，可以让我们更清楚地发现变化的迹象。如果机构开始进场，股民能够通过成交量和 K 线图的突然变化发现其中的秘密，顺势而为。

实例分析

银轮股份（002126）

通过银轮股份在 2019 年 6 月到 2020 年 1 月上旬之间的 K 线走势，我们可以发现股价在 7 ~ 8 元做窄幅运动，且成交量比较小，多次在地量附近徘徊，如图 7-61 所示。

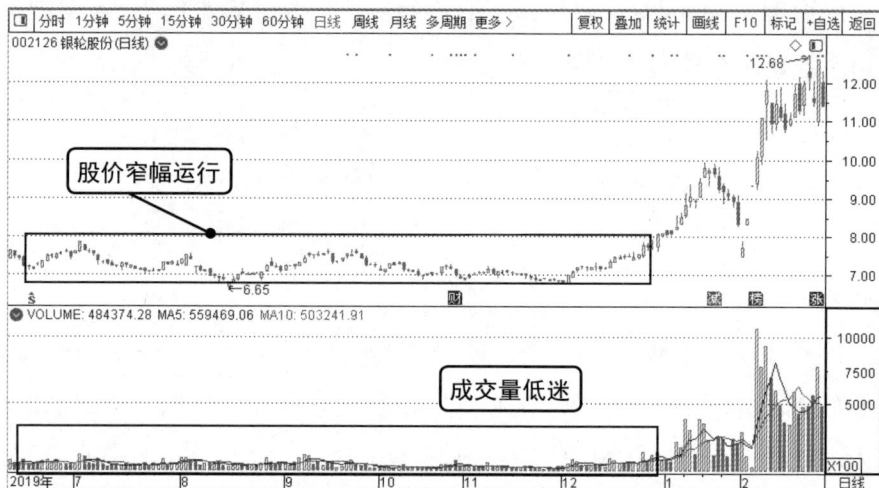

图 7-61　银轮股份 2019 年 6 月至 2020 年 2 月的 K 线走势

这段走势之前该股经历了一个大幅下跌的过程，并在 8 月下旬出现小幅反弹和成交量集中的现象，随后股价继续下跌，成交量也保持低量。从这一点，我们可以感觉这段时间的低迷走势是由于前期庄家或者机构被套，市场对于这种大幅下跌和反弹持谨慎态度。

在盘整过程中股民可继续观望，12 月 25 日 K 线收出一根大阳线向上突破 8 元阻力位，成交量形成短期天量。查看当日的分时走势，发现成交量密集区集中在下午盘，且盘中出现明显大单迹象，说明场内有庄家入场，意味着长期横盘的局面已经被打破，股民可以在随后几日逢低入场。如图 7-62 所示。

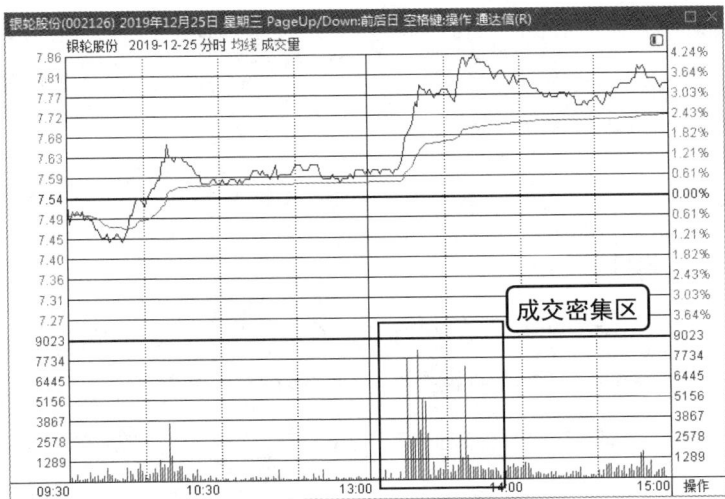

图 7-62　12 月 25 日的分时图

　　这种等待的结果就是，从 12 月 25 日开始该股进入一个成交量活跃区，股价也一路上扬，运行至 12.5 元上方，如果股民之前逢低买入，这种涨幅带来的利润已经接近 56% 了。

炒股技巧第 89 招：长期横盘，潜龙在野

　　横盘的股票只要是优质的股票，一定能够给股民带来绝对丰厚的利润。当然，这需要股民具备耐心和毅力。通过笔者的讲解，股民也应该明白，作为一个散户，有时候股票的盈利能够超过基金很多倍，且无须复杂的技术和雄厚的资金，只要具有一定的耐心和会做正确的选择。

二十二、穿越阻力，上涨结束：长期横盘股卖股

　　对于长期横盘的股票，股民不一定能获得利润，如果不趁机逃离，也

会有被套的可能。机构可能利用短线操作，拉高股价让散户跟进，自己却来个金蝉脱壳，逃之夭夭。特别是在股价下行过程中，这种利用横盘的走势拉高出货是机构惯用的手法。

实例分析

星期六（002291）

如图 7-63 所示，星期六在 2017 年 2 月至 4 月之间，股价走势较为平缓，并在 18 元至 19.5 元区间波动盘整，成交量表现为缩量。

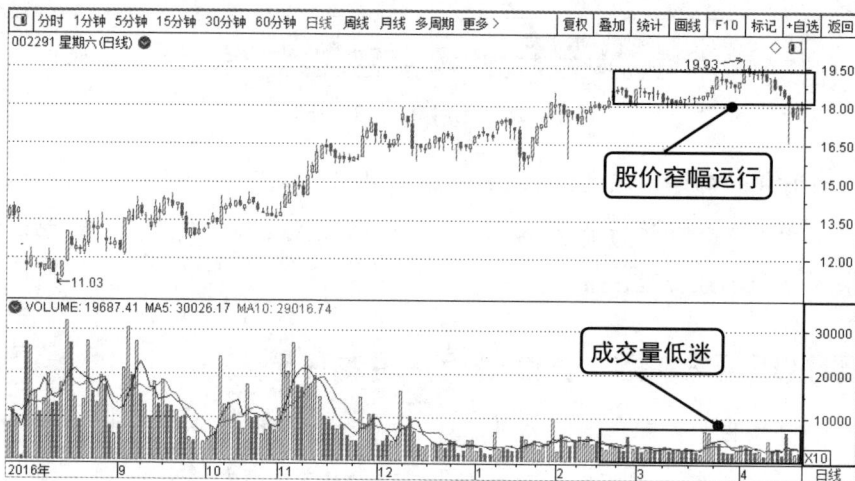

图 7-63　星期六 2016 年 8 月至 2017 年 4 月的 K 线走势

在这种情况下，投资者可能会觉得这只股票后市还会继续上涨，直到 4 月 19 日，股价低开低走，跌破前期震荡的 18 元支撑位，这让股民感觉非常紧张，此时正是投资者卖出的好时机。

查看 4 月 19 日的分时走势发现，当天的交易成交量集中在上午盘 10:30 左右，说明场内的庄家已经逃离，所以股民也应该随着庄家的离开快速抛售，如图 7-64 所示。

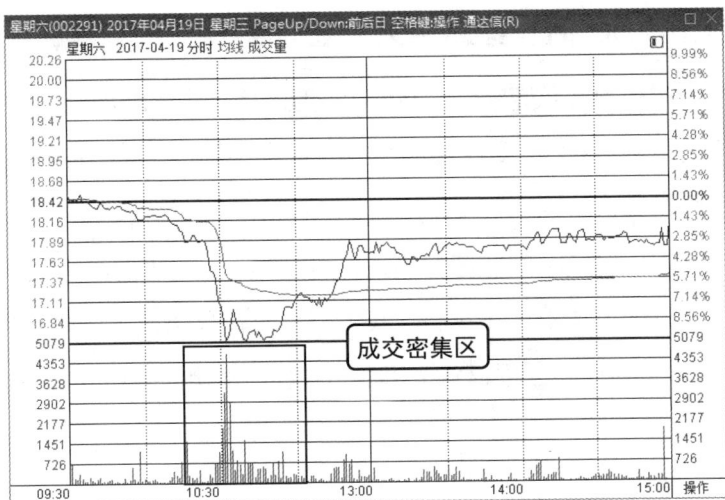

图 7-64　4 月 19 日的分时图

　　随后股价短暂横盘了一段时间后转入深幅下跌的熊市行情中，如果股民没有在前期卖出的话，此时已经被套牢，如图 7-65 所示。

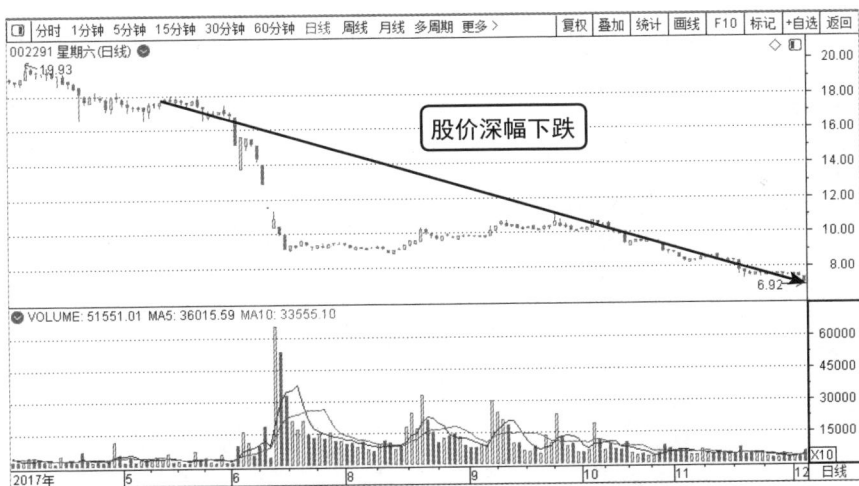

图 7-65　星期六 2017 年 4 月至 12 月的 K 线走势

炒股技巧第 90 招：穿越阻力，上涨结束

从上述案例的 K 线走势上，我们发现阻力线是股价的一个"鬼门关"，特别是长期横盘的股票，底部阻力线起到支撑作用，是股民进场的标准线，而顶部阻力线是卖出的一个标准线。

这种长期在狭窄区间震荡的股票，特别是在高位长期横盘，如果成交量出现突然放量，跌破支撑线后，股民就要趁机离场，否则就会落入庄家高位烟雾弹的陷阱，不幸成为高位被套牢者，等待解套将非常漫长和痛苦。

二十三、强力压制，反弹猛烈：强打压股买股

庄家如果在股价上涨过程中，想低价买入股票，通常是先利用各种机会发布利空的消息，让股民对该股产生一种恐惧感，然后在 K 线图上，再给股民来一个三连阴，这正是"屋漏偏逢连夜雨"，但在匆匆卖出股票后，股民会发现自己的股票竟然连续上涨，后悔万分。这种强力打压，又反弹猛烈的股票走势如图 7-66 所示。

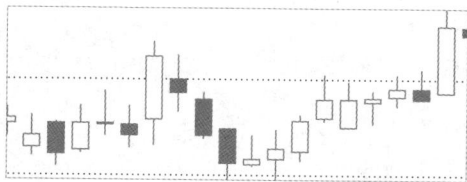

图 7-66　强力压制形态图

这种强力压制的图形从表面看就是一个典型的黑三鸦形态，从 K 线图上解释，黑三鸦形态是非常凶险的走势，通常在出现熊市的时候，这种黑三鸦形态会让投资者短期内亏损巨大。黑三鸦形态的这种明显的含义散户

知道，庄家也知道，所以在这种情况下就不能完全以这种明显的含义为准，要参考成交量进行综合判断。

即使是放量下跌，股民也要考虑是不是庄家故意放出一定的筹码，刻意造成恐慌心态，让股民跟进抛售，此时我们就要结合分时走势图进行判断，发现其中的诡计也是完全有可能的。

实例分析

海格通信（002465）

如图 7-67 所示，海格通信在 2019 年 10 月下旬到 12 月上旬的股价走势非常漂亮，一路单边上行，股价上涨超过 22%，但是当股民正在盘算何时卖出的时候，股价出现严重的下跌，从 12 月 19 日到 23 日下跌幅度接近10%，下跌趋势让股民心惊肉跳。

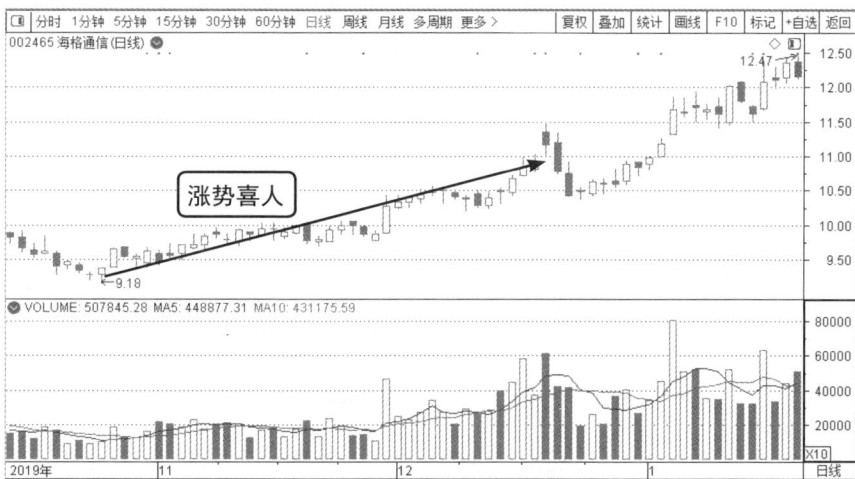

图 7-67　海格通信 2019 年 10 月至 2020 年 1 月的 K 线走势

面对如此大幅度的下跌，任何人都会感到一丝恐惧，但是我们从图上发现每一次下跌的跌幅都很小，维持在 3% 左右，虽然上影线很长，7 日实体下方出现了下影线，在这种迅速下跌的过程中，这说明卖方的实力从表面上看似乎比较强大，但是买方也不是弱者，每一次都把当日的跌幅控制在一个比较狭小的范围内，这不像是恐惧抛盘的结果。

同时，我们关注这几个连续下跌的成交量，并没有出现一个明显的放量过程，与前期天量相比，几乎不算放量。

随后，我们发现 12 月 24 日收出一根下影线特别长的十字阴线，这说明买方开始发力，强力将股价控制在一个可以承受的价位平台上。从该日的分时走势图我们也发现了一个奇怪之处，虽然成交密集区集中在上午，但是，这次成交密集区出现后，股价并没有一路下跌，而是被迅速拉起，如图 7-68 所示。

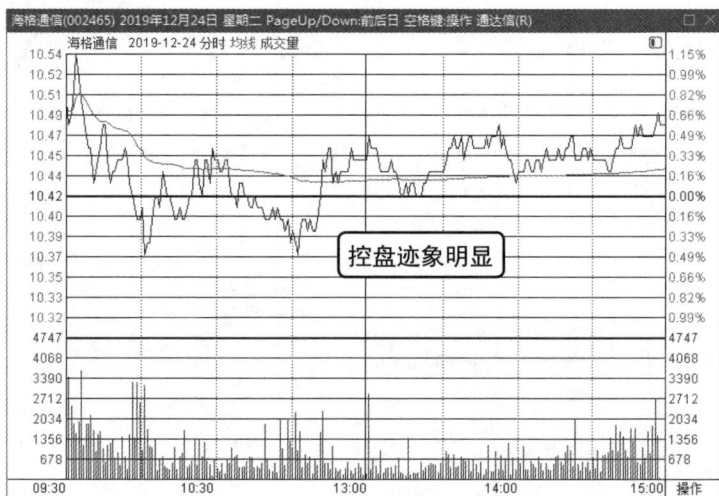

图 7-68　12 月 24 日的分时图

是谁有这么大的力量将股价向上拉回？这个就是比较奇怪的地方，而且把跌幅控制在 3% 左右，这难道是机缘巧合？连续多日出现这种巧合，谁都不会相信。

实际上庄家采用了欲擒故纵的战术，表面上大单卖出，下午却悄悄进场，股民此时也应该选择时机进场，最好是收盘前的一刻钟。

在随后的走势中，股价迅速反弹，再次呈现单边上涨的现象，股民这次识破庄家的诡计的行为，就是一次漂亮的短线操作。

炒股技巧第91招：强力压制，反弹猛烈

"欲擒故纵"是三十六计之一，庄家利用这种计谋来引诱股民割肉卖出股票，自己却获得大利，这不能完全怪庄家的奸诈，只能怪股民的粗心。

本节中，我们介绍了一个典型的欲擒故纵战术，庄家的蛛丝马迹还是被发现了，虽然笔者之前就断定该股会出现一定反弹，但是反弹之大还是超出了想象。

股民遇到这种比较有规律的下跌，同时成交量并没有明显波动的情况时，不要轻易出手，也不要被市场的恐慌心态所迷惑，此时应该冷静下来，仔细分析，说不定短期内就会经历一次从大悲到大喜的过程。

二十四、打压过猛，反弹就走：强打压股卖股

股民如果能够识别庄家假打压、真吸筹的伎俩，下一个问题就是什么时候卖出股票。这个问题其实非常简单，根据笔者的经验，如果反弹已经超过前期的平台，股民就可以卖出。

因为庄家打压过猛，如果出现反弹，前期被这种打压吓怕的股民会纷纷选择逃离，在这种情况下，股价就会出现一个放量下跌的过程，当然此时机构选择高位接盘也是可能的。大多数情况下，这种放量一定会导致股价下跌，机构会选择在底部接盘，这样更为划算。

既然机构都会选择在下跌的时候再进场，股民也不要傻乎乎地等待股价继续上涨，在这种放量上冲的过程中，卖出比持股更加保险。

实例分析

金河生物（002688）

如图 7-69 所示，金河生物的股价在 2019 年 8 月中旬开始呈现上涨走势。股价上涨至 6.5 元附近后止涨回调，随后在 5.5 元至 6.5 元区间内做窄幅运动，形成平台。

11 月 4 日、5 日和 6 日 K 线收出连续三根阳线，形成上涨三兵的形态，让股民看见一丝希望，股价有望突破多日以来的平台阻力线，上冲到另一个高度。

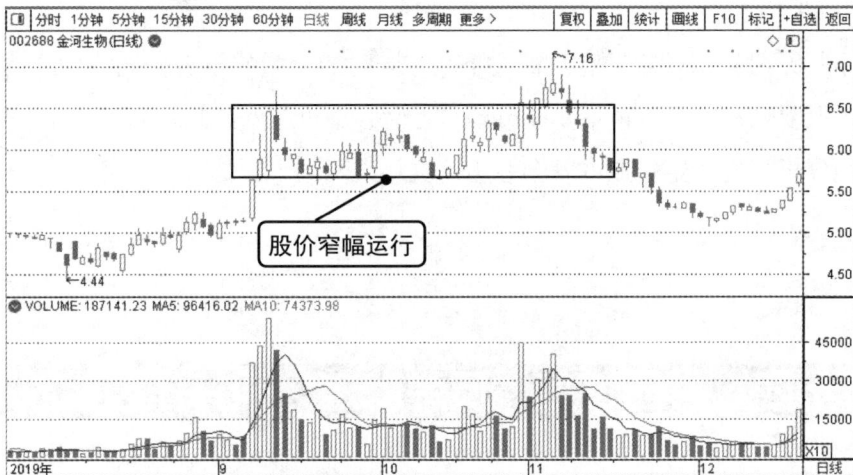

图 7-69　金河生物 2019 年 8 月至 12 月的 K 线走势

但是，如图 7-70 所示，11 月 7 日的股价一改之前的大牛态势，开盘小幅上升之后便被快速打压，虽然全天多次被拉起但都会立即迎来沉重的打压。且成交量密集区出现在早盘，说明场内有主力出逃迹象。

第二天，11 月 8 日，股价继续呈现单边下跌走势，成交量密集区依旧出现在早盘，进一步确认了主力出逃的推断。此时股民就应该及时醒悟，退出该股，不要再抱有幻想。

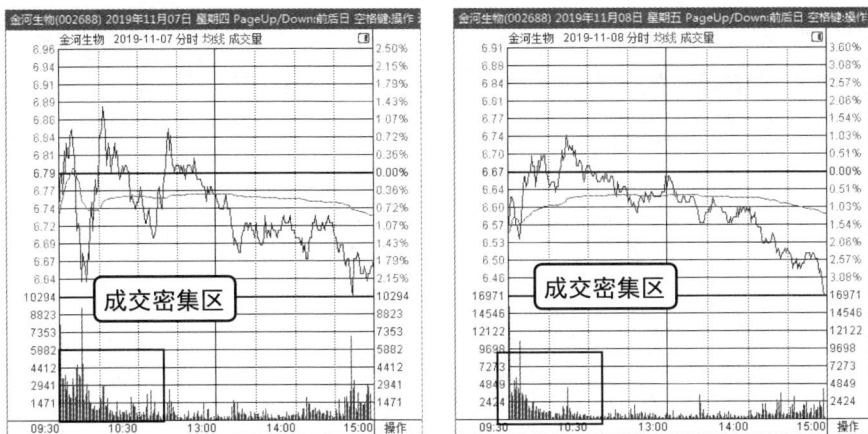

图 7-70　11 月 7 日和 8 日的分时图

炒股技巧第 92 招：打压过猛，反弹就走

在庄家利用消息面对股价进行猛烈打压时，股民一定要密切关注分时走势图和 K 线图形态，同时，成交量的异常变化也是非常重要的，如果出现跳空高开，但是走势却单边下行的情况，股民就要警惕，随时注意离场。

庄家打压后的股票在短期内可能发生明显的波动，在这种情况下，股民要大胆离场，不要再抱有后市一定大涨的幻想，毕竟庄家的心态我们普通股民是无法揣摩的，既然无法揣摩，不如见好就收，落袋为安。

二十五、高位建仓，庄家潜伏：高位建仓股买股

最后一个基本技巧，就是在识破庄家高位建仓的动机后，股民在低位适当的时候进入，因为买入的价格更低，庄家如果不继续买进，那么后市只能拉升出货，在这种情况下，股民可以趁庄家拉升出货的机会，赚取一

定的利润。

庄家高位建仓的图示形态比较明显，K 线图的走势是一个典型的 V 形走势，如图 7-71 所示，而且左右两个 V 形峰高度几乎一致。

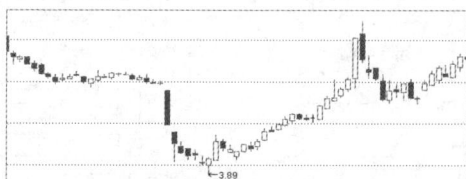

图 7-71　高位建仓的 K 线形态图

除了 K 线图，成交量也出现双塔的形态，这种双塔之间的交易量非常少，且多次出现地量，这说明买方惜售，卖方也不愿意短期拉升股价，如图 7-72 所示。

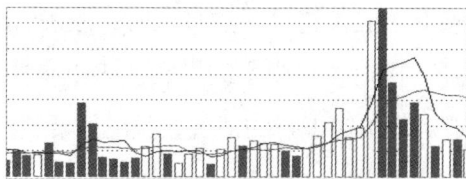

图 7-72　高位建仓的成交量形态图

实例分析

精艺股份（002295）

如图 7-73 所示，在精艺股份 2018 年 11 月到 2020 年 2 月之间的 K 线图中，我们发现 K 线出现了两次典型的 V 形态势，第一次 V 形形态出现在 2018 年 11 中旬到 2018 年 12 月中旬，成交量也出现明显的双塔形态，股价从 8 元下跌到 7 元附近，再从 7 元反弹到 8 元附近，这是第一次 V 形反弹走势。

图 7-73　精艺股份 2018 年 10 月至 2019 年 4 月的 K 线走势

当然，第一次形成 V 形反弹后，我们只能等待下一次机会，幸运的是，股价在上涨到 8 元附近，出现一个高位倒锤形后，开始一路下跌，到 2 月 1 日，股价又一次触底回升，在 8 元附近我们发现多个底部反弹的 K 线图迹象。股民可以随着反弹的明确逐步买入股票，因为从前期的天量成交图中，可发现有部分机构被套住。如图 7-74 所示。

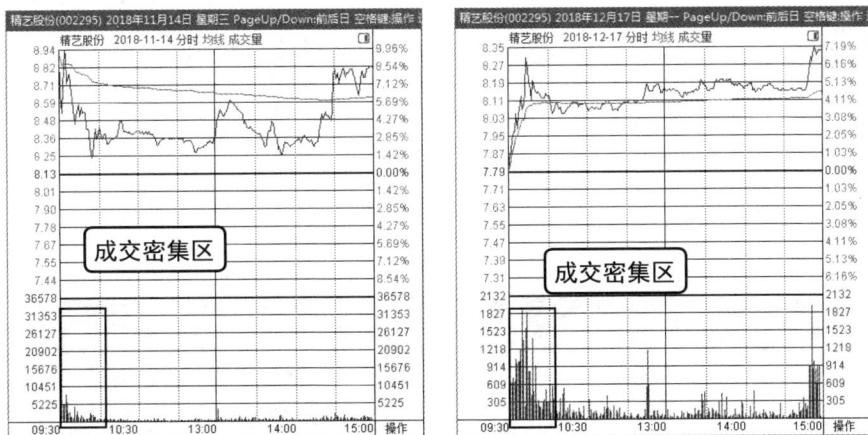

图 7-74　11 月 14 日和 12 月 17 日的分时图

从 11 月 14 日和 12 月 17 日两个天量发生当日的分时走势图，我们可以发现大量交易的价格集中在 7.87 到 8.94 之间。

而现在我们发现股价在 7.87 元下方，相比之前的价格，跌幅超过 10%，属于比较安全的区间，股民可以放心购买。而机构投资者已经严重被套，如果要解套，也不会在这个价位解套，即使解套，股民还是有一部分利润可以获得。

而股民的这次大胆买进，给自己带来了丰厚的回报，从 2 月 11 日，该股开始大幅拉升到 10 元上方，此时，股民的盈利已经超过 40%。

炒股技巧第 93 招：高位建仓，庄家潜伏

为什么这种 V 形的 K 线图和双塔成交量形态预示着庄家的进入？其实很简单，天量成交量表示庄家不是进入就是逃离，但是无论是谁在天量接盘，都需要有很强的能力，如果股价继续下跌，庄家或者机构只有被套的可能，因为他们在高位建仓。

而散户投资者由于在底部买入，相对于机构或者庄家来说，非常安全的，如果机构或者庄家要减持，那么亏损是很大的，这种情况一般很少发生。所以散户投资者可在底部出现时，反弹开始初期就大胆进入，只要有一定的耐心，收益一定丰厚。

二十六、虚虚实实，小心被套：高位建仓股卖股

最后一节，我们会讲解如何在这种庄家高位建仓的情况下卖出股票。庄家既然在高位建仓，如果股价进入解套的价格区间，庄家也会像散户一

样，见好就收。所以，如何在这种庄家高位建仓的情况下卖出股票，也是
一种技巧。

实例分析

云南锗业（002428）

如图7-75所示，云南锗业在2019年4月到8月之间，出现两次明显
的V形K线图和双塔成交量，结合这两次V形走势并配合K线图分析，
我们能够直观感觉到有机构被套入其中。

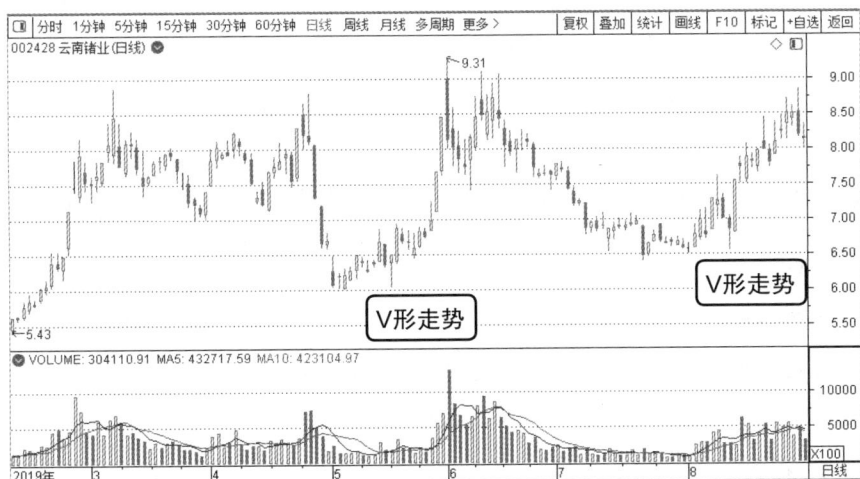

图7-75　云南锗业2019年2月至8月的K线走势

如我们的判断，在该股出现第二次V形下跌的趋势时，和股价在底部
已经明确的前提下，股民可在6.5元价位线附近买入股票。随后该股出现
一个上涨反弹的迹象，8月2日股价从底部6.5元价位线附近上涨到8.5元
止涨横盘调整，至此，这轮V形走势基本完成，但是此时股价依然低于前
一个山峰，股民不用着急卖出，可以继续持股等待一段时间。

图7-76所示为云南锗业后市走势。这时既无放量的情况，也没有明
显的K线图趋势变化的迹象，股民应该继续持有，果然随着短暂回调的结
束，该股出现一个大幅上升的走势，股价一路上扬。

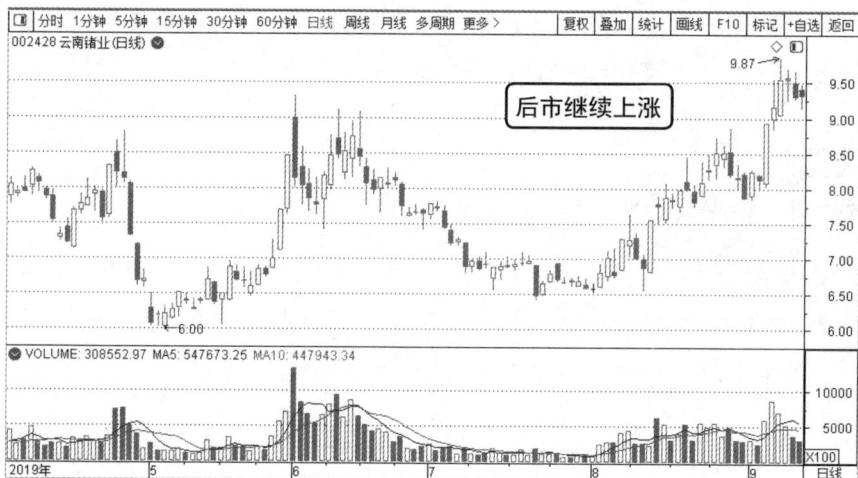

图 7-76　云南锗业 2019 年 4 月至 9 月的 K 线走势

炒股技巧第 94 招：虚虚实实，小心被套

最后一招其实有点类似波浪理论，但是在结合成交量和 K 线图综合判断的基础上，无论是买股还是卖股，股民都能获得较高的成功率。

当然，谁也无法准确估计到最高价，大部分股民都在股价上涨到一定程度，盈利丰厚的情况下卖出，这也是大部分股民的操作手法。如果股民能够再耐心一点，多结合 K 线图和成交量来判断卖点，其盈利一定会增加不少。

第 **8** 章

跟庄买卖技巧

跟庄买卖技巧是所有技巧中难度最大的一种，因为庄家的心理是难以琢磨的，庄家的思维是最容易变化的，追求最大利润是其唯一的目标，其他都是不重要的。股民如果学会跟庄交易，盈利将会非常丰厚。

一、欲擒故纵，庄家伎俩：庄家博弈买股

"欲擒故纵"是《三十六计》中的一计，在《三国演义》中，诸葛亮也采用此计获得孟获的拥护，所以该计可以说是家喻户晓。在股市中，庄家有时候也采用这一计谋，引诱股民卖出优质金股，自己却在底部买入，获得大利。

持股的股民大部分都会中庄家欲擒故纵的陷阱，在市场恐慌抛压下，仓皇卖出股票，成交量巨大并形成一个大阴线。但是，对于聪明的股民，这种情况恰恰是一个投机的机会，能够迅速获得大利。

实例分析

佛塑科技（000973）

佛塑科技这家公司属于橡胶和塑料制品企业，上市时间是2000 年5 月，经营范围包括生产、销售各类高分子聚合物、塑料化工新材料、塑料制品、包装及印刷复合制品、热缩材料、工程塑料制品、建筑及装饰材料、电线电缆产品、聚酯切片和化纤制品（上述项目不含危险化学品，生产由分支机构经营）；生产、销售医用防护口罩、医用外科口罩、一次性医用口罩、劳保口罩、日常防护性口罩等系列口罩；塑料机械设备制造、加工及工程设计安装；辐照技术服务（由下属分支机构筹建）；仓储，货物的运输、流转与配送；出版物、包装装潢印刷品、其他印刷品印刷；对外投资；技术咨询服务等。

按理说，股市中庄家和机构喜欢操作各种题材，喜欢追逐新股，操作小盘股。佛塑科技主要立足于传统的塑料制品、包装制造业，不属于高新技术企业。同时，佛塑科技上市也有一段时间了也不算新股，不符合炒新的要求，并且公司业绩稳定，因此无论如何都看不出来有被操作的理由。

然而，市场上总是存在各种计谋，喜欢无中生有，或者夸大其词。庄

家和机构永远都会找到这种题材，没有题材可以制造题材。

几乎每年，都能在新闻上看见有关于环保事业的推进和一些不利于环保的物品的情况的报道，每年都会出现一些有关某些塑料制造厂的不良新闻，这就是其中的一个导火索。

其实每年都会出来这样的新闻，投资者们早已不把它当一回事，但是，这样的消息对于塑料制造公司来说，又的确是属于利空消息类型，而且，在近年来雾霾等空气状况恶化的大环境下，国家对塑料制造公司的控制和处罚力度都逐步加大，这一类公司似乎发展前景不被看好。

再加上一些庄家散布的消息，似乎该股大跌已经成为必然，这种恐慌和盲目的心态在股民中发散，股民纷纷离场，该股从2019年4月下旬开始，出现一轮疯狂的抛售现象，之后出现连续的阴线，股价遭受打压。

股价从高位跌落，连续出现阴线，从6元附近跌至4元附近，跌幅高达33%，在下跌过程中，仍可以看见成交量的放大，如图8-1所示。

图8-1　佛塑科技2019年4月至10月的K线走势

股价跌至4月价位线后止跌，在4元至4.5元区间做窄幅运动，8月初，K线连续放阴，股价继续下跌至3.7元附近后止跌企稳。

8月15日 K 线收出一根长下影线探底针，创出 3.63 元的最低价，按照探底针的解释，此时市场多方已经开始逐步收复失地，不太愿意股价继续下跌，因为如果股价过低，后市拉升需要的成本更高，必须制止这种疯狂的下跌。

果然，后市股价在 3.7 元位置筑底回升，之后股价运行至 4.2 元附近时止涨回调，K 线连续放阴，但此番下跌并没有跌破前期 3.7 元附近的最低价，10 月初便开始反弹。

前面经过连续多日的下跌，仓皇出逃的股民都已经卖掉手中大部分的股票，那么现在是谁在买入？ K 线连续放阴下跌，但股价也只是小幅下跌，反应也过于平淡了。成交量增加不少，而股价跌幅却不深。这么多异常的地方，任何人都觉得奇怪。

果然，10 月 9 日，该股开盘时放量拉升，短暂冲高后回落并在 10:20 左右股价开始震荡横盘，成交量小幅放大，在临近尾盘的时候，突然出现出现了大单拉升股价，这说明庄家已经开始逐步入场，如图 8-2 所示。

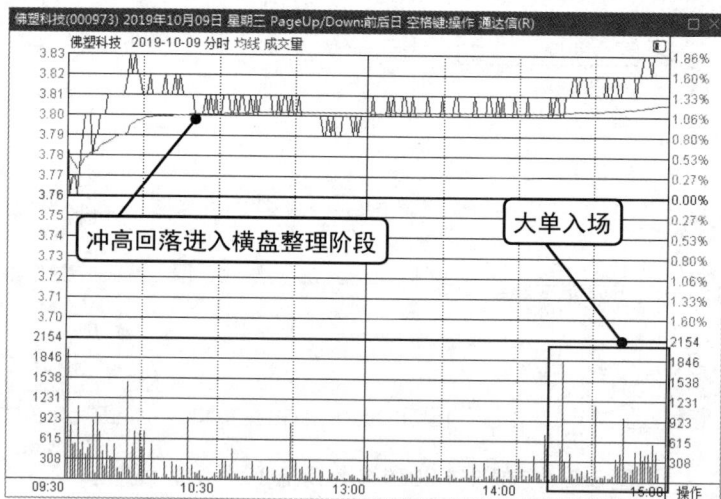

图 8-2　佛塑科技 2019 年 10 月 9 日的分时走势

随后在 2019 年 10 月 12 日，佛塑科技公布了 2019 年度前三季度的业绩预告，称上市公司股东的净利润为 9 500 万元 ~ 10 000 万元，比上年同期上升了 128.25% ~ 140.27%，这消息一经刊出，该股的股价经过短期的调整之后出现大涨，如图 8-3 所示。

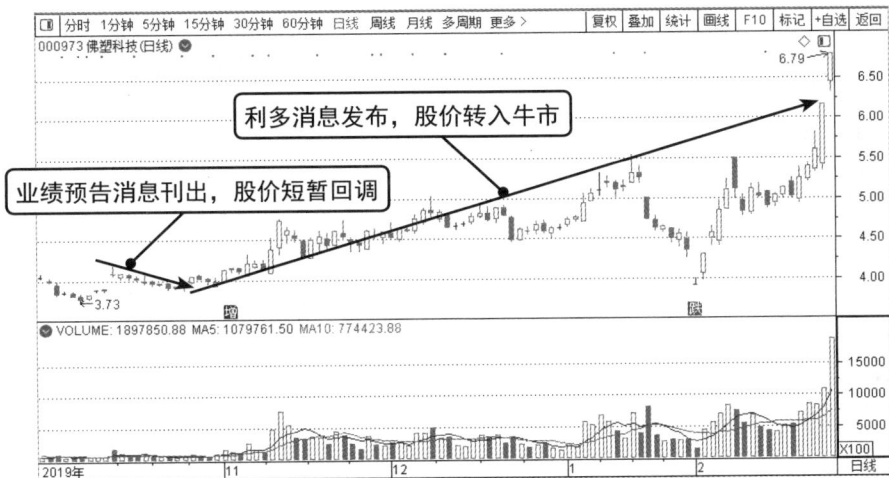

图 8-3　佛塑科技 2019 年 10 月至 2020 年 2 月的 K 线走势

这一次欲擒故纵的手法的运用非常成功，四两拨千斤，就能获得高额的利润，庄家的操作手法很不简单，并利用媒体的宣传力量进行炒作，打压上市公司的股价。

当然，从夸大消息到打压股价，这中间谁得利，普通股民是无法得知的。但是，股民如果擅长发现其中异常的地方，借助庄家后市拉升的力量，获得较为可观的利润是完全可能的。

炒股技巧第 95 招：欲擒故纵，庄家伎俩

欲擒故纵的计谋，原意是故意先放开他，使之放松戒备，充分暴露，再把他捉住。在上例中，我们能够发现，庄家在买入该股时，由于各种原因，

利用媒体来打击上市公司的股价，待价格落入低位时悄悄买入。当吸筹完成后，配合上市公司发布的业绩预告利好消息，庄家逐步拉升股价，适当时候在高位卖出，获取短期暴利。

股民当然也可以利用这一手法，借力发力，获得和庄家一样高的利润率。这一招需要大胆和果断。笔者之前也预测到这种结果，但因过于胆小，并没有出手，从而失去了盈利的机会，甚为可惜。但是，这种计谋天天都会在股市中上演，股民还有很多机会。所以，擦亮眼睛，等待机会。

最后，笔者也要告诫股民，这种短期利用消息炒作的个股投资风险较大，切记不要用大部分资金进行操作，仅用少部分资金进场跟进比较合适，因为庄家太善变，消息也可能随时改变，风险较大。特别是对于高价股，要慎之又慎。

二、欲纵故擒，庄家逃离：庄家博弈卖股

既然庄家可以欲擒故纵地诱骗股民卖出股票，当然也能采用欲纵故擒的方式，引诱股民买入股票。这种计谋不仅可以通过消息面引诱股民，而且也能通过其他方式来引诱股民，让部分股民上当受骗，损失惨重。

实例分析

*ST 天马（002122）

在股市中，中小板股票一直受到庄家的喜爱，因为中小板的股本不大，实力稍微雄厚的庄家都可以轻松控制一只中小板的股票，而 *ST 天马便是属于中小板类型的个股。

天马股份上市时间为 2007 年 3 月，主营业务范围包括轴承、机床及配

件的销售，经营进出口业务，投资管理，初级食用农产品的销售。

*ST 天马属于小盘股质地，正是这种质地，才能够被机构和庄家控制，也为后面的计谋埋下伏笔。

公司经过整顿复牌之后，2019 年 2 月股价开始大幅向上拉升，连续走出涨停板，市场犹如打了鸡血一般，股价急涨，如图 8-4 所示。

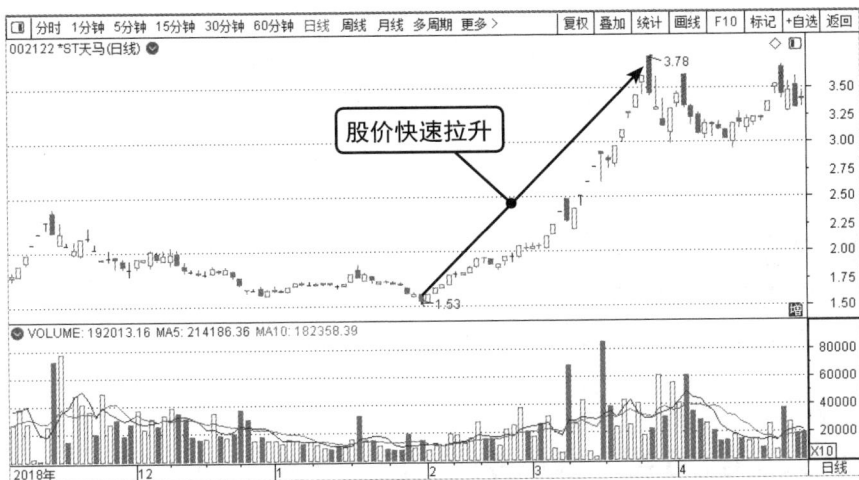

图 8-4　*ST 天马 2018 年 11 月至 2019 年 4 月的 K 线走势

从成交量上我们发现，只要股价上涨，成交量便一直在放大。由于市场的哄抬，股价一路上涨，但是，2019 年 4 月公布的第一季度业绩公告中，显示该股的业绩仍为亏损状态，重组之后业绩依然亏损，庄家和机构敏锐地觉察出该股后市可能出现不利情形，为了提前出逃，开始蠢蠢欲动。

庄家的惯用伎俩——欲纵故擒此时派上用场。庄家开始通过各种渠道向股民传递该股后市会继续向好的消息，无论是媒体还是股评人士，都开始鼓吹该股的后市可能走好。

除了利用媒体外，有些券商也参与其中，通过手机短信向刚刚入市的股民推荐好股票，一些券商代理人通过 QQ 群向新股民推荐该股，理由不外乎就是"绩优""庄家准备炒作"等，试图维持股价。

股民最好在公司发布业绩公告后迅速割肉离场，否则后市下跌不可估量。到了 8 月，该股的股价已跌至 1.66 元，跌势非常凶猛，如图 8-5 所示。

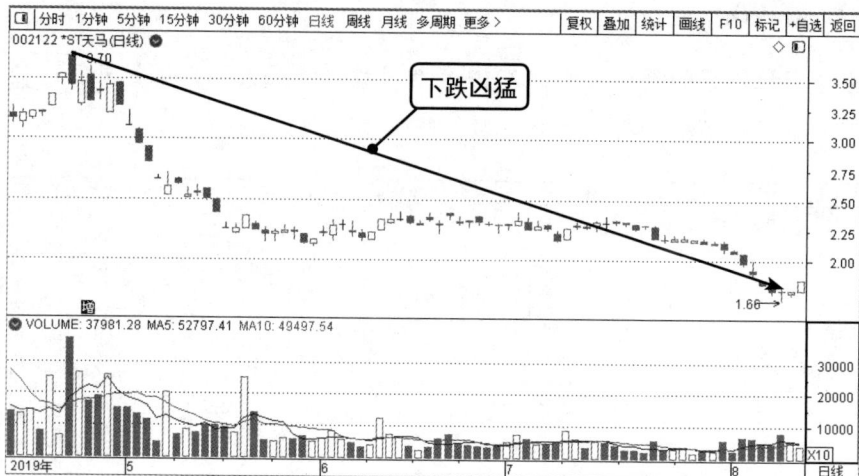

图 8-5　*ST 天马 2019 年 4 月至 8 月的 K 线走势

炒股技巧第 96 招：欲纵故擒，庄家逃离

年报中利润亏损的公告和股价的大幅下跌，与之前机构强烈推荐的情况形成强烈对比，让股民再一次感觉到股市中各种陷阱的复杂性和隐秘性，这是无法通过技术指标或者 K 线图来进行判断的。为了掩护机构逃离，机构将能够动用的资源全部用上，大到媒体，小到股民加入的 QQ 群，通过各种渠道全方位地对股民进行误导性引诱。当然，股民面对这种误导性引诱最终是否上当，全靠股民的经验和心态，毕竟机构没有强迫股民去买这种类型的股票。

根据笔者的经验，股民在对待这种消息时，可从以下几个方面进行辨别。

◆ 首先是股票的质地。如果是优质股票，股民只要在安全价格之下或者附近买入，胜算都非常大。而那些本身质地不确定或者很差的股票，通常能够出现暴涨的可能，成为很多急于盈利的股民的救命稻草，机构正好利用股民的这种心态，获得不错收益。

- 股民要学会辨别投资和投机，不要过于追求短期利润。大部分股民付出的都是自己的血汗钱，每一笔都是自己辛苦挣来的，不要过于追求这种短期高额利润，毕竟这种利润的风险很高。

- 对于股评家的推荐和所谓的小道消息等，都要保持怀疑态度。道理很简单，没有一个人愿意把赚大钱的机会到处散布，而且大部分股评家可能在股市的时间还没有一个普通股民在股市的时间长，经验也没有普通股民那么丰富，就在电视上夸夸其谈。

- 千万不要相信专家，这一点笔者将在后面章节详细解释。

三、合并重组，混淆视听：庄家博弈买股

前面利用消息来欺骗股民的伎俩通常是庄家一方所为。有些情况下，欺骗股民的不仅仅只有庄家，还有其他力量。

当然，其他力量在忽悠股民时，采用最多的方法就是利用合并重组概念。合并重组对于任何股票来说，都是绝对的利好消息，通常能够带领股价迅速上涨，在短期内，至少能获得 10% 以上的利润，最多可以获得超过100% 的利润。

实例分析
中航沈飞（600760）

中航沈飞是一家以自有资金对外投资的企业，经营范围包括航空产品研发、服务保障；机械、电子产品开发、制造等。

但是，从 2016 年 5 月开始，该股进入低迷状态，股价长期在 10 元价

位线下方徘徊。直到 2016 年 12 月，该股公布重大资产置换及发行股份购买资产暨关联交易议案公告。在这一则利好消息的刺激下，股价迅速从 10 元附近连续收出十多个涨停板将股价拉升到 25 元附近，涨幅超过 150%，如图 8-6 所示。

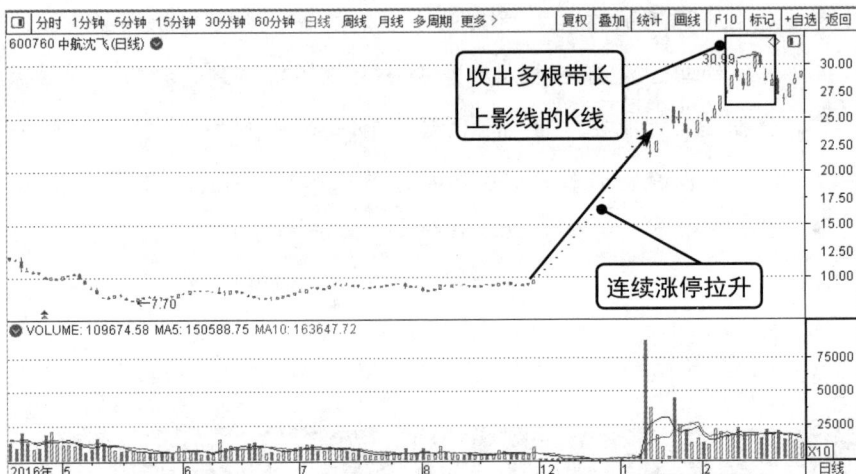

图 8-6　中航沈飞 2016 年 4 月至 2017 年 2 月的 K 线走势

当然，部分谨慎的股民不敢追高，只能旁观这种涨势。同时，部分持股的股民对于该股充满希望，所以并没有立即卖出股票，买方惜售，造成该股在拉升过程中成交量严重低迷。

庄家也不想失去这种优质股票，但是从前期上涨时的交易量来看，成交量非常低迷，股民不愿意卖出该股，所以庄家利用资金优势拉高股价，但是随即又快速打压股价，使其在高位形成长上影线 K 线。按照 K 线图的解释，这种高位长上影线的 K 线是预示后市不妙的信号，很多股民据此卖出该股，落袋为安，庄家却在底部大量买入。

通过庄家的推动，股价下跌到 27.5 元附近后止跌，股民可以伺机进入，虽然买入价比前期股价高出不少，但是按照该股资产重组后的价格估计，该股价依然比较安全。

随后，在对资产置换消息的长期预期的刺激下，该股走出一波继续上涨的行情，从27.5元开始，单边上涨到40元附近，只用了不到两个月的时间，涨幅超过45%，此时庄家的计谋得逞了，股民也获得了接近45%的利润，如图8-7所示。

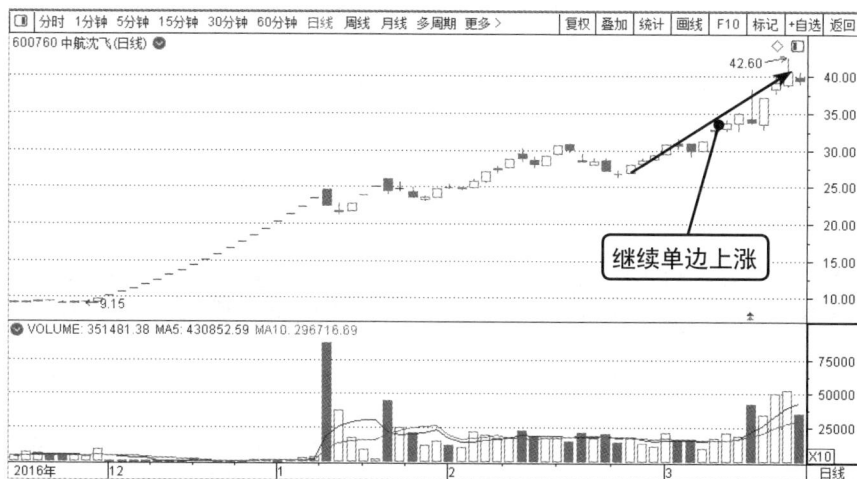

图8-7　中航沈飞2016年11月至2017年3月的K线走势

炒股技巧第97招：合并重组，混淆视听

优质股票如果被置换或者重组，就是一个非常利好的消息，加上本身的质地非常优秀，任何机构和庄家都不会放过这种股票。但是，流通股在短期内不会出现大幅增长，庄家必须从股民手上抢夺筹码，如何抢夺？就是利用合并重组后混淆视听的这一手段。在合并重组后，股民获利已经很丰厚，此时庄家通过散布不利消息和让K线图走出高位下跌的走势等计谋，对股民进行心理打压，让股民落袋为安，而庄家自身损失小利，获得后面更大的利润。

所以，股民可以借势在股价回调的时候趁机入场，接下来就是耐心等待。当然，如果股民在之前已经持有该股，此时可以继续持有，不要仓皇逃离。股民要像"苍蝇"一样叮死庄家。

在股市中,合并重组几乎成了最热门的词语,因为合并重组后,上市公司的资产可以得到增加,负债也可能减少,每股净资产和利润都会大幅提高。所以,股民如果有幸选中一只将要进行资产重组的股票,可以继续持有,直到重组实现后,获得足够的利润后再离场,这也是巴菲特一贯采用的计谋,股民唯一能做的就是等待。

四、重组虚渺,乘势离场:庄家博弈卖股

资产重组能够给一个上市公司带来丰厚的资产,也能给上市公司的股价注入一针兴奋剂,让股价出现一个大幅拉升的过程,这是众所周知的。但是,有些庄家利用这一个机会,刻意散布不确定的预期重组消息,让股民跟进,自己却在股价拉高时全身而退,而股民却被高位套牢。

实例分析
深桑达 A(000032)

2019 年 12 月,股民在 14 元附近买入深桑达 A,随后,该股停盘一个月,2 月 4 日该股复盘,2 月 20 日深桑达 A 宣布将进行资产重组谈判,目前仍然在研究谈判细节中。当然,这种重组给市场带来一剂强心剂,股价飞速攀升到 20 元上方,涨幅超过 30%,如图 8-8 所示。

但是,实际上这种重组是否能够给该公司带来盈利是投资者和股民都无法肯定的。因为前期该股已经经历了一波大幅上涨行情,为了锁定前期收益,场内主力可能已经趁机利用重组消息出逃。既然前途渺茫,那么股民也该趁机离场,落袋为安。

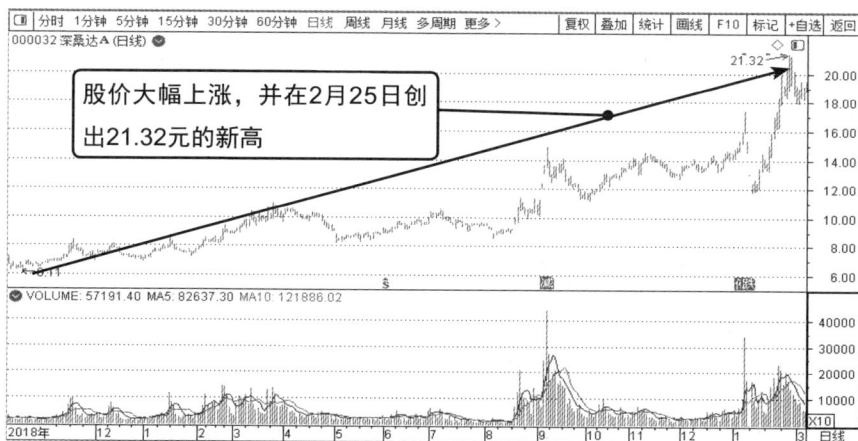

图 8-8　深桑达 A 在 2018 年 11 月至 2020 年 3 月的 K 线走势

　　此时该股前途未定，而部分专家还是鼓吹这种重组能够带来更高的利润和更高的股价诱惑散户进入，以便主力顺利出逃，锁定收益。4 月公司公布重组进展公告，公告说到，本次重组能否取得前述批准或核准以及最终取得批准或核准的时间存在不确定性，从这点来看，该股存在的疑问会影响后市的走势。果然，该股后市出现明显的下跌走势，如图 8-9 所示。

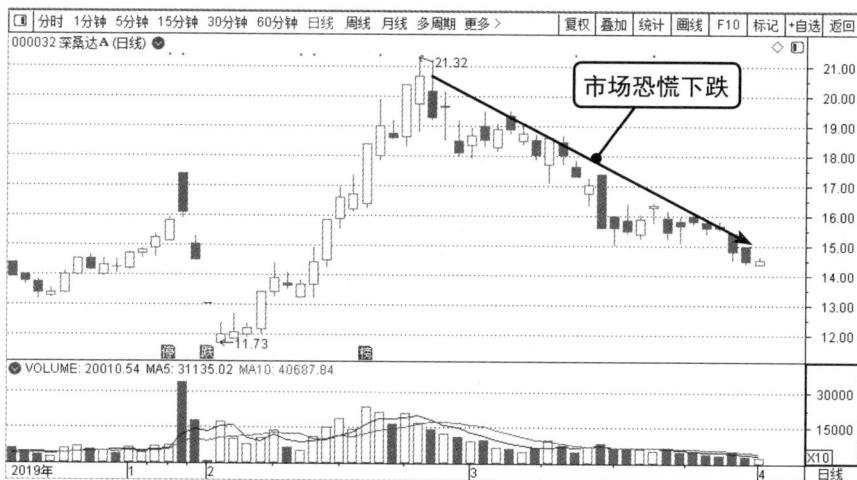

图 8-9　深桑达 A 在 2019 年 12 月至 2020 年 4 月的 K 线走势

炒股技巧第 98 招：重组虚渺，乘势离场

"清者自清，浊者自浊"，应该能够解释为什么有些资产重组股票只会出现一种昙花一现的情况。股民当然也要擦亮眼睛，不要被"资产重组"所迷惑。

其中的缘由非常复杂，股民可以通过这些公司的年报发现其中的猫腻。股民唯一能做的就是，对于这种重组前景不明朗的股票，或者本身质地不优良的股票，见好就收，千万别相信什么利好的建议。如未来可能盈利，股价可能上涨等。其实，根据笔者的经验，往往提出这些建议的人自己都不会买这种股票，甚至急于抛出该股。

五、业绩蜕变，故弄玄虚：庄家博弈买股

投资大师巴菲特为什么被称为股神？原因其实很简单，首先在于他只选择过去多年来盈利，且将来可能盈利的股票。当然，短期内有一定亏损的也是可以承受的，只要能够出现大幅盈利的迹象，这种股票就是巴菲特最喜欢的。其次，他会选择在安全区域购买股票。所以，从巴菲特的选股和买股理念中，我们也能发现这种优质股票所具备的特点。

当然，庄家不会让股民得逞，他们通常会采用一种非常简单的办法来欺骗股民，就是每次公布业绩时，庄家利用预期公告，同时通过媒体，首先对这些股票进行负面宣传，利用市场信息的不对称性来误导股民，一般来说，由于这种不对称性，股民获得消息的时间往往落后于庄家多日，庄家完全能够利用这种时间差，散布足够的虚假消息，让股民仓皇出逃。

然而，事情的结果却大大出乎股民的预料，这种优质股没有出现大跌

的现象，反而反弹强劲，前期卖出该股的股民后悔不已。

实例分析

晶方科技（603005）

2019 年，在这一年中，中国股市整体走势呈现出震荡态势，上半年股市表现为牛市，涨势喜人，下半年剧烈震荡，极其不稳。但是其中不乏业绩突出，表现优异的个股。其中，晶方科技便是这样一只通过自身业绩的蜕变而实现大幅上涨的个股。在 2019 年 1 月的时候，晶方科技的股价仅为 14 元左右，经过一年多的时间，该股股价达到 45 元上下，涨幅超过221%，可谓股市的一只大牛股，如图 8-10 所示。

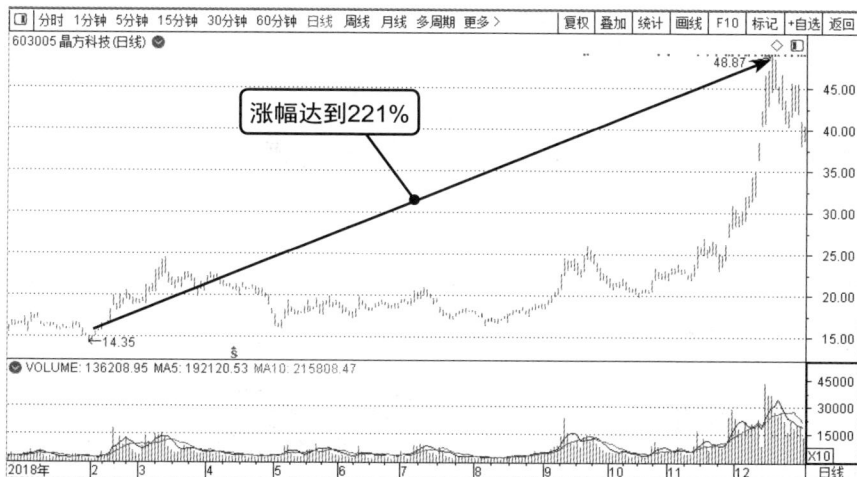

图 8-10　晶方科技 2018 年 12 月至 2019 年 12 月的 K 线走势

前面说过，晶方科技股价上涨是因为其自身业绩蜕变的原因，我们从该股的年报上就能发现其业绩的变化。

2019 年第一季度公司的净利润达到 335.09 万元；第二季度的净利润达到 2 155.57 万元；第三季度的净利润为 5 191.61 万元；第四季度的净利润10 830.50 万元。

从公司的业绩情况可以看到，该公司的经营状况良好，每个季度净利润额都在稳定增长。

但在 2019 年 10 月下旬，晶方科技出现了一个非常奇怪的上涨，成交量激增，股价大幅拉升，而此时公司除了发布一些日常消息外没有重大举措，股民此时也很迷茫，不知缘由。但是，无风不起浪，庄家凭借其信息的优势，多半已经知晓了一些利好消息，已经开始增持该股。

但是，之前股民对于该股只知道 2019 年第二季度的业绩相对于第一季度出现上涨，有些股民已经获利，而且没有其他利好消息，所以选择落袋为安。但是，该股的上涨走势此时才刚刚进入序幕，好戏还在后面。果然，直到 11 月 30 日，股民才知道该股 2019 年第三季度的业绩惊喜，净利润相较于第二季度有 70.76% 的涨幅，该股开始出现疯狂的上涨走势。

炒股技巧第 99 招：业绩蜕变，故弄玄虚

业绩是上市公司能够证明自己经营情况的唯一证据，投资者唯一看重的就是上市公司能够给自己带来多少红利。一个上市公司无论在其他方面有多好，多先进，投资者只看业绩。

巴菲特购入比亚迪的股票，就是因为比亚迪的业绩让巴菲特满意，而不管其是不是概念股、高科技企业，其实比亚迪的技术与很多创业板股票的技术相比，还太过简单。但是，为什么巴菲特不选择微软，不选择 IBM，而偏偏选择中国的比亚迪和选择中国的各个银行？原因都是它们业绩优秀。

庄家也知道这一点，所以，在信息不对称的股市中，庄家利用一切资源诱惑股民卖出绩优股，股民由于信心不足、缺乏可靠的消息来源等原因，从而错失了很多金股。

六、虚增业绩，溜之大吉：庄家博弈卖股

既然庄家可以让股民卖出业绩优良的股票，同样，庄家也能让股民买入业绩看似漂亮的股票，当股民反应过来上当时，庄家早就溜之大吉了。

实例分析

荣晟环保（603165）

进入 2019 年 1 月以后，荣晟环保的股票成交量逐渐放大，股价也表现出节节攀升的趋势，但在 2 月中旬，该股进入高位平整区，投资者纷纷等待。到 4 月的时候，投资者发现该股在高位平整期间走出的 K 线形态为圆弧顶形态，这是比较准确的高位回落形态，于是我们可以看见，此时的成交量在阶段高位时出现放大，如图 8-11 所示。

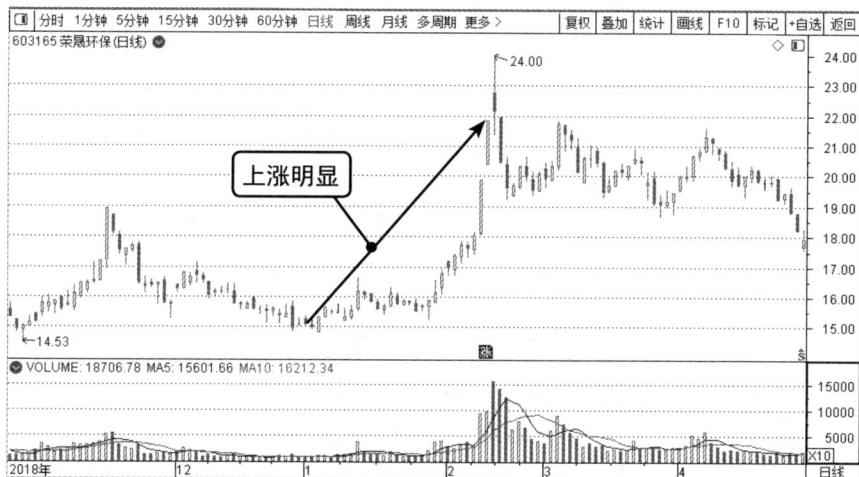

图 8-11　荣晟环保 2018 年 11 月至 2019 年 4 月的 K 线走势

但是仍有不少投资者坚决持有，等待股价上冲新高，但是随着时间的推进，股价呈现节节败退之势。直到 2019 年 9 月份，该股股价整体仍处在下跌状态，而此时，不少投资者仍然不愿意抛售，也许是抱着忍痛割肉不

如继续等待的心理。

于是市场上出现了两派，一派是继续持有方，另一派是选择观望方，在买方不愿意接盘的情况下，股价继续下跌。

随后，公司公布了 2019 年度业绩报告，从中可以看到该公司第一季度、第二季度、第三季度，业绩稳定增长，尤其是第三季度，净利润增长率达到 31.76%，这使得持股者继续坚定持股，场外观望者适当购入，希望能够迎来一轮大幅上涨行情。

但是，此时进场的股民发现，第四季度的股价在 16.00 至 17.5 元之间波动，并没有如鼓吹的那样大涨，如图 8-12 所示。

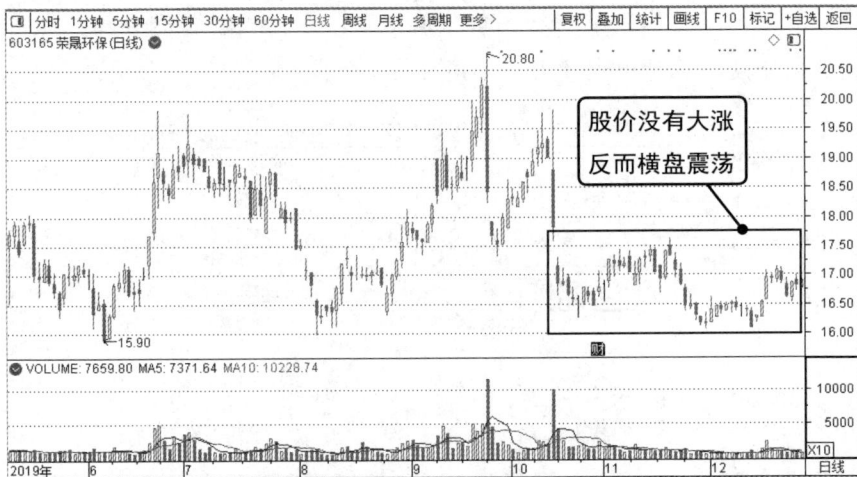

图 8-12　荣晟环保 2018 年 11 月至 2019 年 4 月的 K 线走势

股民从本例中也能发现何时是逃离的时机，当机构开始鼓吹的时候，股民就可以逢高卖出；如果被深套，也不要在下跌时割肉，等待大盘复苏上涨时，再伺机逃离。

炒股技巧第 100 招：虚增业绩，溜之大吉

看见这只股票的走势，让笔者联想到一部非常经典电影《胜利大逃亡》，这只股票的每一次异动，都是一次"胜利大逃亡"，当然，这次"胜利大逃亡"的赢家不是二战时盟军的战士，而是股市中的机构投资者和庄家。

股民应对这种股票的方法很简单，逢高就跑，不要过于迷信媒体的吹捧。毕竟金股不用吹捧，自己就会证明自己的价值。

七、联动效应，悄然潜入：联动效应买股

板块联动这一词语，从中国股市成立之初，就出现在股民的视线中。板块联动是指同一类型的股票常常出现同涨同跌的现象，比如汽车类股票，可能其中一两只出现业绩大幅增长，而其他没有公布业绩的汽车股票，由于同属一个产业，投资者对于这些股票也同样有信心，相信这些剩下的股票的业绩也能大幅上涨。所以，投资者逐步买入该股，造成股价逐步上涨的现象。

板块联动是一种比较简单的买股技巧，当然，必须要该行业的股票出现一两只大幅上涨的既成事实后，股民才能进入。但是，此时股民会发现，大部分同行业股票已经出现大幅上涨，此时再进入，利润已经减少很多了。

原因很简单，当股民发现板块联动时，庄家已经提前进入了，凭借庄家或者机构投资者在人员、资金和消息等方面的优势，股民只有"事后诸葛亮"的结局。

但是，股民如果仔细观察市场和股价，依然能够在庄家进入时跟进，让庄家和你同时成为坐轿的人。

重庆啤酒（600132）

在 A 股中，酿酒股是一个长期屹立不倒的板块。以贵州茅台为首的酿酒股穿越了 A 股所有的牛熊市。在这期间，不管大盘经历了什么，酿酒股依然不断创下历史新高。通过查看数据，我们发现 2019 年涨势最好的行业也属于酿酒板块，那么酿酒业就是一个非常明显的淘金行业。

从 2019 年 1 月开始，越来越多酿酒行业上市公司开始公布 2018 年年报，并在随后逐步公布 2019 年一季度季报，许多公司的业绩都大幅增长。图 8-13 所示为酿酒行业龙头股票泸州老窖该股展现出了领涨的作用。

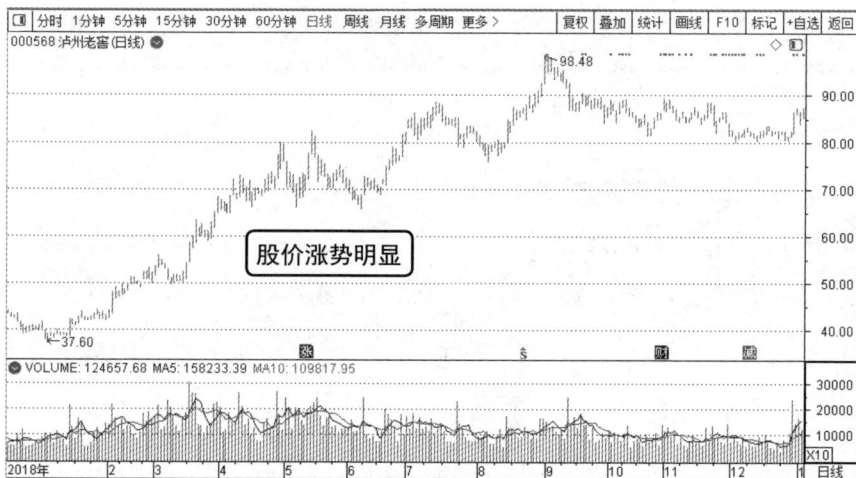

图 8-13　泸州老窖 2018 年 12 月至 2019 年 12 月的 K 线走势

既然酿酒行业龙头股票也开始发力，庄家也已经开始关注其他的酿酒行业股票，股民当然也不能放过这样的机会。本例中，重庆啤酒就是该行业的一只优质股票，但是其走势相比前面的泸州老窖涨势更为平稳，如图 8-14 所示。

图 8-14　重庆啤酒 2018 年 12 月至 2019 年 12 月的 K 线走势

这种平稳其实就是一种不正常的状态，因为同样在 2019 年 7 月至 11 月之间，大部分酿酒股票出现大涨或大跌的走势，而重庆啤酒既没有出现大涨也没有出现明显的下跌，反而提前逃离下跌趋势，开始窄幅调整。盘整过程也是非常低调的，股价波动不大，成交量也明显减少很多。

从该股的成交量上，我们发现一个非常可疑的地方，在 2019 年 7 月至 11 月，形成了一个成交密集区间，均价在 40 元附近，然而，当股价再次下跌到 40 元附近时，并没有出现庄家仓皇出逃的迹象，成交量反而稳定在一个低位。缩量和低价盘整，这两者是非常明显的庄家吸盘的迹象。

所以，庄家开始进场，股民又为何不进场呢？股民此时可以逢低在 40 元到 45 元之间选择合适的购入点，等待后市拉升。

炒股技巧第 101 招：联动效应，悄然潜入

板块联动是股市中非常普遍的现象，但是，由于投资者大部分都是在股价飞速上涨后才发现这种现象的，所以经常失去最佳的盈利机会。因此，

投资者和股民必须要提前发现该种现象和里面的优质股。但是，提前发现这种优质潜力股就是最难的地方。笔者建议股民要多关注自己投资的行业和熟悉的领域，不要天女散花一样，在多只股票中随机选择。

在业绩出现大增的股票中，股民要从宏观和微观两个方面来分析。简而言之，股民要对一个产业进行大致了解后，再决定是否进入。每一个庄家背后都有无数的分析师在为其谋划和选股，但是，股民依靠自己来判断，不一定比那些分析师差。民间高手云集，藏龙卧虎。正如孙子兵法中所说"夫未战而庙算胜者，得算多也；未战而庙算不胜者，得算少也"。

特别是那些在底部盘整，成交量低迷的优质股，股民可以放心买入，大胆持有，这就是巴菲特对安全区间的另外一种解释。

八、获利足够，必须离场：联动效应卖股

前一例在讲解证券板块时，我们关注到在板块联动初期，由于个股的发力带动整个汽车板块上涨的现象，这种现象能够被股民利用，从而获得一定的利润。但是，这种板块联动随着市场追捧重心的转变而变化，在遇到不断变化时，股民如果不能及时逃离，后果是非常严重的。

利用这种板块联动买入股票后，何时卖出股票才是最关键。那么，如何判断庄家已经逃离，股价不会再大幅上涨呢？其实很简单，庄家开始鼓吹买入，并且市场已经被炒作过的时候，就是我们离场之际。

实例分析

诚意药业（603811）

同样属于 2019 年热门板块的医药板块，同样受到股民广泛的关注。

其中的诚意药业在 2019 年 1 月至 10 月便迎来了大幅上涨的过程，股价从 15 元附近涨至 30 元左右，涨幅达到 100%，股民即使中途建仓，也能获得不错的收益，如图 8-15 所示。

图 8-15　诚意药业 2019 年 1 月至 11 月的 K 线走势

但是，随着下半年的市场热捧重心的转移，市场关注重点也发生了变化，市场热捧重心转为互联网、电信运营等板块的股票，医药板块股票随之出现下跌的走势，整体板块的走势也不如上半年那么坚挺。

如图 8-16 所示为诚意医药 2019 年 8 月至 2020 年 4 月的 K 线走势。

股民会发现诚意医药的股价在 10 月上冲到 30 元后止涨回调，虽然很快再次反弹上冲，但仍然没能有效突破 30 元的阻力线，说明场内的买方势能已衰竭，前期投资者已经逃离，毕竟前期投资者获利已经超过 100%。

此时，虽然市场热点已经转移，但是由于大盘走势良好，股价继续在高位横盘，没有明显的涨跌趋势，建议投资者抛售持股，以便更好地利用资金投资其他板块。

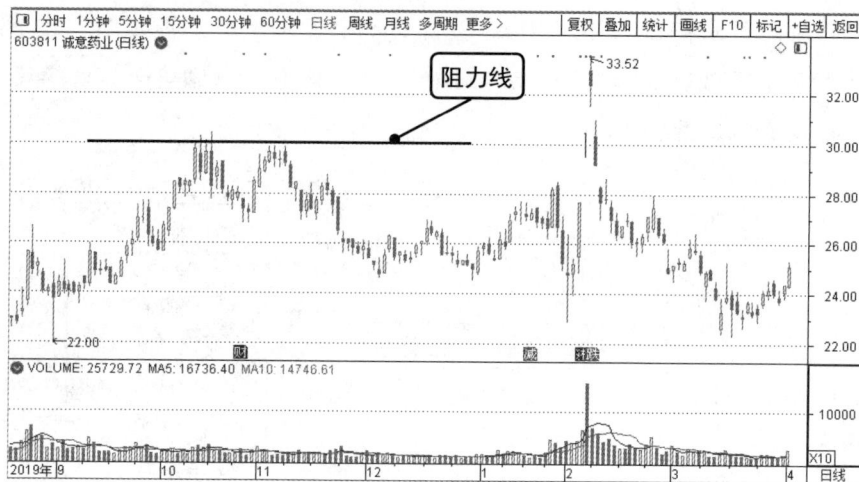

图 8-16　诚意医药 2019 年 8 月至 2020 年 4 月的 K 线走势

炒股技巧第 102 招：获利足够，必须离场

　　这种板块联动的现象绝大部分都是由众多机构协力推动的，股民当然只能顺势而为，特别在当机构获利丰厚时，他们随时都会离场，股民要密切关注成交量的突变，如果发生高位放量的情况，股民在获利丰厚的情况下先离场观望是不错的选择。

　　同时，板块联动和概念炒作几乎是"孪生兄弟"，只要概念炒作变换风向，之前的热门板块就会迅速成为下跌的重灾区。所以，股民要在机构撤离时或市场概念转变时迅速离场，不要恋战，更不要追涨旧概念的股票。

九、明星股票，快进快出：明星效应买股

社会上有各种各样的追星族，有追歌星的、有追影星的。在股市中，我们也有追星族存在，这部分股民追逐的是明星基金经理。为什么要追逐这些经理？因为这些明星基金经理能够为自己管理的基金赢得丰厚的利润。这些经理由于自己优秀的管理和运作，受到众多基民的追捧。

部分股民不愿意放弃自己炒股的乐趣，同时，也希望能够向那些明星基金经理学习，跟着明星经理买股，这也是一个比较明智的选股买股方法。

实例分析

格力电器（000651）

根据 2019 年披露的基金二季报数据，最受公募基金偏爱的，并且已经大举买进的 10 只股票中就有格力电器。

格力电器从 2019 年 1 月开始转入上涨行情中，到 2019 年 4 月，股价上涨至 65 元附近，涨幅达到 85%，如图 8-17 所示。

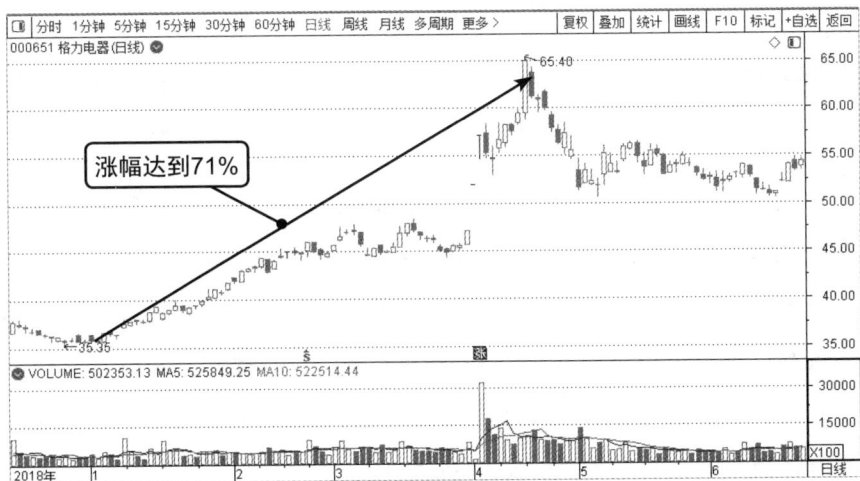

图 8-17　格力电器 2018 年 12 月至 2019 年 6 月的 K 线走势

如此丰厚的利润，说明基金机构随时都可能逃离，但是格力电器属于国民品牌，是行业领头的企业，所以确信该股后市可能会继续走好，毕竟这种股票不缺少市场炒作的机会和题材。但是，此时股价已经处于近期高位，获利者随时都可能逃离，此时不是最佳进入的时机。

果然，由于获利者开始离场，股价出现下跌，从 65 元一路下跌到 51 元附近，这并不是因为大盘下跌，而是成交量在 4 月中旬的下跌过程中，出现明显的相对放量情况导致，这也证明前期买入的机构开始频繁出货，如图 8-18 所示。

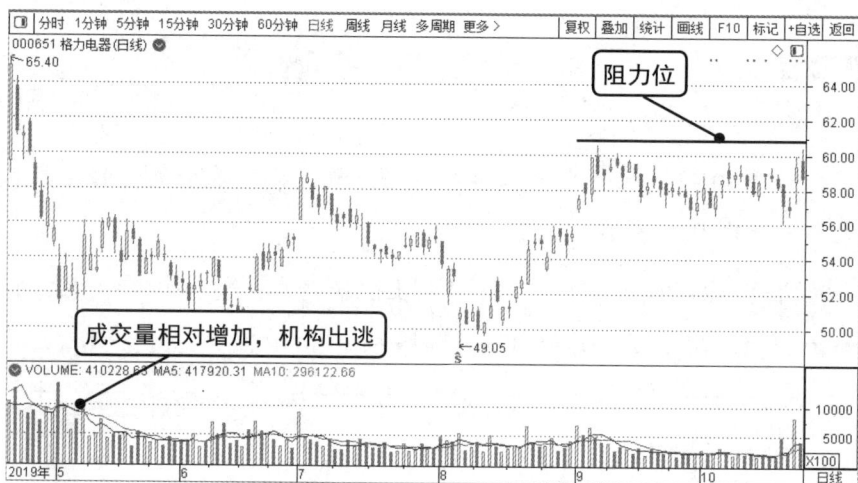

图 8-18　格力电器 2019 年 4 月至 10 月的 K 线走势

当股价跌至 51 元附近时，我们发现该股在此价位线上形成了一个短期盘整过程，随后股价出现多次反弹回落，在 9 月后，股价在 58 元至 60 元区间做窄幅运动，而 60 元价位线成了股价上涨的阻力位。

但仔细观察可以发现，58 元价位线支撑力量较强，说明有强大的买盘将股价支撑住，同时下方的成交量有逐渐活跃的趋势。说明该股市场依然被看好，随着大盘的持续上涨，该股后市走势转好的可能性比较大。所以希望在中短期获利的股民可以选择股价再次回调到 58 元附近时买入。

果然，格力电器在 11 月底再次探底之后继续开启上涨行情，将股价拉升至 70 元附近，短短 1 个月左右的时间，股民获利 20%，如图 8-19 所示。

图 8-19 格力电器 2019 年 8 月至 2020 年 1 月的 K 线走势

炒股技巧第 103 招：明星股票，快进快出

跟着明星基金经理买股是一个不错的选择，但是，股民在买入该股时，必须要具备一定的耐性，不要匆忙进入，因为匆忙进入会增加高位套牢的概率。适当等待一段时间再进入，不仅可以减小风险，同时也能够冷静地判断该股是否值得买入。

当然，这种方法也不是十全十美的，原因首先是由于消息的不对称性，股民收到的关于明星基金经理的消息都是较长时间之前发生的事情，所以，庄家可能早就进入了。股民应该知道，庄家鼓吹之时，就是股民逃离之时。

其次，消息的正确性是无法保证的，现在，由于互联网和传媒的快速发展，任何公布于网上的消息都能产生非常严重的连锁反应，而且，大多数股民对于消息的正确性是无法确认的。20 世纪 90 年代美国发生过类似的事情，由于虚假消息在互联网上散布，投资者受到严重损失，最后不了了之。即使是权威刊物也不能保证消息的完全准确。

所以，跟着明星基金经理买股，必须要等到股价下跌到足够底部时再进入，而且，当股价上涨到一定高度后，必须离场，否则后果是非常严重的。下一节笔者将要讲解这种跟着基金经理买股的卖股策略，读者也能看到，如果不及时离场，被严重深套的后果是非常可怕的。

十、手法隐秘，关注异动：明星效应卖股

股市风险谁也无法预测，即使是优秀的基金经理，能做到长期盈利的可以算是凤毛麟角，全球也就只有那么几个。所以，跟随明星基金经理选择股票后，股民也应该保持足够的谨慎，见好就收，不要成为基金经理抛售的牺牲品。

实例分析
先导智能（300450）

自从中国股市推出创业板后，创业板就受到各路投资者的热捧，无论是私募基金和公募基金，还是庄家和散户投资者，都纷纷想借助市场对创业板的热情赢得一份利润。当然，部分股民进入创业板也是看到媒体对基金经理在创业板中获利丰厚的宣传后，才开始逐步关注创业板，追随明星基金经理买入相同的股票，并且选择合适的价位进入股市风险较高的区域搏击。

先导智能也是创业板中的一只股票，该股股价从 2018 年 10 月的 20.08 元上涨到 2019 年 3 月的 40.68 元，基金经理盈利丰厚，而股民盈利也高达

100%，这种盈利是非常难得的，如图 8-20 所示。

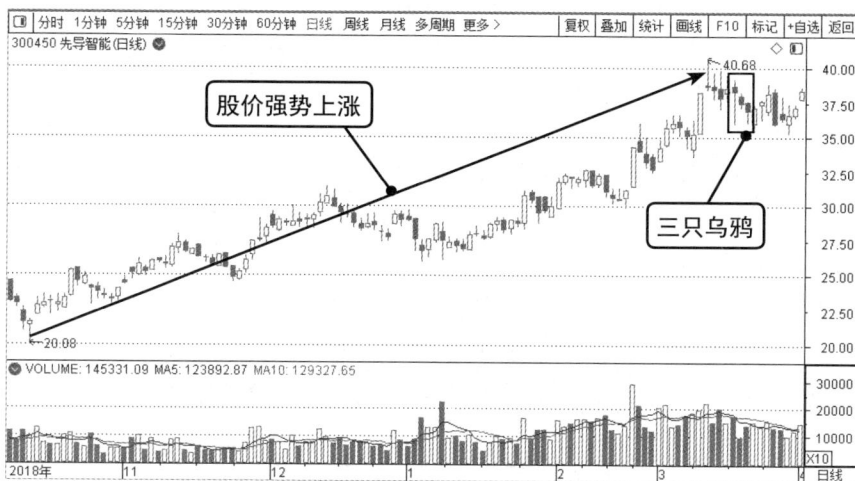

图 8-20　先导智能 2018 年 10 月至 2019 年 4 月的 K 线走势

但是，股民买入这种基金经理也买入的股票，随时都面临基金经理逃离而自己被套的风险。那么何时是卖出的最佳时机呢？股民主要关注 K 线图的走势。

我们发现，股价在上涨到 40.68 元创下最高价后止涨，K 线形成一根倒锤线，说明上方受压。随后股价在 37 元至 38 元区间调整，K 线形成多根带长上影线的形态，且在盘整期间出现三只乌鸦形态，这说明后市走势走跌可能性较大。股民可以在出现明显的放量下跌现象时出逃。

4 月 8 日股价高开后快速被打压回落，盘内全天走低，收于阴线，且上下影线很长，成交量放量，在这样的情况下，庄家逃跑更加明显，所以，此时是股民逃离之时。

图 8-21 所示为先导智能 2019 年 1 月至 6 月的 K 线走势。

从图中可以看到，机构出货完成后股价转入下跌行情中，跌势严重，两个月左右的时间跌至 28 元附近，跌幅达到 26%。

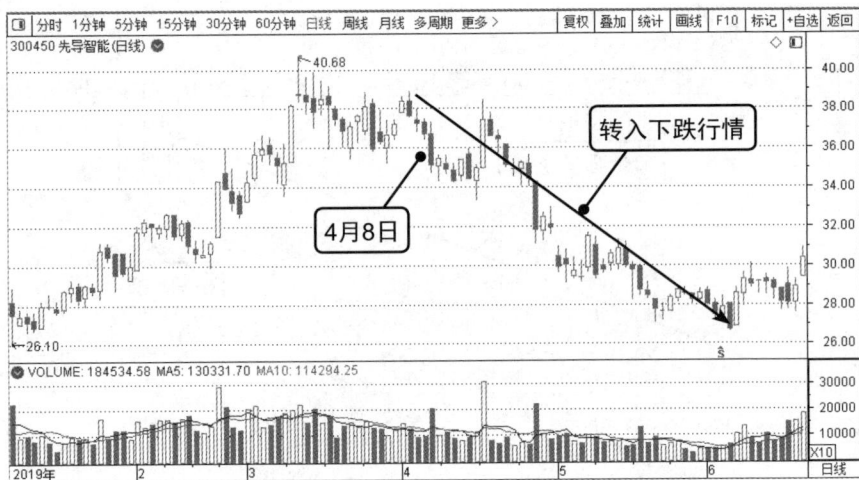

图 8-21　先导智能 2019 年 1 月至 6 月的 K 线走势

炒股技巧第 104 招：手法隐秘，关注异动

炒股随着基金经理走，是比较明智的做法，股民要随着基金经理的买入而买入，同时也要随着基金经理的卖出而卖出，不要逆势而为。这说起来非常简单，但如何判断基金经理的立场，才是真正考验股民水平高低的地方。

首先，股民要判断价格是否已经偏高，股价过高，谁也不愿意接盘，此时基金经理都在逃离，股民也要顺势而为。其次，要注意成交量的异变，特别是高位放量时，股民最好见好就收，保住已有的利润。最后，股民要控制住自己的贪婪，不要卖出股票后，发现股票上涨，又匆忙追涨跟进，因为追涨是炒股最忌讳的操作。

根据笔者多年的经验，创业板的股票其实不是一个理想的投资区域，风险大于利润。所以，如果股民想长期盈利，最好远离这种股票，选择其他类型的优质股票。当然，对于投机的股民，笔者只有祝他们好运。

另外，跟着基金经理操作，最好独立分析，不要被媒体所误导，因为媒体的力量和真实度是谁也不清楚的。"保持警惕，独立思考"是巴菲特和索罗斯对待股评和不同建议采用的战略，股民也可以向大师学习，从中领悟到投资的真谛。

十一、他山之石，可以攻玉：经理推荐买股

在股市中也存在一些有良知的分析师，他们的分析有时候能够给股民提供选股的方向，虽然不一定能够在短期内给股民带来利润，但是我们能够通过他们的分析，来选择合适的时机买入股票，获得一定的利润。

实例分析

牧原股份（002714）

2019 年年报数据显示，A 股 108 家上市公司进行现金分红，金额约 392 亿元，其中 42 家上市公司分红金额超亿元，中国平安（601318）的分红总额超百亿元，暂列第一。此外，平安银行（000001）、中信特钢（000708）、宝丰能源（600989）、中公教育（002607）、牧原股份（002714）、济川药业（600566）等的现金分红总额超十亿元。

一家上市公司能够将所得收益用来分红，并且分红比率较高，这样的股票是不是更优秀？

以上文提到的牧原股份为例，该股于 2014 年 1 月 28 日上市，发行价为 24.07 元。公司经营范围包括畜禽养殖、购销、粮食购销、良种繁育、饲料加工销售、畜产品加工销售、畜牧机械加工销售、猪粪处理以及经营本企业自产产品及相关技术的进出口业务，但国家限定公司经营或禁止进

出口的商品及技术除外。

　　股民在发现该股票后，剩下的就是何时买入了。根据观察，我们发现该股2019年的走势比较平稳，呈现出现震荡向上的运行轨迹。11月股价再次下跌回调，且下跌缓慢，其间成交量表现活跃，但没有明显的放量下跌迹象，如图8-22所示，这说明盘内有庄家护盘，股价回调结束后还会继续之前的上涨行情。

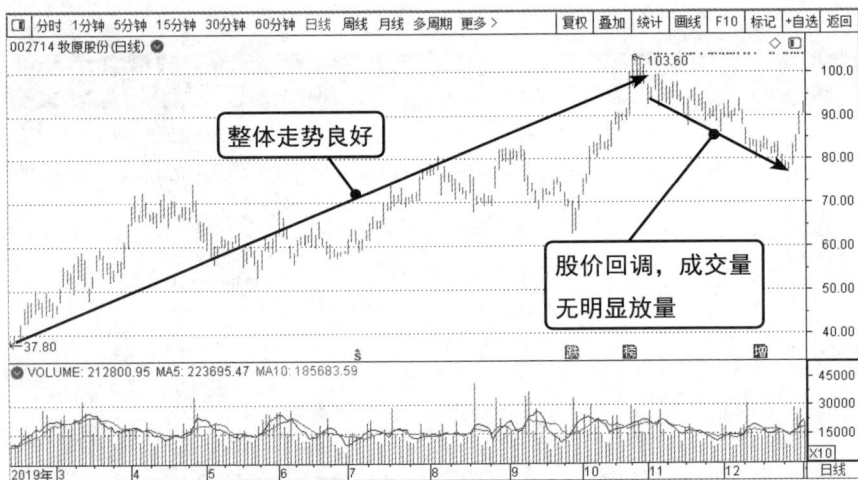

图8-22　牧原股份2019年2月至12月的K线走势

　　12月底，股价在80元附近企稳，12月27日、30日、31日K线连续3天收出阳线形成红三兵，成交量明显放量，股价出现明显的上涨迹象，说明股价回调已完成，股民可以在股价下跌回调的80元价位线附近，大胆买进。

　　图8-23所示为牧原股份2019年9月至2020年3月的K线走势。

　　从图中可以看到，股价从2020年2月开始大幅上涨，股民在80元附近买进，一个月左右就可以获得接近75%的收益。这次的投资属于一次比较成功的短期操作。

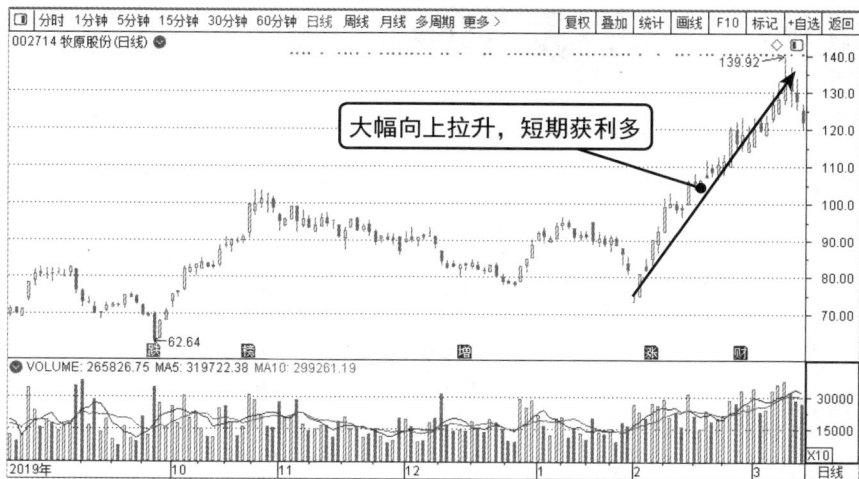

图 8-23　牧原股份 2019 年 9 月至 2020 年 3 月的 K 线走势

炒股技巧第 105 招：他山之石，可以攻玉

机构有如此多的分析员在进行分析，其人力和物力都是股民无法相比的。对于机构的股票分析报告股民能够看见的可能只是其中的一部分，其余部分机构也不会公布出来。但是，任何报告都能体现写作者的主观意愿，他的思想依然在报告中，只是不容易被发现。

"他山之石，可以攻玉"，其实就是借力的意思。既然那些辛勤的分析员在报告中夹杂了自己的思想，那么股民何不合理借力，借助他们的分析，来选择股票，这样往往能够获得意想不到的收益。当然，笔者猜想，成熟的投资者可能已经能够发现其中的奥秘了，新入门的股民最好多多向分析员学习，可以收到事半功倍的效果。

十二、半信半疑，小心为妙：经理推荐卖股

然而，不是每个股民都能具有如此敏捷的思维，有些股民还是不慎中了圈套，这些股民若不幸买入这些推荐的股票，如果不保持警惕，往往会成为机构的替死鬼。

如何才能避免成为机构的替死鬼？其实很简单，就是不买。但是，如果不小心中招了，股民就要利用反弹的机会，见好就收，不能恋战，也不要期望后市的大涨。

实例分析

汇顶科技（603160）

汇顶科技是 2016 年 10 月 17 日上市的一只股票，作为一只高价股，该股上市之后股价没有出现太大的变动，直到 2019 年 7 月，公司进行除权除息之后，该股成交量大涨，股价大幅飙升，到 2019 年 8 月时，股价高达 200 元，价格让笔者都觉得太高了，如图 8-24 所示。

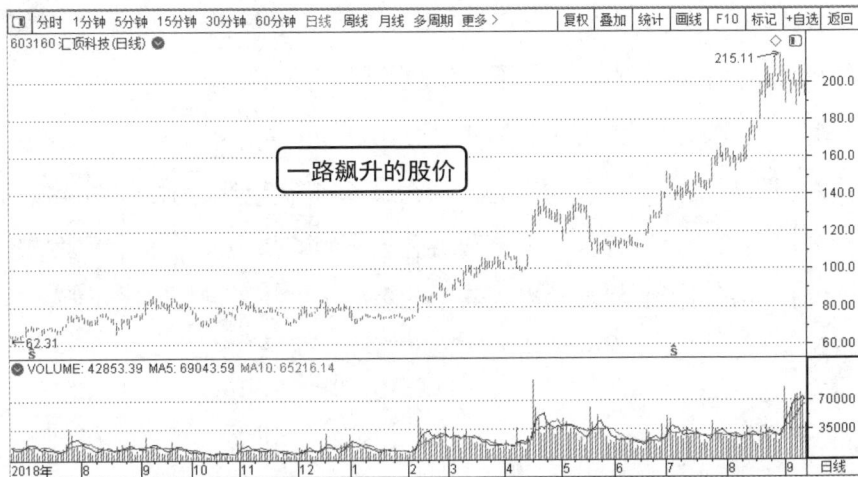

图 8-24　汇顶科技 2018 年 7 月至 2019 年 9 月的 K 线走势

该股在 8 月中旬出现滞涨后进入了横盘走势，但是，在媒体的鼓吹下，依然有股民中招，迎接这些股民的就是漫长的震荡盘整过程，买入该股的股民只能在股价的变动中分批次以不同价格抛售，或者继续持有等待。但是该股股价在变动中不断出现跳空现象，这样的价格，出现跳空，对于持有者而言，无疑就如坐过山车般，我想股民此时再也不敢碰这种高价的个股了，如图 8-25 所示。

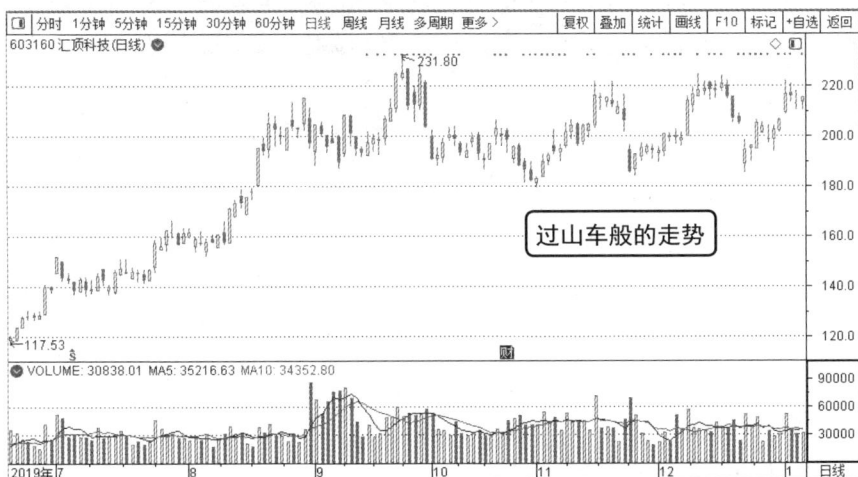

图 8-25　汇顶科技 2019 年 6 月至 2020 年 1 月的 K 线走势

所以，投资者在进行这种高价股投资时，一定要谨记见好就收，安全第一，一定不能因为一时的盲从心态就使自己陷入这种尴尬的境地。对于媒体的报道以及一些相关专家的评论，也要持半信半疑的态度，不能抱着博一把的心理去操作，毕竟这样的高价股，可以说"成也是它，败也是它"。

炒股技巧第 106 招：半信半疑，小心为妙

正如笔者前面所说，在互联网高速发展的时代，传媒消息的可靠性和真实性无法判断，更不可能了解其背后的动机。类似的情况将长期存在于中国股市中，所以，股民必须要擦亮眼睛，小心甄别。

笔者无法看穿墙后面的交易，但是笔者长期以来对于这些所谓的有潜力的股票都抱有怀疑的态度，所以很少上当。当然，如果控制不住自己的贪婪，那么再多的努力也是白费。

十三、操作概念，时机为重：概念循环买股

概念股是股市中的常青树，股市中从来不缺对这种概念股的炒作。当然，股民如果炒作得当，就能获利；如果不擅长炒作，极易亏本。

笔者虽然不喜欢这种概念股，但是，炒作概念股毕竟是股市的常态，是一种投机的方法，所以，最后两节笔者将告诉股民如何在概念股中乘风破浪。

实例分析
通威股份（600438）

农林牧渔行业是近几年的热门行业，尤其是在现代化农业向数字农业方向发展后，随着物联网、互联网、云计算、大数据及人工智能等先进技术向农业领域的广泛深入，农业领域的数字化呈爆发式增长，刺激了农林牧渔行业的发展，也滋长了一批优质的农林牧渔行业股票，通威股份就是其中的一只。

图 8-26 所示为通威股份 2018 年 4 月至 10 月的 K 线走势，从图中可以发现，该股大势为下跌，但是在快速大跌后该股进入长时间的横盘整理，且成交量不断缩小，说明下跌行情有望见底，而投资者的买入段为长期横盘整理的后期，尤其在跌破长期横盘创出新低企稳后，即 10 月中旬。股民剩下的就是等待上涨了。

图 8-26　通威股份 2018 年 4 月至 10 月的 K 线走势

从 2018 年 10 中旬开始，该股开始步入稳定攀升的上涨行情，到 2019 年 5 月，股价上涨至 15 元左右，涨幅达到 200%，如图 8-27 所示。

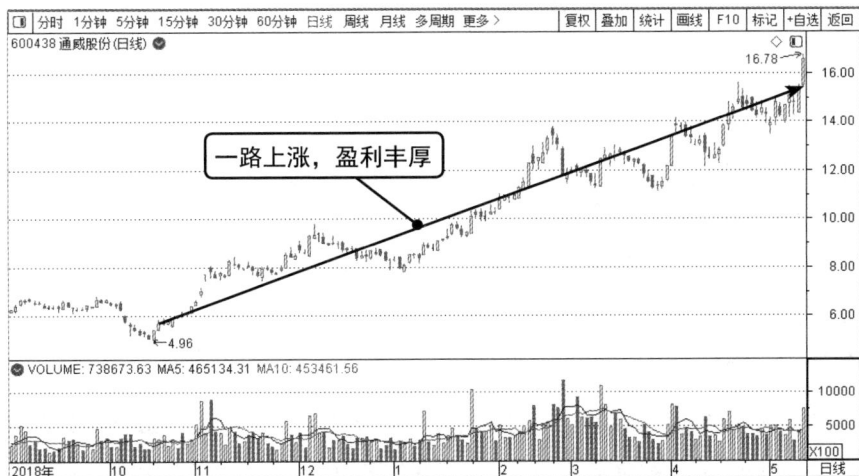

图 8-27　通威股份 2018 年 9 月至 2019 年 5 月的 K 线走势

炒股技巧第 107 招：操作概念，时机为重

概念股，表面上是炒作概念，实际上这一称呼体现了市场对这类股票的一种喜好，股民如果能够结合实际的股票进行仔细分析，从不同方面判断这类股票，盈利也是比较容易的。当然，如果股民不擅长分析，最好不要轻易买入，毕竟这种概念股的风险还是很大的。

正如下面一节所述，股民能够发现概念股的下跌也是非常迅速的，因为市场对于概念股的股价变化非常敏感。

十四、概念概念，过时就忘：概念循环卖股

最后一节，我们介绍如何在概念如云的股市中安全卖出这种概念股，因为概念股是虚无缥缈的，很容易被人忘记，股民关注的只是股价和业绩。

股民在买入这种概念股时，一定要密切注意市场的风向和价格等因素。当市场风向转变，从一种概念转到另外一种概念时，就是股民卖出的最佳时机。

实例分析

商赢环球（600146）

随着电商行业的崛起，电商概念股也随之产生，商赢环球就是一只电商概念股。公司经营范围包括服装服饰产品及服装原料、辅料的研发设计、制造及销售；服装供应链管理及相关配套服务；装修装饰材料的研发、生产及销售；股权投资、实业投资、资产管理；电子产品、电器设备、通信设备的销售；货物及技术进出口；国际贸易。

受到大盘的影响，该股 2019 年 2 月开始持续上涨，股价从 4.9 元涨至最高的 23.4 元，投资者可谓盈利丰厚，如图 8-28 所示。

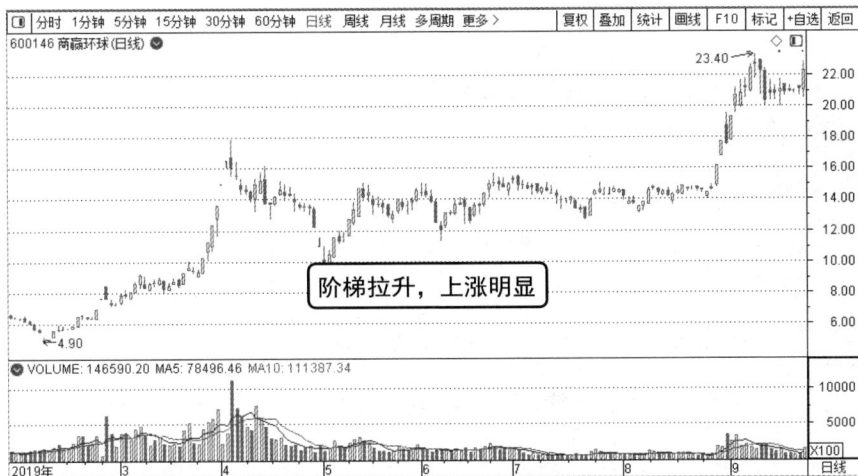

图 8-28　商赢环球 2019 年 2 月至 9 月的 K 线走势

当然，这种上涨也受到市场整体上涨的影响，是 2019 年牛市上涨的一个缩影。股民当然可以在该价位卖出股票，获利离场，但是也有部分贪心的股民继续持有该股票。但是，我们都知道，概念股就像风一样，来得快，去得更快。

图 8-29 所示为商赢环球 2019 年 8 月至 2020 年 2 月的 K 线走势。

股价在 23 元附近见顶之后，在 20 元至 22 元区间调整了两个月左右的时间，最终转入下跌行情中。股价从 23 元附近跌至 10 元附近，跌幅达到 56%。

股价在高位区放量调整时，股民就应该察觉到庄家出逃的迹象，在高位区及时出逃，避免被套牢。

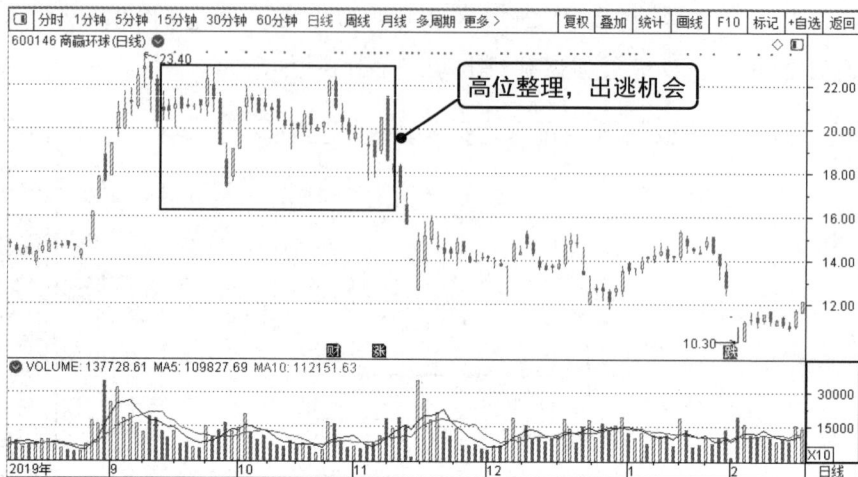

图 8-29　商赢环球 2019 年 8 月至 2020 年 2 月的 K 线走势

炒股技巧第 108 招：概念概念，过时就忘

概念股涨得快跌得也快，股民在面对这种股票时，千万要见好就收，不应该长期持有，毕竟影响股票价格的因素中，最重要的是业绩而不是所属行业。就像可口可乐，从来没有什么概念值得炒作，但是能够被巴菲特长期持股，就是由于其业绩优良。股神从来不相信什么概念，也不相信什么高科技，只看重业绩，这大概就是股神的投资秘诀。

读 者 意 见 反 馈 表

亲爱的读者：

感谢您对中国铁道出版社有限公司的支持，您的建议是我们不断改进工作的信息来源，您的需求是我们不断开拓创新的基础。为了更好地服务读者，出版更多的精品图书，希望您能在百忙之中抽出时间填写这份意见反馈表发给我们。随书纸制表格请在填好后剪下寄到：北京市西城区右安门西街8号中国铁道出版社有限公司大众出版中心 张亚慧 收（邮编：100054）。或者采用传真（010-63549458）方式发送。此外，读者也可以直接通过电子邮件把意见反馈给我们，E-mail地址是：lampard@vip.163.com。我们将选出意见中肯的热心读者，赠送本社的其他图书作为奖励。同时，我们将充分考虑您的意见和建议，并尽可能地给您满意的答复。谢谢！

- -

所购书名：_____

个人资料：

姓名：_____ 性别：_____ 年龄：_____ 文化程度：_____

职业：_____ 电话：_____ E-mail：_____

通信地址：_____ 邮编：_____

- -

您是如何得知本书的：

□书店宣传 □网络宣传 □展会促销 □出版社图书目录 □老师指定 □杂志、报纸等的介绍 □别人推荐
□其他（请指明）_____

您从何处得到本书的：

□书店 □邮购 □商场、超市等卖场 □图书销售的网站 □培训学校 □其他

影响您购买本书的因素（可多选）：

□内容实用 □价格合理 □装帧设计精美 □带多媒体教学光盘 □优惠促销 □书评广告 □出版社知名度
□作者名气 □工作、生活和学习的需要 □其他

您对本书封面设计的满意程度：

□很满意 □比较满意 □一般 □不满意 □改进建议

您对本书的总体满意程度：

从文字的角度 □很满意 □比较满意 □一般 □不满意
从技术的角度 □很满意 □比较满意 □一般 □不满意

您希望书中图的比例是多少：

□少量的图片辅以大量的文字 □图文比例相当 □大量的图片辅以少量的文字

您希望本书的定价是多少：

本书最令您满意的是：

1.

2.

您在使用本书时遇到哪些困难：

1.

2.

您希望本书在哪些方面进行改进：

1.

2.

您需要购买哪些方面的图书？对我社现有图书有什么好的建议？

您更喜欢阅读哪些类型和层次的理财类书籍（可多选）？

□入门类 □精通类 □综合类 □问答类 □图解类 □查询手册类

您在学习计算机的过程中有什么困难？

您的其他要求：